JN427376

梅山集

이 책은 2014·2016·2017·2018년도 정부(교육부)의 재원으로 한국고전번역원의 지원을 받아 수행된 '권역별거점연구소협동번역사업'의 결과물임

This work was supported by Institute for the Translation of Korean Classics-Grant funded by the Korean Government

韓國古典飜譯院 韓國文集校勘標點叢書

梅山集 9

洪直弼 著

李貞恩 校點
金成恩

凡例

本文

1. 이 책은 洪直弼의 文集인 《梅山集》을 標點·校勘한 것이다.
2. 이 책의 底本은 韓國文集叢刊 第295·296輯에 실린 《梅山集》이다.
3. 판독이 어려운 글자나 誤脫字는 국립중앙도서관 소장의 筆寫本 《梅山集》(한46-가1088)을 參照하여 校勘하고 校勘記에 '校正稿本에 근거'라고 밝혀 주었다.
4. 本文의 誤謬로 의심 가는 점이 있으나 根據할 만한 對照本이 없을 경우에는 校勘記에 그 내용만 언급하였다.
5. 本文에 쓰인 異體字 가운데 현재 일반적으로 通用되지 않는 글자는 모두 代表字로 고쳐 쓰고 校勘記는 달지 않았다. 代表字 여부의 판정은 韓國古典飜譯院 異體字 檢索시스템을 準據로 하였다.
6. 板刻이나 筆寫 과정에서 관행적으로 通用하던 글자는 文脈에 맞게 고쳐 쓰고 校勘記는 달지 않았다.

   예) 己 已 巳, 簫 蕭
7. 이 책에 사용된 標點符號는 다음과 같다.

。	疑問文과 感歎文을 제외한 文章의 끝에 쓴다.
?	疑問文의 끝에 쓴다.
!	感歎文이나 感歎詞의 끝, 강한 語調의 命令文·請誘文·反語文의 끝에 쓴다.
,	한 文章 안에서 일반적으로 句의 구분이 필요한 곳에 쓴다.
、	한 句 안에서 竝列된 單語 사이에 쓴다.
;	複文 안에서 구조상 분명하게 竝列된 語句 사이에 쓴다.
:	완전한 引用文의 경우 引用符號와 함께 쓰거나, 話題 혹은 小標題語로서 文章을 이끄는 語句 뒤에 쓴다.
" " ' '	직접 引用된 말이나 强調해야 하는 말을 나타내는 데 쓰되, 1차

引用에는 " "를, 2차 引用에는 ' '를, 3차 引用에는 「 」를 쓴다.

【 】 原文의 註를 나타내는 데 쓴다.

· 書名號(《 》) 안에서 書名과 篇名 등을 구분하는 데 쓴다.

《 》 書名, 篇名, 樂曲名, 書畫名 등을 나타내는 데 쓴다.

_____ 人名, 地名, 國名, 民族名, 建物名, 年號 등의 固有名詞를 나타내는 데 쓴다.

□ 빠진 글자의 자리에 쓴다.

▨ 毁損된 글자의 자리에 쓴다.

目次

梅山集 卷四十八

行狀

梅山集 卷四十九

行狀

梅山集 卷五十

行狀

梅山集 卷五十一

遺事

傳

梅山集 卷五十二

梅山集 卷五十三

梅山集

卷四十八

行狀

行狀

左[1]贊成謚文敬黎湖朴先生行狀

本貫全羅道羅州牧潘南縣。

曾祖考諱瀰，錦陽君，兼五衛都摠府都摠管，謚文貞。

妣貞安翁主。

祖考諱世橋，掌樂院僉正，贈吏曹判書、錦興君。妣贈貞夫人全義李氏。

考諱泰斗，高陽郡守，贈左贊成、錦恩君。妣贈貞敬夫人豐壤趙氏。妣贈貞敬夫人寧越辛氏。

先生諱弼周，字尙甫，學者稱黎湖先生。朴氏出新羅國姓，至諱應珠，爲潘南縣戶長，子孫仍籍焉。

麗季有諱尙衷，右文閣直提學，與圃隱鄭先生共倡道學，主禑初抗疏言不可背皇明迎元使，竟被奸壬所害，追謚文正。生諱訔，佐我太宗，左議政，錦川府院君，謚平度，勳德俱載國乘。五傳而至冶川先生諱紹，司諫，贈領議政，

1 左：《承政院日記》英祖 24年 4月 18日 및《英祖實錄》24年 4月 18日 등에 근거할 때 "右"인 듯함.

謚文康，道德與靜菴趙文正公幷推，寔爲先生六世祖也。子諱應福，大司憲。孫諱東亮，左參贊，錦溪君，贈領議政，臨亂盡節，爲中興名輔。

錦陽公有文章節行，朝議至欲破格授文衡、宗伯而未果。僉正公克世文獻，蚤闡司馬兩試。郡守公詞章氣節、才猷器識，爲士類所推重，而厄於蔭塗，罔克展布，人莫不悼惜。繼配寧越辛氏，縣令㫋之女，大司憲慶晉其曾祖也。以肅[2]宗六年庚申六月九日，擧先生于漢師太平館舊第，辛夫人生先生，不旋時而卒。

先生生稟絶異，穎悟莊重，自然近道。七歲始學書，不待敎督，自能勤劬，文詞夙就。從傍聽諺書野乘，翻以文字，手不停毫，而辭理粲然，人皆傳玩。

丙子，遭錦恩公憂。時先生許娶未成，因喪而冠。先生生卽失恃，恒懷至慟，及罹荼毒，毁瘠幾滅性，爲終身痼疾焉。制除屛絶俗學，專精向裏，平生勵業山寺，而强半在墳菴，用寓風樹之慕。

丁酉，冢宰宋文貞公相琦擧先生行治于朝，薦擬侍講院諮議。戊戌，拜諮議，三上書辭，不許。移宗簿主簿，不就。

己亥十二月，除永平縣令，庚子正月，赴任，未十月而除司憲府持平，治聲雷動四境。三淵金先生抵書曰“竊怪致郵之速，而至愚而神，固能仰察眉睫而有以孚感”云。

2 肅：底本에는“顯”.《黎湖先生年譜》와《潘南朴氏世譜》에 근거하여 수정.

六月，肅廟昇遐，入京受服。時禮官以方喪儀節、殯殿、山陵、祭儀來詢，辭，遂終身不復獻議。

辛丑，別諭特召，乙巳，別諭宣召，命侍講經筵，又除掌令及侍講院進善，幷上疏辭。

丙午，被選經筵官，拜司憲府執義。時左揆閔文忠公鎭遠陳請召用，而敦召荐降，幷上章辭，仍謝賜書。

丁未，群小又得志，士類盡行斥逐，先生上疏自劾。曰：

> "臣癎疾廢蟄，潛翳草澤，聖明無由識臣何狀，濫竽於天旋之列，是不過因廷臣之有以臣欺殿下也。《孟子》曰：'觀遠臣，以其所主。'今聖明旣以一番人爲朋比，而大行斥黜，則如臣之被其汲引，因失其親者，卽當同時刊汰。此理甚明，不待臣言之畢。"

優批不許。

戊申，群兇擧兵叛，先生奔問入京，亂定而歸。己酉，除執義，引親嫌祈免，仍陳絶偏係無自用之方。王世子薨逝，先生赴哭縣庭。司諫李世珪以世子初喪，先生不奔哭闕外，疏論請遞。先生連章自引，仍陳難進之義。曰：

> "臣頃於丁未引罪之疏嘗引《孟子》'觀遠臣，以其所主'之說，而有所發端，不識聖明尙或識有否乎？宋臣張栻推明其說，以爲'非獨爲人臣者所當知，爲人君者尤當明此義，則遠近交見，而不蔽於耳目之私矣'。
>
> 今臣是疏遠之臣也。從前忝竊，非臣自致，直由向來一番人者爲之主，則臣之爲臣，只觀於此而足知

之矣。凡今盈廷之臣，自有一副當見成底規樣，其生於心而發於政者，與前人相反，不啻如水火南北。當此之時，不惟臣所自處無可進之理，其在朝廷之道，亦當斷勿擧論，而除拜相續，收召不置，臣每惶惑而不得其說。豈以聖旨方在於蕩平，而臣又退藏循默，無所攖拂，故爲是而籠罩之耶?

夫蕩平之云，始見於《洪範》。蓋欲蕩平，則必其先有以大段用力於上面'無作好惡'，一箇'作'字，最當着眼辨別。所謂'無作好惡'者，非謂好惡之當無也，但謂其不得有所作爲以害夫眞正好惡也。由是推之，則所謂蕩平者，不過好所當好、惡所當惡如朱子所言者。一或作之而好其所當惡，惡其所當好，則私智勝而天理壞，上而偏陂，下而偏黨反側，種種諸色，無所不有矣。苟不察此，而但以其混同莫辨，參半互取者，認做蕩平，則臣恐箕子之所以告武王者，其旨決不出此也。

且夫方以類聚，物以群分。人之賢不肖邪正，各不相謀，合而爲一，天且不能。矧今所爭，不止如前日之只爭陰陽，彼則指此爲逆，此則指彼爲逆，兩相持而俱不決，出場無期。如此者又安得以蕩平爲解，而不一出脫辨白之乎?

夫逆黨者是天下之惡名也，士大夫者是知禮義識廉恥之人也。今以知禮義識廉恥之人，擧陷於天下之惡名。此如不潔蒙身，思有以洗濯者，夫豈能一日而忘之哉? 殿下禁切臣僚，使不得以'逆'字相加，其爲世道慮固至矣。然防民之口，甚於防川，水壅而潰，傷人必多。與其如此，曷若一場痛與消商，明降指揮，使其孰爲逆、孰爲非逆，曉然別白，若星日之麗空而衆目皆睹，更無未了未淨黯暗醞釀之患也耶？夫然後所謂士大夫者，可幸出於坎窞，立於平地，而'蕩平'二字，亦方使得矣。苟但以置而不理爲得計，則名一不正，而其害必至於民無措手足。雖以已事見之，前春逆變之作，其所由來，直坐不講'正名'二字之過。臣竊以爲今日當務之急，莫先於此也。

丁未秋聖明賜臣之批，有曰：'山林之士，何與於朝廷是非？'山林人之與朝廷邈然不相干涉，固如聖教。而然而《孟子》有言曰：'無是非之心，則非人也。'既有是心，則於其是非之際，又何術而不入於今世指斥之中也？

夫里名'勝母'，曾子不入，邑號'朝歌'，墨子回車。彼但邑里之名號也，而猶望望然去之。今逆黨者，是何等名也？此名未正，一味泄泄，則臣恐士之自重其身者，必不容易出脚，以取淪胥之敗也。"

又曰：

"朝廷之上，諂風流行，直士之囚舌久矣。今聞有一儒臣封章叫閽，觸犯時諱，能言人之所不能言。其孤忠直氣，令人竦聳，眞所謂'喧啾百鳥之群，忽見秋天之一鶚'者也。殿下竄之絶塞窮髮之地，此在聖德爲損不細。而臣不敢以一語捄正，若是而尙可以言官爲名，任其一日虛帶耶?”

時李公亮臣疏論光佐十罪，被遠竄，故疏末及之。批以“慨然”爲諭而遞其職。又降別諭，除執義，上疏辭。

庚戌，因冬雷宣召，上疏陳戒。辛亥，別諭敦召，又命入參召對。先生或值親忌及至親喪患，或往來路中，有官則輒因辭章首實。至是史官洪昌漢誤以入京陳白，故有是命。上疏辭。

仁祖大王遷陵，受服赴哭新陵。宣懿王后祥祭，有“在外不來人定罪”之命，先生上章自劾，冬至又上疏陳戒。癸丑，連除軍資、掌樂正，移執義尋遞。乙卯，差元子補養廳僚屬宣召，上疏辭。丙辰，拜進善，再疏辭，引東宮冊禮時不參之罪。

丁巳，上章辭職，兼謝頒賜《女四書》及《內訓》。又以經筵官宣召，上疏辭，因陳戒。曰:

> “臣他無所識，第不無窺斑於經籍，粗學平心之說，今敢爲殿下誦之。夫平者，恰當其則無少偏重之謂也。人之有心，以應物爲事，物之來也，若大若小，一以當然之理分俵將去，不得容毫髮私意有所低仰。如喜當一分，則一分者爲平，若過而至於二分，則非平也；怒當二分，則二分者爲平，若過而至於三分，則非平也。
>
> 　蓋惟平而後，天則分明，事理愜當，推之天下萬事，無不是底眞正義理。不然而涉於偏重，則一切應用，皆不得其當，與所謂平者不啻遠矣。
>
> 　今群下所爭，無論是非如何，競聒互激，勢成薄

戰，誠不平矣。然其不平之罪，只在群下，何與於殿下至平之心體哉？ 今不耐群下之妄作， 致有許多激惱，則是殿下之心，先自未免於不平，欲禁群下之不平，不幾於解亂絲而棼之乎？

‘七情之怒，易發難制’，程子一語，最勘極‘怒’字情狀，而其謂‘忘怒觀理’，又開示治怒切要之方。殿下不必將作古人說，只如自己說一般，實履其境，體貼出來，則所謂‘於道思過半’者，亦斷乎其可識矣。

昔者張思叔詬詈僕夫，程子戒之曰：‘何不動心忍性？’ 夫動於血氣，既非治心之道，而以是而加諸人，人不甚服故也。噫！彼至賤之僕夫，猶不可詬詈，況以人主而叱責臣隣，其不能動心忍性，爲如何耶？

人君受天地生民之責，當以好生爲德，不得少啓殺心。間者‘斬首’、‘貸誅’等教，得無與斯義相盭耶？至於斥罵先正，尤有損於盛德，伏想聖明必旋覺其失而深悔之矣。聲色爲化民之末，安定辭爲安民之本，惟殿下念玆在玆焉。

且夫君子之於言也，亦道其常而已矣。向來‘先天’與近日‘混沌開闢’之教，每每擧似，恐涉差異。聖意固在於淬勵作新，以率群下，而但以從今爲始痛改前習之意爲之說，未爲不可，何至刱用別般名目爲也？蓋此事之差，本甚微細，苟有開陳者，則殿下必亟減去之。而只緣群下過於奉承，遂一向不訒其出。使群下如此，豈非殿下之所當反省者耶？

元首股肱，一體相須也。故雖上聖君臨，決不得獨運，必有賴於臣下之協贊彌綸，而至有過失，則又必虛受盡言，而改之無少吝滯。如是然後臣道上行，君道下濟，否則反是而亂且亡矣。

聖學高明，於此必瞭然如燭照，而顧不能如堯、舜之稽衆舍己，間或自騁聖智，遠邇莫不憂嘆。臣願殿下深惟所以致此之故，洗心滌念，鋤去病痛根株，勿更存留些子，而必以夫子之告定公者爲至戒，則國事幸甚。"反復陳戒，言甚剴切焉。

戊午，擢授承政院同副承旨，上疏辭，兼謝頒賜《春秋集傳》。己未，因史臣陳白，命賜米菽魚藁，上疏辭謝。

庚申，除世子贊善，仍賜米菽。時贊善有先帶者，右揆兪文翼公拓基陳請加設特授，又請賜食物，仍有是命。先生上疏辭謝，又除戶曹參議，上疏辭。

承別諭，荐上疏辭，又上疏請勿毁箕、孔、朱三聖書院。曰：

"臣聞朝家有新令，毁撤甲午以後書院，而箕聖、朱子之祠亦在其中。臣竊以爲書院多設，誠不勝其末弊，就中區別，黜去匪人，不害爲正祀秩、明士趨之道。至若上及於箕聖、朱子，則聽聞所及，實深訝惑。

夫惟書院之體，雖曰異於國學，而講道尊賢，各專其義，苟有不當毁而毁者，則世道之隆替，就此足卜。況我東人受箕聖八條之敎，得免夷虜，萬世永賴，至於朱子，則薄海內外，無不尊奉，均之爲敎化無窮，恩德罔極。雖彼士子輩擅自建祠，而夫旣曰箕聖與朱子之祠，則其爲事體，與他絶異，斷不得一例入於毁撤之科也。

又伏聞尼山有地名闕里者，有孔姓人稱爲先聖苗裔，立祠一間，以奉先聖影幀，而亦將倣入於撤去之中，則其爲驚愕又甚矣。聖神於昭，無處不臨，歷萬古如一日。當初奉安得失，姑置不論，到今以他事推而上之，至爲未安也。伏乞殿下亟命寢之，勿爲天下後世所非議，則士林幸甚，國家幸甚。”

又承別諭及遣掖庭人存問賜駱粥，上疏辭謝，更陳書院事。曰：

“聖批有‘正道尊賢’之教，臣請以生人喩之。夫撤其墻屋，使不得奠居而曰‘非我害汝，乃眷汝也’，人其信之乎？假使當毁他祠猶可，若三聖位版所在，則事體道理，決知其甚未安也。

夫當初士子之私自妥靈，固若僭越，而亦不無所受。蓋不惟滄洲精舍故事，伏見朱子行狀，其敍閑居也，有曰：‘未明而起，深衣幅巾方履，拜於家廟，以及先聖。’旣曰‘先聖’，則非可以徒爲，必有遺像位置之所，夫豈僭越而朱子爲之哉？

且夫聖賢之神，如水之行於地中，無往而不在。苟精意以享之，則於昭之神，卽此而在矣。今於立祠揭虔之後，亦安知夫聖神之所憑依果不在此？而必欲撤毁之，與臺臣相持，紛紛然日騰朝紙，竊恐其不能無歉於殿下正道尊賢之本意也。”

壬戌，上疏引東宮入學時不參之罪。四月，特命陞資嘉善，遣史官傳宣手札，仍與偕來，有"手書代安車"之敎。又除刑曹參判，累上疏辭。

癸亥，王世子疹候平復，上疏陳賀，仍辭職，不許。三月，又遣偕來史官，傳宣手札，再上疏申辭。手批愈拳拳隆篤，必致乃已。先生以先收偕來史官回啓，進詣城外，疏引前後違傲之罪，宣手批趣召，一日三承諭旨。先生請遞職名以前銜承命，更命與史官偕入。

翌朝入對敬極堂，東宮侍坐。上曰："幼學壯行，儒者之道。古者儒與隱異，今則儒必爲隱，何也？"對曰："臣以世祿之裔，豈敢如方外者流果於忘世哉？死病纏身，不克從仕，非敢自高，輕視爵祿也。竊伏聞聖候常患眩氣，眩之爲病，祟於心氣受傷。人之受生，水火而已。火下水上，方爲交濟，不然則上下不相管攝，萬病生焉。苟欲交濟，莫如操心。心，火也。發揚飛騰，似火之炎上，若欠操存之功，則心氣上升，眞元日痼，眩證於是焉生。殿下經歷變故，心氣積傷，又因事不平，每動心氣，恐非節宣之道也。願聖明先正心氣，節其喜怒，雖有沸羹之事，亦必忍住，則心漸和氣漸平，非直眩氣自愈，存心修身，亦不外斯。"

上曰："實爲頂門一針。不爲喜怒所動甚難。"對曰："惟其難處透過，方爲學問。若以難而不行，豈所謂工夫乎？"上曰："三代之後，何無三代乎？"對曰："此在行與不行。"上曰："後世之不能行，何也？"對曰："皆由於不脫氣習。蓋非聖人全德，則有是德，必有是病。漢文仁孝而規模卑小，唐宗英武而矯情是已。”上曰:“若予何者爲病?”對曰:“聖上孝弟惻怛,慈祥體下,聖德非不至。而懇懇偲偲,委曲已甚,率不免有所牽制,此又病也。信能密切自省,餘補不足,馴致純有德而絶無病,則優入聖域矣。張子有云‘心大則百物皆通,心小則皆病’,所謂大者,非苟爲大而已。以理應事,如明鏡高懸,物形自呈,是爲‘廓然大公,物來順應’。若不能無係而有所偏著,則其爲小且病可知也。”

上使世子講《小學書題》,命先生質問文義,先生進曰:“親、師、長、友與家、國、天下,名目各異,而愛、敬、隆、親爲修、齊、治、平之本,何也?”東宮曰:“孝爲百行之源,故如是矣。”對曰:“邸下旣知孝爲百行之源,請言孝道。殿下止慈之仁,期望于邸下者甚大,必要做得聖人之事。邸下奉承聖意,必親正士,孜孜學問,仰副殿下所期望,眞爲大孝矣。”先生仍請退歸,上曰:“《中庸》九經,尊賢在敬大臣之上,故不許見大臣,而專一見卿。”勉留切摯。

庚辰,賜柴饌,上疏辭謝。又遣掖庭人齎賚御膳,東宮亦遣宮官問安。上又遣史官偕入,辭以病,遣醫持藥物問疾。

辛巳,進參晝講,講《心經》中和章。仰問:“聖上自省於日用行事,果皆中節乎?”上曰:“多不中。”先生曰:“旣知其不中,而何爲不中乎?”上曰:“非知之難,行之難。”對曰:“所謂‘誠意’者,只是行其所知。殿下旣曰知之,而猶不行之,則恐是未能誠而不免於自欺,繼自今勿復自欺焉。”又言:“從古帝王家多猜疑,若有所猜憾,則嗣服後雖明君哲辟,尠能容貸。惟殿下自在潛邸,經歷變故爲如何?而一切置而不問，又從以登庸，此固盛德事。然因是而罪關惡逆者，亦得以漏網，則豈非失刑之甚哉？國家所以服人者，惟在刑賞得中。刑賞不肅，則人無所勸懲；人無所勸懲，則衆心不平；衆心不平，則馴致亂亡。切宜留心，不可少忽也。”上默然有間曰：“大訓略言之。”先生又言：“人主所與共理，惟賢與才。天之生賢，必有所用，而人君若不用，則違天甚矣。《易》曰：‘井渫不食，爲我心惻。’‘惻’字寓意也深。前判書李縡資質清明，休退多年，用力學問，訓誨後進。如此者曷可以科目而輕之乎？韓元震累年棄置，恐亦非事宜。”上曰：“《孟子》‘臣視君寇讎’之說，似欠蘊藉，故予有【缺缺】。元震專攻予身可也，上及高皇帝，豈不妨於尊周之義乎？”先生曰：“高皇帝事，終是過當。今以元震之語及而謂有害於尊周，則聖教恐過矣。”上曰：“元震削逸則予果知非。召卿而不用卿言，是欲入而閉門也。韓、李兩人，當快用之。”

四月丙戌，入參書筵，承命登對，上託以輔導東宮。先生曰：“人臣每以不得於君不能行其所學爲恨，而臣則誤被恩遇至此。士爲知己者死，況君父乎？”遂備陳疾病難强，仍勉以乾健不息之義。

上問：“何以則除憧憧往來之念？”對曰：“欲去浮念而用力太過，則匪徒無益，又易生病。必須輕輕放退，不與俱往，則自有功效。蓋用工之方，有操存心性而去此念者，有開發見識而去此念者，亦有超然獨造，養心昭曠之源，虛明灑脫而除此念者。惟在實用其力耳。”上曰：“過用心慮，亦浮念。”對曰：“聖慮所及，各當其分，則中理中節，而物得其平。若過分，則見於事發於政，皆未免過度。常使此心虛明，不爲事物所累，則自不失權度矣。”

先生又擧韓元震陳尊周之義曰：“我國之於皇明，有萬世不可忘之恩。此虜未滅之前，此義不可不講。雖國小力弱，不免爲皮幣之役，而‘忍痛含冤，迫不得已’之意，常在其中。故昔之士大夫，皆不爲西路守令，且不爲歲幣防納之事。今則猶恐不爲，幾何不胥爲夷耶？臣雖不敢妄爲大言，以請復雪，而至若尊周之義，則詎可以空言而忘哉？昨年追崇孝廟，昭揭斯義，永示天下後世者，不勝欽仰，而猶有未盡者。先正臣宋時烈之於聖祖，其契合密勿，無異於伊、葛。聖祖明天理、正人心之功，有辭百世，而先正實左右之。如是者不得與於廟庭配食之列者，豈非大欠典乎？先正當時不與配食者，生存故也。今此追配，寔爲公共之論，特擧而行之，則尊周之義，庶賴而不昧。”

上以士林之爭本於斯文爲難。先生曰：“聖意或以先正爲黨論之本。然先正實非爲黨論。黨論起於東西，末流不可收拾，先正蓋深惡之，累發於知舊書中。安有惡人之爲黨，而自爲黨之理乎？惟其好善惡惡，出於天性而已。自己亥邦禮，層激翻瀾，以至於此，此豈先正之咎哉？若疑先正過於黨論，以聖祖際遇，而不得與從享之典，則在國體恐爲失宜。”上曰：“卿言誠然。”

先生仍力薦李、韓兩賢，上卽命拜李縡講官，韓元震亦復儒選。先生曰：“人君莫難於聽言，而如是開納，臣亦與有榮矣。‘有言逆于心，求諸道，有言遜于志，求諸非道’，阿衡此言，實爲萬世人主之龜鑑，能如是，則天下之善皆集。惟聖上幸體此意，如有逆志之言，則必求是處，優容勉從，雖有先入爲主一定不易之見，亦必自省，明示聖意之改悟。”仍告退，上勉留，玉堂朴春普亦上章勉留。

丁亥，留疏陳戒八條：一曰毋自欺，二曰不自用，三曰順事情，四曰省己過，五曰節喜怒，六曰愼言動，七曰養儲德，八曰平黨論。

其論平黨曰：

“自古國家之爲患，莫如朋黨。殿下卽阼以來，垂意於蕩平之治，此誠皇極之要道、當今之急務也。然自古黨論方盛之時，處之之道有二焉，一則調劑，一則分別。其主於調劑者，固非一任籠罩而置是非於不白也；其主於分別者，又非專務刻核而不存忠厚之意也。

虞庭之同寅協恭、《洪範》之無作好惡，率用是道，而後來程、朱之所言，摠不可謂其各持一義而不相爲用也。此與集義相似，必須事事皆合於義，方可以漸漸融化於不知不覺之中。臣未知今之主蕩平者，果能以此箇道理從事否。審如是，邦國奠安，萬世永賴。不然則徒得其名，而不得其所以名，爲世道末流之害，亦將不可勝言。

殿下只當照之如日月，鎭之如山嶽，使其是非枉直，不少倒置，各得其歸而已。若只以威怒箝制，强齊其不齊之口，則雖事事而防之，言言而塞之，將見其滅於東而生於西，弊弊然日亦不足矣。

且臣又有深慮於心者。我國士禍甚多，如戊午、甲子、己卯、乙巳之類皆是也。在其時，則無黨之名，雖能肆毒於一時，不得逭誅於公議。至於近世，則黨色旣分，雖事之是者，而爲黨所累，不能別白；罪之大者，而以黨自掩，得以出脫。此其爲不幸於君子而爲幸於小人已甚矣。而竊聞殿下於惡逆大故，亦或歸之於黨。若是，則亂臣賊子，將何所懲畏？此甚害事理，不可不幷以爲戒。惟聖明深留意焉。”

館學儒生上疏請召還，上遣掖隸存問，齎賚御膳。五月，上章辭職，兼因旱災陳戒。十一月，又疏辭，兼陳導養東宮之方。

時正言趙重晦疏陳親祭私廟之失，觸上怒，擬置重辟，仍閉閤不見臣僚。先生纔承都憲除命，以不可拘常例，不待下諭，抗章極諫。曰：

“程子論濮王典禮云：‘雖當專意大統，豈得盡絶私恩？’文成公李珥亦以玉堂之請止親祀大院君爲非，未知宣廟所親行者，爲春秋正祭耶？抑別有酌獻以伸情理耶？苟是正祭，則上奉宗廟，疑於比隆，請止之言，固自爲得。若是別祭，則有何不可而止之耶？其爲無稽，信如先正所評。殿下所行得失，亦決於此而已。

蓋歲一再瞻拜私廟，實出於‘五十而慕’，如是而已，則孰不曰當然哉？惟其至情所生，徑情直致，動駕無常，則恐未愜當。是固知仁之過，而不如無過之爲愈也。

禮是天理之節文，孝是人倫之本源，二者本不相妨。故合於禮而孝在其中，否則原於孝而反害其孝。趙重晦之疏，其心只欲君父之盡善盡美，且恃聖上之容受，言不擇發，豈足深罪也？願廓聖心，切勿爲事過之悔。”

疏入累日，重晦始命傅生議，先生亦承批焉。

甲子，東宮嘉禮後，疏引闕禮之罪。上問其貧窶，屢形憫念，命賜米菽，先生上疏辭謝。東宮頒賜手筆“忠孝”二字。

五月，聞上候違豫，過江取便承候，待平復留疏而歸。疏中略陳頤神攝養之方，再遣史官傳諭，使之偕入。

及昌德宮失火，上疏陳慰，仍辭職，幷不許。冬因大僚陳達賜米炭，上疏辭謝。

乙丑二月，因災異上疏陳戒。夏遣承宣詢《御撰常訓》，又遣太醫看病。再疏，遣承宣連宣手札敦召，疏辭，優批趣召。

八月，請《常訓》中仍存“尊周”“周”字。曰：

“謹按《法祖》條，有曰‘體先尊周云云’。臣所得宣賜草本，依此見寫，今印頒之本，乃以‘王’易‘周’。夫尊周、尊王異同，固不多爭。然先朝以來，公私文字行於國中者，一例用‘周’字，未之或改，豈不以保無他慮故耶？

今六合昏蒙，辭令當務愼密，然亦愼其所可愼耳。至於此等，一個半個，亦必切切然去之，則《匪風》、《下泉》之意，爲其所掩，不得宣著矣。以臣所見，不若仍存‘周’字之爲得也。”

時四學儒生洪啓億等亦上疏，請存“周”字，遣辭觸忤，疏頭遠竄，諸生刊名儒籍，免爲庶人。先生以首發之人，義不容晏然，待罪城外，上以手札遣承旨傳諭，仍命偕來。先生上六啓二疏，兼陳與儒生同罪不可獨逭之意，上又宣手書，連下敦諭，趣令入對。

其初疏略曰：

“士子年少故氣銳，位下故不甚經事，類多過越，正吾夫子所謂‘狂簡之小子’。列聖以來，皆容護愛惜，惟恐有傷者，豈不以國家之元氣在此故耶？向者儒疏，設有過當之言，殿下直可曉之以事實而已，何遽以罪罰見加？至於免爲庶民，則尤有異焉。傳曰：‘士可殺，不可辱。’士子而降爲下賤，其辱之也不已甚乎？

先朝故事，非特疏儒言之，臣亦言之。蓋‘周’字之存，僅告朔之羊，若併此而去之，則泯然無復可尋。區區淺慮，只在於此。除非喪性之人，孰敢謂殿下有歉於尊周哉？特以恐其殿下萬折必東之心，爲刊行諸本所蓋覆，不能曉然如白日之中天耳。臣言而非，則當與儒生同罪；臣言而是，則彼儒生宜可恕。伏願殿下參量於斯二者，俾無刑政不平之患焉。”

乙卯，承命入對，召東宮陪坐，先生陳蒙養之方，又言：“《御訓》撰述，臣終始與聞，備見聖學高明，而乃往往有非常過擧，未知何故而然耶？”上笑曰：“予不學故如此。至於‘周’之一字，多思慮以致此。”先生曰：“頒賜《常訓》，其中一字，與原本有異。臣以自始干涉之人，不勝疑訝，敢請其故而已。不料儒疏繼上，聖心激惱，過擧非常。其罪狀儒生者，有臣子所不敢聞者，臣不當獨漏罪網，進伏請勘。不料恩數之隆，有不敢當者，逃遁不得，冒沒入來矣。”上曰：“卿亦儒林，而如許之類，每擧先正爲言，先正之爲其所學亦辱矣。”對曰：“疏儒所爲，過越則誠有之，其義則尊周，所重豈不有在乎？”仍申前疏列聖以來培養士氣之說。上曰：“卿疏謂‘士可殺，不可辱’，予因此自知其過矣。第卿以儒疏所謂‘王天下之王’爲是耶非耶？其意謂予以虜爲王，渠何敢爲此言乎？且尊周、尊王，有何異同，而强爲分别乎？”對曰：“聖意果以‘王’與‘周’全無分别，則史庫所藏本，何不倂改而仍置‘周’字乎？”上笑而不答，先生曰：“今日何時？中州陸沈，虜運猶旺，孰有及於尊周之說者？殿下縱不能閉關絶約，有所施爲，豈可做此恒用之寂寥一‘周’字而去之乎？皇壇之祀，殿下不能親行，則就後苑望位爲禮，玉候未寧，猶不虛過，拱北之誠，出尋常萬萬。儒生雖極迷暗，詎敢疑殿下忽於尊周乎？且如父母愛子，子有過越之事，則雖叱責楚撻，亦不無嘉悅之意。今殿下殊無此意，竊所未曉。”上命取前日傳敎，抹去遠竄、庶民等罰目。

先生又力陳“王”字不可不改之意，且曰：“雖解儒生罪罰，若不還存‘周’字，則紛紛者無已時矣。”上乃命芸閣所置《常訓》，皆還存‘周’字。先生起拜曰：“殿下改過之速如是，雖古帝王不吝之盛，何以過之？人主一擧措，所係甚重。政事順理，氣象和平，則譬如祥雲瑞日，宇宙間萬象，擧皆懽欣悅樂；政事失平，過擧層疊，則如疾風雷雨，萬物震盪，景色愁慘，其不可不愼如此。願殿下更勿爲如許過擧。”仍乞退，命該曹輸送米饌。又參書筵，春坊官上疏願留，留疏歸黎湖。

時四學儒生付黃趙明履，上又有非常之擧，疏儒之父，皆庭鞫遠竄。先生上疏，略曰：

"臣過蒙優禮，凡有所言，無不開納。臣竊頌天地之德，重仰日月之更，以爲顔子之有不善未嘗不知，知之未嘗復行，復於聖明見之矣。忽又天怒震疊，處分過遽，至於不接臣僚，連下不敢聞之教。臣於是俯仰慙痛，無以自立於人類。

昔之人精忠格天，立談之頃，感回君聽，推類充擴，無有不達。臣則誠意不孚，使聖上有此頻復頻失，其罪雖萬死不足贖。伏乞殿下治臣之罪，以肅朝綱焉。"

承批後，又申暴所懷。曰：

"聖明平日拱北之誠，無以復加，而偶因一字之改，致有儒疏之擧。其所云云，似不諒聖意，聖衷激惱，固不爲異。迨夫本字還存，處分帖然，則儒生輩迄可休矣，而又有罰擧。聖明惡而斥之，亦其勢然也。

雖然，聖人制刑，貴在得中，明王定罪，必原其情。當初儒疏指斥之人，既不啻分明，只論趙明履之過於畏忌，致改不必改之字。使其信也，則明履自爲有罪；其不信也，則儒疏自爲誤聞，與聖明自引爲罪者，千萬無涉。

至其末後妄擧，則又有由焉。從來守其所見，不爲君上所屈，以是爲賢者，自爲儒生通患。然士習之善否，惟在其上導率之如何。故曰：'周之士貴，秦之士賤。’以今朝廷之所以待士者見之，亦可謂賤而不貴矣。昔大禹下車泣辜，曰：‘堯、舜之民，以堯、舜之心爲心，寡人之民，各自以其心爲心。’古聖人罪己而不罪人。彼儒生類不能帖帖無弊，此非殿下所可自反者耶？

蓋其狂妄疏宕之氣，臣以爲可取，苟無此些子，而只低殘軟媚而止，則堂堂聖世，亦安用如此士爲哉？且其所爲，未知其挾雜與否，而所重則有在，縱不能‘懷之好音’如詩人所云，亦何可折辱之竄謫之，使不得開口耶？

至若疏儒諸父之鞫訊，則未知其干連於逆賊綱常之罪耶？其無所當甚矣。今夫閭閻小民，聚爲鄉會，既係多人之所爲，則其知與不知，不得責之於其父。況彼庠序中多士疏擧，非出一二人，豈可逐人而罪其父乎？過擧之中，此尤可驚。

殿下虛心平氣，深省示悔，盡放諸竄，以慰悅人心焉。殿下從前不愼言動，爲殿下臣者，又無骨鯁之人，每過擧方張之時，巽言美辭，僅僅彌縫，是豈諸臣之所自期也？誠以過擧急迫，有以致之耳。然既一向莫敢違咈，習以爲常，則殿下視之如無，惟意所欲者，理勢然也。宜深悔其執德不固，必大奮聖志，大進聖學，以補復前非，迓續新命。

至於廷臣，一惟獻替爲心，深以汲黯所謂‘奈辱朝廷’者爲至戒而後，國其有賴。不然，則恐無稅駕之所矣。”

承優批。

十月，遣掖庭人齎賚駱粥。十二月，命賜米饌。丙寅正月，上疏辭，又別諭敦召。二月，又以《御撰自省編》來詢。擢授吏曹判書，以手札宣召，又敦諭。四上章辭，不許。宣諭趣召，三上疏辭。遣承旨賜批，仍命偕來。四啓辭，敦迫不休。先生進城外，疏請違傲之罪。遣知申傳宣手批，仍命偕來。

入對陳癃病難進之狀，上曰："須觀今日世道，果何如也？"對曰："世道如此，尤當招致眞賢而用之。如臣者有何益乎？"上曰："今躁競成風，卿若來臥政事堂，則此習庶可以息。卿是世祿之臣，何可不顧國事乎？頃於第六室酌獻之時，上觀下瞻，燈燭煒煌，有所興感，而今年年甲，又爲聖祖中興之歲，卿以今日入來，此實難得之會。予不敢以筋力奔走望卿，只欲坐鎭浮俗耳。"

時東宮侍坐，先生問其學業成就，仍曰："爲學之道無他。有益於學者，則必爲之；無益於學者，則一切不爲，如斯而已。"又曰："晩節爲難，雖閭巷學子，猶然。殿下處千乘之尊，晩猶好學，以《自省編》見之，可知其然。然學問之道，惟以變化氣質爲貴，而人生氣稟，理有善惡。聖質雖甚高明，不可謂已到聖域。試思氣質之病，果在何處乎？"上曰："予本稟甚躁，而猶有過高之病矣。"對曰："凡人氣質，有所長，則必有所短。臣愚敢謂聰明特達，殿下之所長也；委曲過詳，殿下之所短也。雖知周萬物，而或不免於小察而大遺，詳處太詳，略處太略，其爲害政令者，不止一二。然所長所短，實非別件，必因所長而爲所短。願十分加工，存其所長，而絶其所短，則純然理義之歸，而氣質不復用事矣。”

又曰：“凡事大小輕重，莫不因時而有定形。卽今急先務，未知何事。”上曰：“‘公’字外無他道理。環顧今世，渾是私意。”對曰：“今邊憂有漸，而國內之亂兆甚多。戊申之變，卽萬古兇逆，雖幸姑無事，而將來之不更發，未可知也。若或更發，則將至何境？”上曰：“自經戊申，夙宵何敢忘憂？”對曰：“亂有所由來，臣有所欲達，而恐致聖懷之慽慽。今有朋友被曖昧冤痛之誣，則必欲爲之辨白，況臣子之於君父乎？先王聖疾彌留，而兇徒一切諱之，仍以做出白地凶言，上誣聖躬矣。殿下孝友出天，肅廟大喪，誠禮自盡，每語及先朝，玉音悽咽。至德如是，而兇誣罔極，詎不至痛乎？”仍上袖箚。

上覽教曰：“非卿莫能言此。俄聞卿言，又見此箚，卿非爲吏判謝恩而來也。”對曰：“此臣積年耿結，一段苦衷，可質神明。當今之時，雖程、朱復起，必以此事爲第一義。”上曰：“予欲下教，而心有痛迫，略見於《自省編》及《常訓》矣。閔奉朝賀鎭遠亦有袖箚。弘彦凶書，思之骨驚。弘彦已死，而安知更無弘彦也？予嚴禁野史，自有深意。今雖依卿言，添載大訓，彼不逞之徒，豈肯信之乎？”對曰：“若洞辨凶言根本，昭載大訓，則豈無覺寤者乎？如天海輩，皆被其誑誘者。苟使一世曉然，則野史不足慮，而亦必有徵信之筆矣。”

上曰：“上款語，非卿不能言。不設醫藥廳，非出於有心矣。”對曰：“其事關係甚大，不可置。”上曰：“大訓之後，議論帖然，其餘皆枝葉。”對曰：“患生於所忽，去草不鋤根，必復生草。兇徒逆種，旣不嚴懲，則安保其更不出禍心乎?”上曰：“卿坐政事堂，然後世道可爲。今旣致卿，又有欲致之人，乃李縡也。卽卿所薦進者也。”對曰：“此人當畀此任。湖西數人，若致而任用，則亦大有益矣。”仍乞退歸。

其袖箚略曰：

“殿下當肅廟、景廟昇遐之際，盡禮盡孝，至誠感天地，而一種兇逆，寔繁其徒，前有辛、壬之禍，後有戊申之亂者，只爲‘違豫’二字爲世所諱，馴致於此。使此二字，明於辛、壬之際，則鏡、虎諸賊，必不得其隙；明於戊申之前，則賢、海諸賊，又無自而發。是何故而諱之乎？嗚呼！於此可得兇逆輩情狀矣。其設心以謂不如是，無以誣殿下，而驅建儲諸臣於爲逆也。

先王聖患，跨歷年歲，逮至甲辰，沈重危篤，蔘茶進御，爲日已多，而朝紙直書茶飮。大漸不設藥廳，外人所聞，極似平常，故賢、海輩生妖逆之謀。天日之下，兇言誣聖，無所不至，至於稱兵之境，此其爲凶逆，萬古所無也。

夫以建儲事體言之，國君無胤，必就子行弟列，策立爲儲，史牒可徵。景廟無嗣，天顯至親，只有殿下一人。苟立儲，則舍殿下何歸？況聖疾彌留，王室孤危，當此時策殿下爲儲，實宗社大計，其奉行者爲忘身殉國之忠。而鏡賊輩忍以爲逆，破瀦孥籍，使人不敢言聖疾，自中豈無內懷不平者？大勢所壓，不得自拔。直至戊申，弄兵累日，而九重不聞，其時國之危急，迄有凜然。

夫旣先之以鏡賊凶筆之敎文，繼之以國門懸掛之凶書，前後承述，遠近傳播，人心安得不惑乎？則所以致亂之故，實有所在。爲臣子者痛心疾首，抵死辨白之不暇。而數十年間，未有以此痛陳者，或有言之者，類不能懇惻感動，殿下之庭，可謂無人矣。

賴宗社之靈，近粗無事，而將來之亂，有不可知。且或如弘彥者，陰爲野史，疑惑後世，則亦豈非可慮之甚耶？大訓論斷群兇之罪狀，而聖疾一節，略無所及。臣竊隱憂，謂宜以數句語，添載於大訓，使二聖授受曉然若日月，而兇誣更不得措舌，豈不爲至明至順乎？

且一忠一逆，大分嚴截，而天網過於恢恢，辛、壬伏法者，只有鏡、虎等數賊，而餘從寬典，或有仍據上公之秩者。天討不行，不成事理。此而置之，則無以定國是而一人心矣。"

命該曹輸送米饌，開政命下，違牌後上章辭職，仍辭米炭。

是日賓對，上出袖箚下詢，時相金在魯、宋寅明等皆以爲："大訓是金石之典，有難移動，先王證候，筆之文字而頒示，似未安。懲討一款，依儒賢言，亟賜處分。"

壬戌，又上章辭職，申暴所懷。曰：

"《自省編》與大訓，同一御撰，而《自省編》有內外之分，所包甚廣。至於大訓，則不及他事，專主辛、壬一案，凡涉逆亂，一一備載，使後人曉然無疑，況其關係之至重至大者耶？

今謂當嚴討逆而不必添載者，其言似矣，而臣謂兩事同爲一事。蓋如醫者診病，必知病根在某經，然後可以隨證下藥，拔其病根，使不得復作。不然而只爲表治而已，則一證纔除，一證旋生，弊弊然日且不足。

今執言而倡亂，旣有所由，不從這處明白，而但曰討逆，則是未勘乎爲逆情節，而先擬律名，豈不如醫者之不知其證而徒然用藥者乎？"

承批後入對，上問領相金在魯曰："卿箚中請從者何事？"在魯對曰："袖箚所請添入及討罪商確爲之之謂也。"上曰："大訓告于何處？金匱石室旣藏之後，一字增刪，是動搖大訓也。予別構一文字，其共看而議之。"領相曰："冢宰所請之意不入矣。"上曰："後世子孫，當以其時事暴之，自我爲之，不亦苟且乎？"先生曰："不言亂之所由起，則正如臣疏所云醫者不知病證，徒爾用藥也。義理無窮，勿以此爲足。"上曰："予意則此事以巴豆、大黃瀉之可矣。"對曰："有瀉處，有補處。"

上曰："從當商議，務歸至當。箚末所言，已有商度，不待講求。頃日元良詢辛、壬事，一邊方疑懼。此機會善爲之，乃無後弊。"謂領相曰："冢宰承命，豈不有益於世道乎？"仍謂先生曰："卿雖非爲吏判行公而來，予亦非爲觀瞻，實爲世道也。"先生乞歸甚懇，領相曰："儒賢言不用故欲歸。"上曰:"何爲不用? 予若致卿而不能聽從, 則當許卿之歸矣。"命中官扶掖。

右相趙顯命疏斥大訓中添入聖疾事, 仍伸救泰耉[3], 爲將功贖罪之論。先生待罪金吾門外, 上遣史官宣召。先生上書啓, 卽日退歸。

領府事金興慶、副提學李德重、知事尹陽來等五十七人, 聯疏伸救, 論斥顯命, 上累遣承宣, 手書敦召, 仍命偕來。又宣御製詩曰:"卿心可質彼蒼蒼, 何以過嫌右揆章? 今予掇文揭義理, 君臣必也講消詳。"又曰:"古往今來一箇誠, 其何拘掣抑予情? 卿若不諒是我志, 玆將命駕向南程。"題其首曰:"寄冢宰替躬請書。"其末曰:"寔由于中, 小諒小諒。"以手筆書下。

朴文秀又上疏論罪, 辭極悖惡。先生待罪城外, 上累遣承宣宣諭, 趣令入侍, 仍却御膳, 又遣藥房副提調洪象漢, 宣諭趣召。先生附奏曰:"臣箚與相臣、重臣之疏, 主意各殊。臣言而非, 則相臣、重臣爲是; 相臣、重臣非, 則臣言爲是, 決無兩可之理。處分未下之前, 不敢多辭辨理。"諭曰:"過矣過矣。其卽偕入, 聽我面諭。"仍責承宣不善傳諭, 曰:"若此不已, 命駕之外, 無他道理。"

時文秀旣命拿處, 又命尹陽來等幷下金吾。先生以搢紳就囚引罪, 諭曰:"卿自卿, 諸臣自諸臣, 今處分諸臣, 非由卿也。卿若偕入, 庶可慰卿而參量。不然, 嚴處而卽爲展

3 耉 : 底本에는 "億".《英祖實錄》22年 5月 29日에 근거하여 수정.

譪，謝否德不能導率舊臣。諒此意，卽爲偕入。”

是日過午不進御膳，又遣洪象漢傳敎曰：“見卿入來，則當進御水剌，不入，則不可進御。”又多不敢聞之敎。日旣暮，俾政院續探冢宰行止。夕入對，上命大臣、諸宰同入，仍曰：“山林之人，所見自異。不設醫藥之廳，做出兇誣之說，慣聞於耳，故其爲言如是，而其欲添入者，亦非不重大訓之意也。右相之言，傷於太快。若曰‘冢宰雖非欲改大訓，而此路一開，動引周公者，必將接迹’云爾，則亦何所妨耶？”顯命曰：“臣愚不及此，聖敎曲盡矣。”上曰：“右相謝過矣。不止此戰，國事將奈何？”

先生曰：“搢紳疏雖多崇品，論其言之先後，則枝葉也。今舍首罪而治枝葉，臣心惶蹙，固勿言，朝家刑政，亦非得宜。臣旣迫於嚴命而造朝，則所以仰酬知遇者，惟在爲聖上辨明罔極之誣。兇言根本，僅發於數十年積鬱之餘，右相縱不能自言，其忍沮之乎？先王有疾，何害於聖德？而必欲諱之者，其心可知。臣箚所言，只言諱之者爲罪，使聖德昭然明白而已。聖上被誣，何等哀痛？而右相略無一言道及，只以‘添載’二字爲臣罪案，是果何意也？司馬光文集言英宗病狀，多有不擇發者，當時未聞以此加罰。且以事理言之，天地亦憾，堯、舜猶病，以至經傳事體，重大何如，而後儒議論，猶或敢到。今雖大訓，豈無容更議乎？況臣所欲添者，關係聖躬，較益重大，而必以是爲臣罪，大臣始之，重臣繼之，臣之蹤跡，豈不踧踖乎？”

又曰：“凡事只當以義理是非論之。今搢紳聯章，未知事面如何，而所執則有在。且擬人必於其倫，聖教比擬，全欠稱量。殿下發之雖易，而當之者不亦寃痛乎？人君以克己從諫爲善，今許多搢紳，駢首就囚，何等過擧？而此一事猶不快從臣請，況其大者乎？”

上命入昨日傳教，親自抹去。仍命搢紳諸臣與朴文秀幷削職，謂顯命曰：“卿事予幾年矣。予豈可使卿與山林之士爲黨人之首乎？”對曰：“臣則無可言矣。”

上謂先生曰：“卿亦忘之。”對曰：“右相若悔其非，改前之爲，則臣亦何必慨懷？第大臣一國之所重，而如許重事，容易論說，致朴文秀之疏。其云‘嚴加處分以正君君臣臣之義’者，極其危怖，如是聲罪，雖殺之，可也。然此則猶就臣身而言，其曰‘大訓是勘斷兇逆之鐵案，先王聖疾，何可添入’者，其語勢比倫，豈人臣所敢言乎？急於構臣，而不覺其自歸悖慢也。”

又曰：“天下事無兩是兩非，而殿下每事觀其顔情而委曲處之，甚非應物之道也。今以臣事言之，殿下作爲，史牒所無之過擧，且以萬萬不倫之事督之，俾不得伸其廉義，豈不有憾乎？古人有中年節約之戒，殿下徹夜不寐，激惱頻數，俱非向晦宴息之道也。”又曰：“臣以聖教每以親臨爲言，且有‘待卿進御水剌’之教，故冒昧一入。而論其情勢，不可一刻留滯。”

領相曰：“殿下於袖箚所陳，以未了案爲教，而今無提及。此非待賢之道。”上曰：“此事更爲商量而去乎？”先生曰：“臣只陳義理之當然。處分在殿下與廷臣，豈以臣之留而爲之，臣之去而不爲乎?”

己巳，留疏而歸，疏略曰:

“臣臨發，葵藿傾陽爲益切。惟乞聖明慮患必周詳，命令必嚴重，以尊王綱，以嚴天討，克踐前日之敎，無爲空言之歸。”

又上章辭職，兼陳所懷，曰:

“今日紛紛，都由臣故，蓋亦不量力之甚。然使數十年凶言根本，一朝由臣而脫若發蒙，則雖顚沛之死，萬萬無恨。此等關係，擧國公論，而不料相臣、重臣一節加於一節，其言至爲駭怕。無乃有別般義理，非臣所能見及耶? 非然則爲上辨誣，似無極不用，而何其有許多不齊也? 臣言揖讓解圍，聞者必笑之，而臣心則戚矣。

朴文秀，問其職，則位上卿也；言其疏，則非細事也。是宜相與極論，不有益於彼，則必有益於臣，豈可以不足怒而置之乎?

夫以言聖疾爲無君君臣臣之義，則如《金縢》、《顧命》凡言王不豫之文，亦當一切謂之不正君君臣臣之義耶? 以添載爲罪，則必如文秀之數十年食君衣君，目見君上罔極之誣，越視秦瘠，不發一辭而後，方可謂正君君臣臣之義耶?

噫! 辛、壬諸賊，當國四年，只以殺人爲事，建儲四相，一時騈戮，其他枉死，不可勝數。非有諱疾之事，雖兇逆如鏡、虎，必不若是之肆也。及至戊申，直做千萬誣罔之言，耳不忍聞，口不忍說。極天徹地，安有如許冤痛乎?

言其所由，無非以諱疾而致之，雖其從前有偏私之心者，到此宜瞿然驚悔，而乃守己殘詆忠言不已。若是而自謂明於君臣之義，人孰信之? 矧今亂根故在，逆萌未折，爲勳臣者深思却顧，宜無不至，而乃反藉重脅持，使人不得開口，亂賊無所懼而助之氣，是豈爲國忠慮之道乎?

國之大事，當一聽義理，如古人共推車子之爲。今以麤豪之氣，行悖謬之辭，意在求罪，危怕莫甚。始知數十年間無一人敢爲此言者有以也。

且臣於大臣，又有一疑。頃年其兄左議政臣文命臨卒有疏，自責以不忠不誠，其語深切。臣固未知爲何事，而或聞其爲相累年，每恨其不能辨白上誣，將死之言，至於如此。果然則其賢於餘子遠矣。惜乎! 今大臣之主意不同如此也。

彼此之言，判若氷炭，決無兩可之理，而幾多年每如此度過，了無所裨，徒爲亂階。惟殿下深留聖意，明示是非，使國論有歸一之期，人心無岐貳之患。"

時聞上候靡寧，又過江承候。遣史官諭召，辭不進，留疏陳戒而歸。上又遣承宣、史官，詢及御撰文字。先生又上疏辭職，略曰:

"知臣罪臣，都在臣箚，直可期之後世，固不敢望其見諒於今之君子矣。第其所爭則事無大於此者，正須明白曉諭，使其各有指歸，而相持不決，無期出場。臣誠惶悶，無計進身，而收召不置，職名自如，是何異於'姑舍汝而從我'者耶？

是非者根於天性，事之所在，是非必隨。聖學高明，於此燭照，而夷考所行，或有未然。凡於敘秩命討，一切大小事，率任其是不全是、非不全非。殿下以是行之數十年，其已然之驗，亦自著明。今又只循前日塗轍，則臣恐朝臣之爭鬩愈甚，世道之壞敗愈劇，其勢不至於危亡則不止也。"

七月，連上二疏辭職，手批許遞吏判，遣太醫持藥物看病。陳章謝，仍辭宮銜，其疏略曰：

"臣言實國家大故，關係安危治亂，決不容遲疑等待。惟聖明無以反側爲自安，無以處分爲已了，必就逆變根柢，早爲辨白，如前箚之云，則事體旣無少妨，國論又且歸一，庶幾其亂無由生矣。"

優批敦召，除右參贊。又遣史官特召，仍詢《詩傳》疑義，附奏辭召，條對疑義。

九月，命追奪泰耉、鳳輝、錫恒官爵，蓋因先生袖箚陳請，始有此命。差掌樂院提調，又命賜米炭，上疏謝辭。

丁卯四月，上聞先生疾，遣太醫持藥物留視，兼有米饌之賜。上疏謝辭，宣手批，連遣掖庭人存問，賫賚御膳。上章稱謝，兼辭職。

九月，聞病證添重，命擇送太醫，持藥物看病，又遣掖庭人存問，賫賚御膳。

十一月，上章謝，仍辨朴文秀疏，略曰：

"臣病中伏聞朴文秀疏，復及昨年事，多般費說，別引登對大臣，添爲己援。凡人言語，出自中心，皆有主張。彼若果悟其失，則快說今是昨非，固無不可。若未易，則力守前見亦可也。何至强引他人，爲此遊辭，不顧其與自己'君君臣臣'者相左之甚？其亦異矣。

今以文秀前後二說推之，'不可'云者，就事平論之言也；'君君臣臣'云者，聲罪致討之辭也。二者輕重之不倫，豈止一指與泰山？而乃移此就彼，混同爲一，告君之言，若是其荒乎？"

文秀疏，以領相登對時，有"大訓體重，有難移動"之云，故引而爲援。

戊辰正月，上疏陳戒，兼辭職，不許。四月，病候益添，又遣太醫看病，擢授右[4]贊成兼世子貳師，遣史官宣諭。疏辭，不許。

五月，拜成均館祭酒。時有先帶者，命特設一員除授，遣掖庭人存問，賜米饌，又遣太醫看病。

七月，病革，醫技已窮，不復進藥，著《古今辨》、《學誡》，草《自誌》。戊申，移寓尹氏亭。

閏月丁巳，復遣太醫持藥物看病。命侍人編竹作牀，爲備襲斂所用，取上服置臥側。八日庚申亥時，考終于僑亭正寢。是日大風撼屋，電光徹曉，又有白氣繞舍。

4 右：底本에는 "左".《承政院日記》英祖 24年 4月 18日과《英祖實錄》24年 4月 18日에 근거하여 수정.

訃聞上震悼，議擧哀，以無舊例未果行。傳曰:“貳相養德山林，爲世矜式，予之倚重，元良恃輔，其惟此人，豈意聞此？ 痛悼一倍。 喪葬諸需、造墓擔夫、四名日祭需，限三年輸送。”承旨金漢喆曰:“山林之士，鮮不貧寒，而贊成之貧，世所罕有。朝夕屢空，服着甚疏，只有薄衾一件，經冬過夏，於此可見其儉德。隱卒之典，如是隆摯，實光史策矣。”上曰:“初終想應無策矣，更飭歸厚署，急送棺材。”

癸亥，成殯于本第，行成服。上遣承旨致弔，命賜禮葬，禮視三公，東宮賜賻，遣宮官致弔，館學及諸道書院，爲文致祭。

戊辰，胤子師近追先生雅志，上疏辭禮葬，兼上遺疏半藁，疏曰:

“臣一病三載，支離不死，秋毫莫非聖恩。今大限已迫，更無生望，瞻望宸闕，豈勝於悒？仍念人臣永訣之際，必有最切要可聞於君上者。 今日國事，莫過於輔導春宮。子弟凡百玩好皆奪志，雖在閭巷士夫，亦然，況帝王乎？惟殿下深念此理，必使之親近讜士，斥遠邪佞，日以正事正言，熏陶成習，以基無疆之赫業焉。

且帝王講國之道，防微爲先。 玆事不待遠引，只以殿下所經歷驗之，亦可見矣。始之不愼，終致大亂者有之，將來亦安知不復然也?”

疏入玉涕被面，批曰:“覽卿遺章，想昔入侍，一覽涕面，若見卿焉。爲元良懇懇拳拳，感歎其忠，深嘉其意。今覽此章，九原奚遠？手寫其答，字字揮涕。特令承宣往宣以讀。”又賜師近疏批，勿辭禮葬。

九月，上親製文致祭，東宮遣宮官致祭。玉堂金善行請依故事，不待狀賜謚，上特從之，取謚法“道德博聞”、“夙夜儆戒”而曰“文敬”。

辛未，葬于廣州雙梯里負艮之原，李夫人先葬于此，稍移其穴而同祔。甲申五月，以宅兆不利，移窆于同麓異岡，亦艮坐也。令道臣給役夫，又命該曹錢布拔例輸送。己巳七月，遣禮官致祭。乙亥，逆獄大起，辛、壬諸賊，盡行誅討，上追念先生袖箚所陳，命贈領議政，兼銜如例，親製文賜祭。

此其先生出處大致也。

先生資質敦慤，孝悌天植。志道最早，而不囿於俗學；發軔甚正，而不階於師承。潛藏暗修，妙契默悟，充養積厚，德性堅定，無礙於理，不疑於行。發之爲文，精緻潔淨，無贅剩蹈襲，卽其文理之密察，可見造詣之高深也。淸修固窮之節，如玉如氷，生於世閥而自持寒素。

平生少許交，於一切外慕澹如，而終始遭逢，是名實自然之符，不藉於吹噓薦引也。若其三進三退，俱有尺度，初則爲伸其分義，再則爭“尊周”字，終以冢宰進，則以辨國誣、討亂賊先於爲政。雖其憯鋒交發，初服遽反，而正三綱、明義理，有辭於天下後世，先生力也。

逮拜貳公，先生已病。遺疏之特及於防微者，深意可知，竟未畢陳，斯爲先生不瞑之恨，而其志則益炳然也。

先生自幼，屛居隱約，不以事物經心，獨於前聖遺經，專精鑽研，逐章箚述，積以歲月，折衷群言，開發宗旨，錘量輕重，不易毫髮，以爲興衛斯文、嘉惠後學者，曰《讀書隨箚》。又有《朱子往復彙編》、《春秋類例》、文集、年譜。嘗撰《經書會同》、《二禮異同》，正其凡例，手書數卷，而未卒業，《自誌》所謂“千古之憾”者也。

先生講明名理，恪守洛、建成訓，斥世儒務新尙奇之論，曰：“儒林長德有如尤翁者，則此說何敢售乎？”

其論未發、戒懼曰：

“未發之際，難致纖毫之力，故朱先生謂：‘着不得工夫。’然其意則未始將工夫但歸之已發一邊。如所謂‘未發工夫’之類，不一而足，各有所指，不可一概論。

蓋其所謂工夫，只在沖漠中照管，不曾放失而已。胡季隨以戒愼、恐懼爲所以涵養於未發之前，而朱先生謂之‘甚善’。

戒懼，既是工夫名目而所以養於未發者，則所謂未發工夫，元非直拈未發底地頭喚做工夫看，以戒懼之所養者爲在於此故云爾。今徒以戒懼爲工夫，而於未發上禁不言工夫，則未知戒懼之所養爲甚麼耶？”

其論人心、道心曰：

“人之所以爲人者，性與形而已矣。以其爲人生所有之形，故謂之人；以其爲上帝降衷之性，故謂之道，既不可以此爲彼，又不得以彼爲此。二者之面貌，既各不同，而且有這心以爲知覺焉，故見之於發用而形言如此。

若無此心而但惟性命、形氣而已，則其不能自做主張，與彼在身之理氣一般，何以人其所謂人而道其所謂道也哉？

退溪先生主於兩邊說下者，固不害爲各溯其所從來矣，而過於離析，有如'理發氣隨，氣發理乘'，則語意終有未備。且捨人、道當然之目，而替換四、七，故有栗谷先生之議。

所謂'無形無爲而爲有形有爲之主，有形有爲而爲無形無爲之器'者，則發盡理氣之情狀，洞然無晦，程、朱以來無此論矣。

然凡有理有氣者，蓋莫不如此。今若於人心、道心而亦專用是說，則雖得乎不離之本色，而易抹却對列之分界。總而論之，退溪之分列、栗谷之不別，其所自來，恐皆偶失照勘矣。"

其論心氣之書曰：

"心之所以爲心者，以其出入動靜，千變萬化，而其所以能如是者，專在於氣機。是則心乘氣機，而氣機爲心之所乘，其分有如是者。蓋須幷氣質、形氣，然後方完得箇心。然其不可以氣機蔽心則明矣。"

其論心性、理氣之辨曰：

"《中庸》所謂'未發'，旣謂之'中'，而又謂之'天下之大本'，則是天理源頭，至純至粹，至淨至潔，正程子所謂'不容說'底，豈得有些子他物帶累，幷容於其間乎？

夫衆人之稟，固不與聖人同，而以其原初言，則唯一善外，實無他雜，故未發體段，湛然粲然，聖人無所加，衆人無所損，元無兩樣。今謂其本有相雜，則是性中元有此兩物相對，各自出來者也，豈有是哉？

蓋氣質者是形而後所有，只隨之各自爲一性，與所謂'天地之性'終須有分。雖未容侵入於未發境界，固不患其無置處矣。

且所謂'未發'，非是無來歷，特然說起，直從首句'天命之謂性'說來，節節相應。此其本旨，只在於天理根源，不可和氣質說者，不亦較然乎？

未發，雖單言理，而實未有無氣獨立之時，蓋有如是之理，則必有如是之氣。理之爲理，只於氣上見之，不爾則竟何據而見其爲理乎？

苟無是氣，則固不得爲未發，然此處直與無氣相似。同一氣也，而未發之氣則洞然清明，與天理爲一，而無毫髮隔礙；氣質之氣則氣爲之主，淸濁粹駁，便有許多不齊。夫固有淸者粹者，不只爲濁駁，而不害其終屬氣質。若未發則爲天命所在，是何得并而言之乎？"

又曰：

"戰國擾攘之秋，人不知性之本善，世道弊敗，罔有紀極。故孟子道性善，使知聖人之爲可學至，而不以自畫，其功固大矣。然人生氣稟，不得無惡，於此終欠一轉語。故荀、揚之徒，看此不破，或以爲性惡，或以爲善惡混，亦其勢然也。直至程、張二子出，然後始有氣質之說，自是善惡二者，曉然各有指歸。聖賢代作，逐人發明義理，各有事在。

今將氣稟之惡，要以侵入於性中者，未知何所緊關也。夫道亦器，器亦道。然聖人以形而上下際，斷得分明。今以本然、氣質言之，本然者，形而上也；氣質者，形而下也。於其本然而見其一同，於其氣質而見其各異，就其不可離也而識其不相雜，就其不相雜也而識其爲不可離，只如此而已矣。

知此則義理之所同然，庶乎其犁然有當，而彼以'氣質'二字蔽性者，可知其爲滯器而迷道，語下而遺上之歸矣。帝衷、民彝，無所謂惡，爲惡者，氣質所爲，而善之遺失也。

故程子曰：'言善惡，先善而後惡。'朱子曰：'因天理而有人欲。'栗谷曰：'原於仁而反害仁，原於義而反害義。'以此言之，其不爲本來所有昭昭也。乃以之并據源頭，謂有相離之候，則其謬恐不但名理之失而已也。

心爲理氣之總宰，朱子雖說'心者，氣之精爽'，亦何嘗禁切'理'字而不入於心哉？《詩》曰：'天生烝民，有物有則。'夫物，氣也；則，理也。所謂心者，是物耶？則耶？苟曰則也則已，不然，是亦氣也。既曰氣，則雖是至神至靈之物，詎能自會無則而獨自立乎？然則雖是氣之精爽，而亦不可不以理氣揔宰言之也。"

其論尼尹事曰：

"吾於尼尹所疑有數件。　觀所撰權惟墓與其弟推之墓文，則其終始扶鑴，不得自掩。夫鑴旣改註《中庸》，至己亥禮訟，粃撰宗統之說，欲害尤翁。於斯時也，爲尤翁門徒者，其驚怕痛疾，不待言矣，而乃陽擠陰與，至伏法之後，猶致稱惜。夫事人爲師，而乃與欲殺師者藕斷絲連如是，是不但豫讓所謂'貳心'而已。

觀與玄石書所謂'先人無可死之義'者，則與其父所謂'與妻友約死而不能死'者大段背馳。城陷之日，動輒約死，及夫所約者皆死不負約，而乃以其父獨爲苟生之故，謂'初無可死之義'者，非愚則悖也。觀其受父墓文於尤翁，而屢以他事來責，則其用意之不美，畢露無餘。

夫爲其親受文於人者，豈非以其人爲賢哉？況以門弟子一生服事，詳其言行，則其事體與托於他人之賢者尤有間。是則在其時，猶以其師爲大賢也。所作雖不副所望，何可以是斷其爲惡人，而愛憎疑信，一皆頓換耶？蓋其每念羞愧，終有放不下者。是以一聞尹鑴以'可以死可以無死'爲喩，則竊幸其有出脫之路，把做話頭，每每擧似於人，至敢肆爲援上之說，使人不得開口，可謂小黠大癡矣。

然亦不敢自信，而類爲謎藏掩翳之語，又間討別事，朝移一書，疑及心地，夕移一書，責其做言，紛更往復，索性逼拶若是者，蓋以爲若只碣文之故而已，則不足以壞其師之重名，一朝爲大故無狀之人，故爲此百道攻城之計。以故文字未及出場，而其師之惡聲先已四布矣。只此三件事，生心害事，節節可疑。

今且就師生一義言之，《語》曰：‘擇不處仁，焉得智？’然則弟子之於師尤可見已。尹不知尤翁之不賢而師之，則爲不智；知而師之，則爲不仁。

且古人有言‘天下無不是底父母’，　此義不但在父母，於師亦可用。使尤翁眞爲惡人如瞽瞍，猶當責彼以不能底豫，況尤翁萬萬不爲惡人耶？

蓋其得失，只關二人之身，則直當置之矣。今也不然，上焉而國家之興亡、朝庭之進退，下焉而學術之顯晦、民生之休戚，皆於此係焉。有憂世之心者，其可嫌於爲黨而不言耶？”

又著大尹詩語辨曰：

“其敍懷處有云‘未效北地王諶死’，　此其心早已有在。夫擬人必於其倫，己不過閭巷匹士，彼則天子之子，貴賤不啻天淵。縱曰只取其死義，自古薦紳儒生當難殉節者甚多，何必北地王而後可哉？

蓋以北地之死，形夫孝廟之不死，於以規絶議己之口，若曰‘孝廟亦有是失爾，何敢非我’云爾，而暗地侵擬，未敢公誦。至其所謂日記，他日他人之說出，則方始現露無餘矣。

吁！孝廟果有不死之失乎？孝廟之江華、北地王之成都，固同一危亡之地。然北地則與後主共居一城之內，孝廟則與仁廟在各處。北地則後主將出降，宗社之墜在當刻，孝廟則行朝隔遠，國之存亡，猶未可知，城破之日，無脅迫受降之事。及夫南漢下城，則其恥固罔極，然九五之君位自在，千里之封疆如故。儲貳與孝廟，擁而北去，卽戰國時互質故事。其始也旣未可遽死，其終則尤不用死。

昔顏淵答夫子之問曰：‘子在，回何敢死?’設使北地而當此之時，其必有商量者在。其擬之於孝廟，當乎否乎？其無嚴甚矣。”

先生篤信尤翁，曰：

“顧今世道交喪，天壤易處，靡尤翁，孰能知貴王賤覇、尊周攘夷之義乎？韓子云‘孟子之功，不在禹下’，吾亦云‘尤翁之功，可配朱子’。”

攻尤翁者，實不知理義之重，以故立論如此。

配貞敬夫人韓山李氏，僉正泂女，牧隱文靖公後也。生後先生一年，歿先先生二十五年，墓祔左，無育。系子師近縣監，有二男，進源、綏源府使，一女適黃謦。庶子師僕，綸源、理源、健源、素源、女具章遠，師僕出也。進源系子宗塾縣令。綏源系子宗學左尹，女判書徐能輔，庶子宗天縣監。綸源系子宗述。理源子宗舜，女李義緝。健源子宗述、宗寅、宗文。素源子宗協。

先生誠貫金石，行通神明。妙齡聞道，深造獨詣，階級之嚴而寸積銖累，進修之勇而若篙撑船。書無所不讀，則博之以文也；行靡所不實，則約之以禮也。存養於幽閑靜一之中，自得於書言象意之表，不滯於言詮，無局於見聞，知思極其大而不略其小，究其精而不忽其粗，馴致於至德凝道。

於是焉發揮文章，精義妙用，本諸行事之實，眞所云“沈潛仁義之府，從容禮法之場”者也。肆不求人知，而有朋來之喜；不擬世用，而有賁園之勤，如有用我，可擧而措之。

若其難進易退，則有壁立之限；不枉所守，則有御者之羞。契重君臣，而斷之以一“義”字；學本經濟，而參之以一“時”字。知我者天，不要衆人之譽；殉身者道，不求一世之名。苟使先生少須臾無去，則君心若可回，時事尙可爲。而其行望望，不俟終日，不欲以一時之僥倖，少屈平生所守之自重。

知之者謂之高潔，不知者謂之果忘，想望者或失圖，浮澆者或工訶，而分數輕重，惟知道者識之，難爲世人言也。然而一言之重而百世知懼，則不樂成人之美者，徒見其不知量也。

先生雖不以世道自任，而其爲世道重，則隱然如山峙岳立，無運動之跡，而利澤之及物溥博，是可驗先生積學之功、立誠之效，有非一善成名者之可比。曠世而眞儒作，則當朝暮遇也。

幷時先進遂菴、芝村諸先生，莫不愛重，而農巖、三淵兩先生相對，輒言“朴某可戴於頭上”，陶菴李先生與之同年同德，而贊先生論理，以爲不可及。金嗲齋用謙當乙亥逆變，歎曰：“黎湖先見，眞如明鏡，其遺疏已知有今日事。”是在先生爲大德之川流，而亦可認明理知言之功也。

先生有不昧之識、難奪之操，處世得蠱之上九，而不以師道自處，則用顯比之義。蓋病末路儒者務外近名，不克量時量己也。所謂“處則有守，出則有爲，用舍無與於己，行藏安於所遇”者，先生有焉。

卽其專於內修，務於實得，不淫於詞華，不涉於泛濫，亦不騖於高遠而淪於卑近，門路之正、規模之密，可以傳百世而无弊，質往哲而無疑，於乎懿哉！

先生易簀過百年，而尙無所狀德，大德之徵，若不繫於文字，而無文字亦何以記實哉？然體裁甚重，故及門諸賢皆推讓而不作，已盡凋喪，無可以屬筆者。宗學、宗塾命直弼代斲。直弼生不逮覿德，識不能知德，而自髫齔已知東國有朴黎湖先生，苦心悅服，有不忍辭者。而亦不敢遽議，荏苒十數年，而宗學、宗塾俱歿，直弼亦癃病垂死。若復因循淹遲，而風燭奄及，則恐貽斯文千古之恨。故力疾涉筆，撰次其言行梗概，結以升堂記述，用備永世之考信焉。

梅山集

卷四十九

行狀

行狀

近齋朴先生行狀

本貫全羅道羅州牧潘南縣。

曾祖諱泰遠，黃州牧使贈吏曹參判，妣平山申氏贈貞夫人。

祖諱弼履，贈吏曹判書，妣全義李氏贈貞夫人。

考諱師錫，公州牧判官贈議政府左贊成，妣杞溪兪氏贈貞敬夫人。

先生諱胤源字永叔，姓朴氏，系出新羅始祖。至潘南先生諱尙衷，以文學節義，有名麗季。左議政平度公諱訔，以勳業顯本朝。平度公玄孫舍人諱紹，知士禍將作，遯于嶺南，爲時名儒，世稱治川先生，贈領議政文康公。文康之子曰諱應川，司宰監正贈左贊成，孫曰諱東民，以學行薦授參奉不就。是生同中樞諱煥，是生左副承旨贈吏曹參判諱世城，是爲先生高祖也。承旨公當己亥禮論，斥尹善道、權諰，不奉敦諭權諰之命，下理幾危，爲時名臣。牧使公以下三世世襲文行，克紹先休。兪夫人考處士贈吏曹參判諱受基，大宗伯章肅公諱命弘孫，文簡公農巖金先生諱昌協其外祖也。純靜和柔，婦道咸備，以英宗十年甲寅五月五日子時，擧先生于漢師社稷洞第。

先生生稟絶異，肌膚淸瑩，性又夙慧，纔學語已解文字，與群兒遊不戲狎，談笑皆成文，雖玩好在前，若無睹也。祖妣李夫人女士有文識，常置懷中，口授《小學》及古史，先生已會其大義。夫人勤蠶績，先生爲作《養蠶歌》以悅之，腔調自成，家人傳誦。年未及就傅，文理驟達，不煩敎授，終日伊吾，至忘寢食焉。聰穎絶人，一讀下數十行，雖鉅篇開口便盡，所讀雖經時，長者有問卽對，不一遺。有饋華蟲者，先生卽取紙書曰："是歷錄然有文章。""歷錄"字見於《秦風》註，而移用於雉之斑文，其文思超詣已如此。

稍長益治古文，高妙淵雅，直透作者神髓。好讀《南華書》，或至千遍，而以悖程子不觀《莊》、《列》之意，遂不復讀。藝苑諸公要見先生著述，先生不出曰："焉有士子而見文詞於時宰者乎？昌黎事，吾竊耻之。"常自期以道學、節義、文章三者，不絶於口，時復激昂感奮，語及斯文是非、辛壬忠逆、《春秋》大義如三學士、淸陰、桐溪所樹立，未嘗不慷慨流涕。或欲試之，有反其意而難之者，則聲色彌厲，言議益峻，長者不能屈。作《北征論》，以明復雪之義，嘐嘐齋金公用謙奇其志趣而曰："是見尤翁文字者！"先生自謂"興起向學之心，專賴于斯集"，輒載之而行。

出遊陞庠，累居上游，儕流皆讓一頭，而先生謂以利慾之場，不可濡足，遂不復赴。嘗執事于崇節祠致祭，上親臨觀禮，內竪向先生問曰："董公名爲誰？"先生不答。內竪堅問之終不答，蓋嫌與宦侍語也。每科名不正輒坐停。辛卯國家宗系辨誣，稱慶設科，亦不赴。人詰之曰："以辨誣虜中而不應慶科，若使策名立朝，其將辭專對乎？"先生曰："往役固不敢辭，而科擧則爲士者當行己志，何爲比而同之乎？"

丁亥中監解。先生來自贊成公三登任所，試期已迫，未及照訖，上御便殿試講。時無照訖入格者甚多，皆彌縫苟免，獨先生首實，命停擧。及會試釋停，先生曰："不照訖雖是襲謬，終不安於心，詎敢以解罰而冒赴乎？"癸巳又發解。時以科場殽亂，朝廷使捕卒詗覆圍，先生歎曰："昔人有見棘籬而廢擧者，况捕校乎？"遂折券而歸。

壬辰見時象孔棘，不樂處京。會葬渼湖金先生，仍僦居廣陵江上讀書，久而後返。及贊成公歿，遂廢功令曰："吾今四十而求榮，是與孟子不動心異矣。且親不在，誰爲榮乎？况科擧事近衒鬻，士而有志則不冒赴，是第一義也。"

甲辰朝家令卿宰各薦桂坊可擬人，醇庵吳公載純以先生及霽軒沈公定鎭應命。丁未春將行嘉順宮嘉禮，上問先生於金公鍾秀，鍾秀對曰"朴某以經學聞於世，貧甚所居不蔽風雨，常與吳允常講磨"云。壬子拜繕工監監役，呈病遞。人問："何爲不仕？"先生曰："病實難强，且弟姪分俸，得免饑餓，無爲貧之義。靡敢以不仕爲高也。"

癸丑左相金公履素又薦先生。是年秋金右相憙上箚薦先生及金載翼等三人，而以"篤學好禮，準以繩尺"，稱先生，而請付經筵官。上以"抄選例自賓廳會薦，而以箚子直請，有違格式"，還下箚本。金相遂上章自訟其昧例，又言"所薦諸人，皆一時之望，自朝家宜拔例收用”，時有惎之者，事竟不行。

丙辰尹右相蓍東以先生學術實合儒選，力薦之。上曰：“古人以不相竇廣國謂之私，然豈不難乎？”丁巳金公鍾秀以元子宮將入學，又請任先生以輔導，上并不聽。戊午春設講學廳，選僚屬，右相李秉模薦先生，并擧七人而曰：“或以學行，或以操識，實合是任，請付軍銜，使之陪講。”上允之，令問安於元子，先生辭以疾。上下教督出曰：“是不過桂坊一例，在私義亦無難進之端。且微末蔭官安敢乃爾？欲爲處分，而姑不爲之，斯速出仕。”先生又對以實病，終不膺命。

時上欲必致乃已，荐降責諭，辭旨嚴厲，有人臣所不敢聞者。先生悸恐，席藁私次，待罪者月餘，天怒轉激，禍將不測。子姪震懔罔措，至伏地號泣，願一出脚，用活家族，先生猶不降志，自分必死。久後上聞先生秉執，始有開釋之教。先生感泣曰：“賤臣日竢逋慢之誅，而今乃蒙被異恩，不惟不罪，又從以褒嘉。從古人臣之得此於君父者，能復幾人？此身未死，不知何以圖報也。”猶以職名未遞，引咎自訟，不出戶庭，從遊者請講學則辭之。時有匪頒於諸僚屬者，先生亦依他例蒙賜，亦不受，卽不欲以見職自居也。上知終不可屈，特命許解。

先生素淸羸善病，至己未正月沴氣大行，先生亦患斯疾，以十七日子時，考終于聚賢坊貞洞第。前二日謂傍人曰“啓手足”，又曰“遷奉”，蓋欲遷奉于正寢也。前歲忽誦康節六十六歲詩"使吾却十年，亦可少集事。奈何天地間，日無再中理"之句曰："以康節造詣尙云爾，吾儒事業儘無窮。"享年竟止六十六歲，所雅言乃讖也。朝野莫不悼惜，士友相弔曰："斯文之棟樑折矣。"以葬地累退，五月九日始窆于果川縣內面雲滿山後洞寅坐之原。

先生天分極高，明粹英睿。色莊而言厲，氣和而心坦，直而不峭，嚴而不激。襟懷灑落，表裏瑩澈，如氷壺秋月。自幼近道，劬書之外，不知有餘事。及長淹貫經史，律身淸苦，動必以禮，非其義不行，有所守，雖賁、育莫能奪。其辨邪正淑慝，劈劃若利刀兩斷。不以外物累心，常欲點塵不着，卓犖有大志。嘗慨然歎曰："不爲婦人而爲男子，生於衣冠之國，承冶川詩禮之傳，其可自小乎？人之性善，與聖人同，可以人而不知其性，知而不全可乎？"於是遂專意性理之學，取讀《心經》、《近思》、四子書，窮晝夜不休，以及於洛、建群書，玩索而體驗之。篤信聖人，以爲"一毫不及，吾事未了"。奉孔、孟及程伯子小像于書室，朔望瞻拜，用寓景慕。慕石潭、華陽兩先生，曠感最深。

蓋其敏識天授，於性命之蘊奧、箋註之紛錯，到手則理契而心融，大而道體之彌六合、細而妙用之散萬殊，無不玲瓏穿穴，會通而歸極，其所自得而闡發者，類皆疏通圓全。其論格物、物格曰："物格旣是物之詣其極者，而以格物爲吾之至於物之義，則兩'格'字有不同矣。上下'格'字宜無不同，竊謂格物是使物而格也，物格是物之格也。兩'格'字或在於'物'字之前，或在於'物'字之後，故有在我、在物之分，而其實無不同。且格物以'使'字意看則尤似分曉。《或問》釋格物而曰'人莫不知，　而或不能使其精粗隱顯窮極無餘'，則朱子於此，已用'使'字。金密庵以格物、物格爲心到物、物到心，與鄭愚伏'請客客來'之說相似，不可從。"

其論明德曰："稱心爲明德，如稱理爲太極。理至極而無以加焉，故謂之太極；心神明而得於天者，故謂之明德。既以理之至極爲太極，則太極不可不謂之理；既以心之神明謂明德，則明德不可不謂之心。先儒曰'至善，太極之異名'，愚亦曰'明德，心之異名'。明德是心，心是明德，豈有二乎？明德者人心神明之妙，不可得而名之，故以明德目之，此明德之所立名也。蓋格、致、誠、正、修皆屬明明德之事，而格物以心格之也，致知致其心之知識也，誠意則誠其心之所發也，正心始直言心，修身則主宰乎身是心也。五者皆不外乎心，則明德非心而何？且性亦非不明矣，而心配火，卽光明物事，'明'字最當於心。故朱子於明德看得出如此。或以'「虛靈不昧」四字說明德意已足'，爲陳北溪之語，而非朱子說，執此爲明德非專言心之證。然不分朱子與陳氏，惟觀其言之當理而已。"

其論心與氣質曰："心是氣之精爽，則精爽爲心之全體，知覺之體用不外于精爽，精爽卽湛一也。豈於精爽上，又有湛一，以爲心之本體乎？或謂'湛一是本然之氣，聖凡之所同；精爽是血氣之所生，聖凡之所不同'者，分析雖細，源頭却成兩岐。夫心一而已，豈有聖凡所同底心之外，又有聖凡所不同底心乎？心之所以本善者，以氣之精爽也，今曰'精爽有淸濁粹駁', 則是以心爲氣質, 而心有善惡也, 其可乎? 心體之虛靈, 卽氣之精爽, 而精爽卽湛一。今謂'精爽非湛一, 湛一是本體', 則虛靈不足以爲心之本體, 而虛靈上又有湛一, 不幾近於頭上安頭乎? 蓋原初湛一之氣聚而爲心, 卽所謂精爽, 精爽非出於血氣者。精爽無淸濁粹駁, 故聖凡之心同矣。若其已發而入於不善者, 是挾氣質以後之心, 非可言於心之本體。然則精爽只是湛一而已, 何得有濁駁來? 精爽之稱自是心之名目, 一言而蔽之者, 則精爽本是神明, 神明與湛一豈有二乎? 張子所謂'氣之本', 卽朱子所謂'氣之精爽', 雖有論氣論心之不同, 而其實一氣也。蓋氣質非氣之本, 惟心爲氣之本, 故所以神明而具衆理也。今以精爽謂'非湛一而是血氣中精爽', 則所謂'湛一'果寓於何處? 而雖欲求之, 無從討覓矣。人心狀得處, 以精爽爲言, 則或認以精爽有淸濁, 以虛靈爲言, 則或認以虛靈有優劣, 將使心與氣質無辨矣, 安得不以湛一言心, 以明其本體哉? 鏡鐵精粗之喩, 殆哉斯言! 粗鐵之鏡, 雖力磨之, 必不如精鐵之鏡。然則凡人之心, 雖極治之, 必不如聖人之心, 人無作聖之路矣。栗谷曰'方寸虛明, 變化氣質', 氣質之變化, 專在於心。若使人心有本惡者, 則不能虛明, 何以變化氣質乎?"

其論人物性曰: "虎狼之仁、蜂蟻之義, 朱子謂'一點明'。'明'者, 理之同也; '一點'者, 氣之異也。虎非但仁而亦義, 劉昆爲弘農, 虎負子渡河, 其避善人, 義也。蟻非但義而亦智, 其知雨封垤, 智也。犬亦有仁義, 慈其子, 仁也, 忠於主, 義也。奚但一點明乎? 如羊之跪乳, 禮也; 烏之反哺,仁也；鳥之色擧，智也。固皆只露其一端，亦是'居其一有其四'者也。況鴈之不貳雌，義也；春必北秋必南，信也；有行列，禮也，此則已見其三矣。以言其發見則不全，以言其所受則能具矣。仁包四者，豈有有仁而無義、禮、智者乎？亦豈有無仁而有義、禮、智者乎？若使物性無五常，則人之德雖善，豈有感物之理？雞無仁矣，董邵南之行，何以使之相哺？猫無義矣，北平王之賢，何以使之相乳？蛇雀無禮，何以使之銜環珠？豚魚無信，亦何以孚乎？性只是一箇善，事之善者皆係於五常。今夫牛耕馬馳，是善底事，非惡底事，則牛耕馬馳，便是人之仁義，可見人與物同一性善也。性是一原，而道有分派，則性同而道似不同。然道亦謂之同者何也？道者循是性之自然，性一而道亦一。故曰'性、道同也'。性、道旣同，而物不可爲人之事者何也？氣有可變有不可變。可變者卽聖凡不同之氣，淸濁粹駁之分也；不可變者卽人物不同之氣，正偏通塞之別也。濁駁者可使之淸粹，偏塞者不可使之正通。故物終不能爲人之事也。聖人之施穿絡於牛馬，使之耕馳，亦因性之自然而已，是其敎在性、道之內也。鹿門云：'明德不得謂之人物同。天命之性，謂之人物同，則心小性大，心何以貯性？'此說可疑。心、性果有形之物，而以形之大小論乎？"

先生於講論之際，未曾入主而求勝，乘氣而加人。常曰："義理，天下之公，何可自是而非他乎？喜同而惡異者私意也。"以故雖鎭日談辨，屢牘往復，而壹是公平，不失和氣。若寸長在人，輒屈己而從之，或各執己見，兩相不下，而亦不少芥滯，情契靡替焉。

兼治禮學，以爲“禮是四德之一，而其用甚大”，乃沿溯源流，考證同異，酌古今之宜，盡常變之節，其所辨析而折衷者，秩然有體裁。人遇疑變，必就先生而正焉。每歎“世教衰，喪紀先崩，至於祖父母及伯叔父母服中昏娶而極矣”。或難之曰：“失時爲難，且奈姻家不聽何？”先生曰：“是壞禮防也，如此者亦不願結親。凡事拘時勢，則無禮律，其可乎？”世俗始喪設飯三器，謂之使者飯。先生謂“是羅、麗崇佛之餘習，非正終之禮”，遺戒去之。亦嘗以婦女將死，侍婢誦佛，非所以正終，亦切禁焉。

又以父母死被髮爲非禮而曰：“《家禮》襲《書儀》之謬，非朱子本意。然行久而成俗，爲喪禮之大節，苟欲釐正，則必須明良相得，著令設禁，然後可變。若在下者擅改則妄也。”嘗曰：“好禮固可尚，而徒規規於繁文末節，不致力于本原，則雖會通三百三千，亦難望實得，易啓文勝質之弊。且吾與人答問，禮多於經。吾實無以扣之則應，然亦可驗世無理會讀書者。”戒學者以役文，俾之先經而後禮焉。

常留心經濟，論治道必以唐、虞、三代爲期。若經國之謨、用人之法、制産厚生之規度，咸有研究，有所論著。必以敦敎化正風俗、任賢能遠諂諛、禁奢侈除冗費、袪浮華尙忠賢爲先。其要又本於人主一心，以爲“君心正則天下正”。嘗恨人才之不古曰：“是科擧害之也，壞心術賊世敎，當革無疑。士子之應擧，如處子之現身，可羞之甚。苟欲自重，則當以不赴擧爲正。”又曰：“三代後無賓興之制，取人以科目，靡此則無進身之路。門戶之責、父兄之望，所係甚多，雖不得自由，然立志堅固，則豈無爲學之道？是在當人耳。苟無所學，將何所藉手事君？進取者尤不可以不學。”仍言“朱子貢學議終恐遜了於程子學校箚”。

每歎長吏之弁髦儒化曰：“學校所以明人倫。人倫不明，則民不知禮義，民不知禮義，則禽獸也。故聖人憂之，設學校而敎之，以明人倫。人倫不明，而民可得而治乎？必當導之以人道，使知親上死長之義，其長材秀民，亦當敎之以詩書六藝，使爲國家用焉。”其言皆剴切平實。

達治體識時務，常以安民利物爲心，凡係民生疾苦、水旱災癘，憂之若恫在躬，其仁愛溥博又如此。然若有不本之學問，又不能量時量己，而自許以事功者，則深非之，以爲“若是者，非愚則妄也”。人見其辭官守身，畢生遵晦，意或不嫺事務，而實不知胸中經綸蔚有範圍，若出而有爲，則可以尊主庇民，陶世成俗，初非長往不屑也。嘗謂“濂洛群賢皆是王佐之才，亦多愛說經濟，而其言散出，未有成書。惟柳磻溪所著《隨錄》，禮樂政刑、官方法制，綱目俱張，燦然成一王之憲，實殿《周禮》也。惜不措諸斯世，用匡一治”，勸著庵兪公漢雋立傳焉。

先生嘗係心王室，憂患世道，聞一善政，則必欽頌攢祝，或有過失，則憂歎不寐，往往至於流涕。每誦正廟丙申三月初十日傳敎曰“吾君聖學高明，卓冠千古，嚴於不貳本之義如此，賤臣信之如金石”云。聞午人作相，慘然不樂，如聽天津鵑聲，及壬子以後，咸推知幾之明焉。

先生不由師承，自知爲學，弘闡名理，皆所獨得。然亦不自信，遍交并世賢者，以質其所疑。如渼湖金先生元行、密菴金公砥行、鹿門任公聖周，嘗尊事之，而於渼湖尤篤信而師資焉。如三山齋金公履安、雲湖任公靖周、寧齋吳公允常，嘗切偲焉。其取人爲善也，出於眞誠，如饑渴飮食。故諸賢莫不欽重，爲斯文之托，樂告以進修次第，其所磨礱浸灌以至成德者又如此。

其爲學也，窮理以明善，反躬以踐實，持敬以養其內，體義以制其外。嘗云："居敬、窮理、力行三者，闕一不可，敬又是萬善之本也。"於書無所不讀，尤深於六經，循環熟讀，讀必成誦，脗然若自其口出。每臨丌展卷，輒盥手端拱，不搖肩背，心眼俱到，神志相涵，直與書爲一，音韻如出金石，聽者以當韶、護。

於經義妙契神解，不費强探，而直抽關鍵，疏暢宏達。見處超卓，無固滯拘泥之病，亦必以朱子說爲據，未曾傅會穿鑿，以犯手勢。其所辨釋，類皆怡然理順，精透明白，無復餘蘊。嘗因疾患不遑於立言，故其所以發揮聖經啓佑後人之志，有未卒焉，是爲遺憾。然見於書牘答問者，往往有前人所未及究者，觀於遺編可知也。

指引學者，亦推其師心獨造者而施敎焉。嘗病世儒不務下學，而驟語上達，故不語以所見未到之理，先敎《擊蒙要訣》及《小學》，必以敦本務實爲主。又著《勸讀小學文》，以明"不如此不爲人"之意焉。

自從志學，絶不爲閑漫纂述，或有所著，秪要文從字順, 以故初晩所作, 若出兩手。每云:“文要其好, 則用意已虛, 去道不啻遠矣。朱子以觀雜書分精力爲戒, 況爲無用之文辭, 雕鏤肝肺, 其害身心當如何? 古者文與道爲一, 後世文與道爲二, 浮華盛而本質亡。”又曰:“道學, 理也, 理無時而滅; 文章, 氣也, 氣有時而衰。使今人爲古人之學, 則尙可幾及, 爲古人之文, 則決難有成。”以故不復修辭藻繪規古, 悉取少日述作而焚之曰:“所言浮誇, 不可留示子孫。”臨終胤子問文稿究竟, 先生曰:“是何足惜?”苟不固高見曠識審本末輕重之別者, 亦何能與此哉? 有文集行于世, 而諸經箚略, 皆未及再修, 若謂“妙道精義之發, 止此已矣”, 則非知先生者也。

先生事父母極其愛敬, 雖疏節必遵經訓。居喪盡禮, 三年未嘗啓齒。在內艱心制, 値閤憂阽危, 家人請急于先生, 時無親懿在傍, 而先生固守內外之限, 終不入視, 醫來亦使女奴攝診。孺慕之篤, 終身如一日, 晨起謁廟, 非甚病不廢。至己未上元, 病患已革, 而猶命家人促具時食薦廟。每遇生朝, 悲痛如不勝, 不進酒食, 逮周甲, 家人欲追設小酌, 而猶不許。

忌日亦不進常飯, 致齋不接賓客, 不授斅課。承祭誠禮俱至, 欽欽翼翼, 將祭之夜, 衣不解帶, 祭罷盡日飮泣。嘗謂: “忌者, 含恤而不及他事之謂也。是日惟當愴慕竟夕, 詎可及餘事? 今人於祭後謂之罷齋而出入如常, 是可忍乎?”祭不用市釀及禁肉曰:“聖人不食沽酒、市脯, 況祀享乎?”祭需亦不用債錢曰:“子錢自是重利, 厚斂近於不仁,非仁者之粟祭之義也。”

嘗云:“人子追養, 專在於祀事。凡祭饌亦當稱家力, 物雖不豐, 惟誠格神。今俗多用膏煎之物, 有如宴饗, 亦必高排, 至使餠楪倍踰於神主, 品數無節, 紛然羅列, 猥雜甚矣。”又云:“忌祭是後賢義起, 只爲伸情而設, 未足以盡追養, 惟正祭方可謂行祀。禮所云‘士不祭, 冬不裘夏不葛’, 是指四時正祭也。今人貧不能擧者固有之, 力可及者亦惟忌、墓是祭, 此初不曉禮意也。”

又云:“禮有不可不行者三, 冠禮、親迎、時祭是已。而或禮家勸之而不從, 門長敎之而不行, 習俗已痼, 不可爲也。自朝家定爲法令, 使國中士夫行此三禮, 罔敢或違, 則可以復古而敦俗。”每以東俗髢制爲陋, 爲文而斥其非禮。以故冠子婦用皇朝髻制。及戊申朝家申禁加髢, 婦女首飾, 皆用簇兜, 人始服先生所行。先生以“髻制與髢有異, 雖非禁物, 當遵時王之制”, 去髻而着簇兜。定著喪祭儀節, 名之曰《汰哉錄》, 爲一家則。

與季氏忠獻公友愛肫摯, 壎篪相洽, 嘗許以天倫間知己。忠獻公得疾而谻, 先生憂灼不眠, 或中夜起泣, 躬自乞藥, 療治而愈, 人謂“至誠所致”云。待庶母甚謹, 嫁諸庶妹, 厚其資裝, 斥賣庄土, 恣其所欲用, 其曲盡恩意如此。庶弟早殀, 爲作壙誌, 久而悼傷不置。與夫人相敬如賓, 有行輒相拜。夫人考妣喪, 終三年不處於內, 以及乎夫人四祖及傍親忌日而猶然。

有獨子晩生, 而敎以義方, 不少饒假。夫人喪中不令做擧業，或言“科體疑義異於詩賦”，先生猶不許。且戒習寫曰：“衰麻之身，何可爲臨池戲乎？”其訓誨之正類此。愛從子如己子，每敎曰：“古來戚畹尠有全保其家者，卽以貪戀榮寵，憑藉權勢，遂至於孤恩負國，自底敗亡，覆轍可戒也。吾家寒素，猥結天姻，寔由祖先餘慶。汝輩秖當守拙，愼言語不妄交，讀書禔躬，不墜家聲。”諄諄警飭，不離於口。

睦宗族重友道，各盡其誼。聞喪必不肉，不能奔則哭於私室，必爲之加麻致誄曰：“此哀死之禮也。”御婢僕嚴而有恩，有罪則喩以事理，俾之自新，不悛而後施箠撻。謹男女之別，雖於女奴，亦不親授受焉。家素貧，環堵蕭然，蔬糲不繼，竈不炊堗不煬者或至經旬。窺其庭闃若無人，惟有翠草盈庭，苔蘚沒階。入其室圖書滿床，整襟竦坐，書聲洋洋，常欣然自樂。見者異之，以爲“貧如此甚，所樂何事”。一蒲薦數十年，坐處弊而見底，人比之於管幼安穿榻焉。

燕居如齋，位置齊整，性又喜潔，一日而屢盥。嘗與廢族隔垣而居，心常惡之，一日其家栗落園，童奴拾而進之，先生將近脣，忽疑而問所從得。奴曰：“某家栗也。”先生不食而投諸地，其貞介絶俗，一芥不苟取，自童丱已然。

謹於辭受，若有不恔於意者，盡日不怡，家人不敢以非義進，亦不忍傷其志也。有居喪而致歲饋者，先生還之曰：“居憂者不可以歲儀爲也。”時値凶荒將闕祭，家人請受供祭，先生曰：“是非以禮處人。”有承學者爲西邑，送紬以御冬，先生亦辭之曰：“可以受可以無受，無受爲快活。”其勵操氷檗如此。

嘉順宮入闕，本房至親例參宴禮，而先生引病不入，後命私覿，而竟不承命。以處地有異，塞兌息影，不輕接人，亦不以師道自居曰："身爲戚里，苟欲守拙，當自簡交遊始，而交遊之廣，莫如講會。"以此遂不納徒，然苟有所疑難，應答不倦，盡衷曲而竭底蘊，功化之及人者亦深矣。

性好包容，恥言人過失，而見人不是，若將浼焉。與洪國榮戚屬不疏，相逢於錦江，見其輕佻淫媟，移書責之，國榮大怒告絶。先生少與閔弘燮同硏，弘燮過牙山，以書要先生來見，先生時在子舍，稱病不往，弘燮亦絶。沈翔雲、翼雲不念釁累，挾文藝廣交遊。一日持綺饌至，要與同嘗，先生托以痞滯不食，翔雲自知疏外，遂不復來見。洪樂任納交，亦不與接話，後四人者俱敗。先生曰："余非有先見之明，特性拙猒見達官也。"

衛道甚嚴，常以異學浸畔爲憂。痛斥毛奇齡曰："其詆毁程、朱絶悖，眞是索瘢於孟子。所謂'《庸》、《學》說'尤不成理，渠何曾夢到朱子地位？卽斯文之亂賊，當火其書。"斥西洋邪術曰："其害甚於釋、老。男女無別，卽是聚麀，謂祭無益，不若豺獺。且居處衣服，與平民同，應擧覔官，通婚姻爲僚友，潛相誘引，漸染俱化，故其害尤大。此乃門庭之寇，禍烈猛火，將以易國。"及辛酉其言大驗。嘗云："正學不明，邪說益熾。距闢之道，惟在吾黨自修，如眞元旣固，戾氣自退。"

素嚴華夷之辨，以"甲申後神州陸沉，惟一片乾淨地猶有可藉，而人心狃安，聞見習熟，臥薪嘗膽之志日遠月忘"，爲深憂永歎。嘗云:“《春秋》‘戎伐凡伯’,《公羊傳》曰‘執之而言伐,大之也,不與夷狄之執中國也’。夷狄而執中國不可,況執天子之大夫乎?執天子之大夫不可,況竊天子之位乎?讀《春秋》者觀於此,則亦可以知夷狄之亂華爲天地之大變也。魯連,一士也,以帝秦爲恥,況居東華,而不知事虜之爲可羞乎?”

嘗誦斯義,作爲家計,若終身之不可忘焉。“夫‘賢於堯、舜’四字卽宰予所以贊孔子者,而李秉模乃敢肆然加之於稱美可汗之語。雖云‘往役迫於所處’,苟欲頌譽,則何患無辭?而必以此四字擬之於犬羊者,雖李鄴之張皇虜勢,不應至於斯極也。《宋史》以金主雍爲夷狄中堯舜之君者,雖據其臣贊述而云爾,然亦僭也。若至稱之以贊孔子者,古今權宜文字所不敢出也。孔子,萬世之師也,天子北面稱弟子,其所崇敬,莫得以尙焉,施及蠻、貊,亦莫不尊親,而獨秉模引以媚虜,不少忌憚,是侮聖人也。此而不攻,則聖道墜地,民彝斁滅。”

先生以爲“身爲儒者,被先王之法服,誦孔子之訓辭,而爲此人之所薦引,則是汚衊身名也”。以此矢死不出,而本情未及悉暴,形跡自歸偃蹇,則天怒震疊,威罰將降,禍機迫在呼吸。而先生堅守己志,終始不渝曰:“若使尊聖人攘夷狄之義由己粗伸,則雖滅死萬萬無恨。”若不見嶺海、鼎鑊之在前焉。幸賴正廟聖明,俯燭素心之靡他,俾得以全其株守,於是焉化雪霜爲雨露,變斧鉞爲華袞,嗚呼盛哉!

夫以先生才德之美,沈屈厄窮,俾其鋪舒皇王之志卷懷而逝，與大化隨藏，是固士林之所賫恨。然而述謹嚴微婉之正訓，闡敍秩命討之大經，以一身而扶萬世之綱，以一心而回人主之怒，至蒙知其心成其美之教，若曰"此義理，夫孰曰不可，況予乎"，聖訓炳若日星，是詎但爲先生曠古之異數哉？縱使先生位廊廟登廈氈，契托魚水，化贊雲日，其得君之盛，亦何以尙此哉？然則亦不可謂不遇也。

方其不就也，人皆以處地分義難之。先生曰："處地，戚里之私義也；去就，士夫之大防也。若係小事，一己廉隅，有不遑恤，而此則大義所關，不可違也。且我非言官而投疏彈劾，非泮儒而發通聲討，則是乃出位論事，決不可爲。今玆講衔之來，當着自己，義不當進而進，則將做何如人哉？此吾所以不受君命，豈樂爲哉？乃有不得已也。然區區願忠之誠，天鑑臨之，焉敢誣也？"觀於先生斯言，則可知所自量者熟也。

先生素愛閑靜，不樂城闉，寤寐邱壑，而力屈未擧，常悒悒如也。亦不喜立號，每擬樹屋澗阿，名之以近齋，學者稱近齋先生。夫人安東金氏，處士諱時䇓女，仙源文忠公諱尙容，其五世祖也。有哲識高操，尊姑疾革，斫指進血，勸夫子爲學，先生固窮守道，以底成德，多賴於內助。生先生同年，先先生十八年而歿，先生狀其行，備述其賢。擧一男，宗輿瑞興府使，有至行克趾先美。宗輿男雲壽今居昌府使。雲壽男齊近，一女幼。

嗚呼！先生以間世豪傑之資，慕往哲眞正之學，因文入道，由博返約，斂却英爽發越之氣，措諸規矩準繩之中，鑽研之功，不以憂戚而或輟，進修之勇，不以衰晩而自懈。及其養深而積厚，則剛嚴者寬平，刻厲者舒泰，宏暢深密，溫淳簡易，精粹之氣達於面貌，和順之意溢於言笑。覿其德，若蘭熏而春噓，測其象，若淵渟而岳峙，自令人愛而畏焉。

學窮天人之妙，而不越日用彝倫之外，專用心於內，而一本之於敬，貫終始徹上下，造次須臾，罔或間斷，馴致於純一不雜，知周乎事物而不遺，行歷乎夷險而不變。玩心高明，日新上達，以成其久大，則誠而已。若夫憫聖道之不尊，懼邪說之肆行，宗孔聖討亂之義，述鄒孟距詖之訓，以吾出處之大節，壹裁胸中之《春秋》，以明天理正人心、閑先聖攘夷狄爲己任，拚死生黜禍福，畢生自靖以獻于先聖，是爲見之行事，深切著明，豈若空言之無施哉？其將延道脈於無窮，伸大義於天下，若先生者，眞孔門之忠臣，大明之遺民也。

嗚呼！先生所樹立固卓絶，而寔由於信道之篤，灼見義理，獨立不懼，非一朝慷慨襲取之比，則以平生所養之正、所見之大，事事尋求一箇是，出處之際，宜不欲一毫有差。斯亦學問之一端，敦化中川流，若不求之於全體大用，而只斷以一節，則豈非淺知先生哉？傳曰："篤信好學，守死善道。"又曰："富貴不能淫，貧賤不能移，威武不能屈。"先生庶幾焉。

易簀後九年，胤子述實記一通，屬直弼爲狀，而胤子又歿矣。直弼夙被先生知愛，出入門墻近十年，而晩進稚昧，觀德旣不深，微言精義，又不能有所扣發，卽其一二舊聞，亦皆日就忘失。常願識隨學進，肆其筆力，闡揚德懿之萬一，疾病垂死，無以追繹緖餘，用圖不朽。竊恐風燭奄及，永負幽明之托，忘其僭妄，撰述如右，用竢知德之君子云爾。

霽軒沈先生行狀

霽軒沈先生卒既六十年，其孫樂應齎其先人所著遺事，請直弼爲狀。直弼辭曰："先生，不世出之君子也。受《小學》于黎湖，黎湖期勉綦重。服事渼湖，渼湖贊歎其識解英透曰：'其於心性，庶矣不差。'三山齋金公贊公曰：'朱絃之直，玉壺之淸。嬰兒之孝，處女之貞。'醇庵吳文靖公序公遺集曰：'志潔而氣銳，潔故物累無所入，銳故其業甚專。其學博而醇，溯究天人之本、性命之原，且以躬踐而明辨。'中洲李文敬公述公言行曰：'公可謂識持敬之道者也。'老洲吳文元公誌公墓隧曰：'晩年成德，文質彬彬，可謂一世之醇儒。'群賢之闡揚既備，直弼何述焉？就其所撰次而狀焉。"

先生諱定鎭字一之，靑松世家也。初祖諱洪孚，高麗衛尉寺丞。入本朝有諱德符，左侍中封靑城伯，勳伐紀于太常，自是名德奕世。至諱璿觀察使，光陵時棄官自靖。諱光彦左參贊，靜菴高弟，爲乙巳士類。諱宗忱府使，師牛溪成先生，是爲公六世祖也。曾祖諱益達，祖諱廷壁。考諱師曾，隱居求志，世稱金谿處士。處士公娶全州李氏，世弼女，溫仁有婦德，以英宗二年乙巳十一月三日，擧先生于結城里第。是日李夫人夢，天馬鳴躍降庭，暨解胎香氣滿室。

天質秀潔，神氣清瑩，癯貌朗晬氷玉如也。九歲隨養于叔父寒松公，寒松公至行惇德，模楷一世，以身教子姪。先生晨昏之外，竱心誦讀，沈潛闡繹，罔非六經之訓也。間又博觀諸子百家，該括殆盡。嘗病彌歲，危劇而不輟科程，雖在逆旅亦然。或問："何自苦？"曰："不若是，吾心惄如。"寒松公素嚴課督，而獨慮公勤劬生病，每親爲掩卷減燈油。

十七歲讀《戴禮》，忽慷慨不能寐，有志于爲己之學。往拜朴文敬先生于黎湖，問爲學旨訣，彌自感奮。雖黽勉擧業，而所樂不存焉。癸酉中司馬試，臨試亦不做程文，逌然忘得失，但日讀書已矣。戊寅除寧陵參奉，時持寒松公心制，辭不就。甲午用大僚薦拜翊衛司副率。正廟時在貳極，甚敬重之，亟稱經學高明曰："講說甚精好。"病未登筵，則教曰："何其久不相見？"又或使越次持被，侍講三年，諸僚莫敢望焉。嘗登离筵，日甚熱，伏窓下，窓適閉，教曰"拓窓"者再，而先生若不聞。東宮悟曰"予誤矣"，使人拓之，其不以微官而自貶如此。

丙申陞中部都事，遷戶曹佐郎，兼差樂器郎。明年出監懷德縣，陛辭教曰："自桂坊時已知之，應善治也。"縣多巨閥，先生寬恕爲政，濟之以莊。士夫奴屬例不得簽丁，以故軍額盡虛，先生慨然諭戒，一併充役。糴政亦爲痼瘼，先生不煩苛督，而輸納如期，亦無怨惡焉。

屬歲大侵，以非尤甚不許公賑，先生爲忘寢食，力請于巡使，得若干穀，捐廩私賑，又數爲飯羹饋之。如是數月，饑民獲蘇。繡衣行縣，袖賑穀小許，及發他邑不善賑之罪，輒指示曰“某邑如此”，歸而褒聞。巡使勸稍節費爲家計，先生正色曰：“上官亦出此言耶?”

縣有同春先生所行鄕約，乃抄節修潤，設善惡籍，善者設宴而勸之，惡者罰之。由是風俗敦厚，獄訟簡省。有獄囚當死，先生察其冤，力傅生議，竟放之，治最一路。氷檗自持，一毫不取，故去官之日，已無食焉，人謂“懷川太守淸如玉”。吏民懷其德而不忍欺。

會上因雷異求言，先生以曾受知遇於震邸，援李土亭、徐花潭故事上應旨疏。其略曰：“方今之勢所甚急者在耳。若指一政之闕失，陳一事之利病，則徒爲小補，不足以救弊弭災，仰體至意也。殿下臨御以來，乾綱日亢，臣道日卑，慫慂成風，言路杜塞，政急而刻，文勝而靡。災異無不有，而民生日以益困，只計小利，只務近功，其大振作大奮發之事業未聞也。”仍請上斷然以三代爲法，而以修己、得賢、官人爲三要，敷陳切實，末復以立志爲勉。上優批焉。

辛丑辭病歸，癸卯復拜戶郎入侍。教曰：“戶郎學識甚難，予至今不忘。”轉濟用監判官，拜松禾縣監，又教曰：“甚是難儒也。今且往。予將召之。”爲治一如懷德。縣有儒鄕之爭，營邑不能除，先生只教以讀書修己之道，其訟自止。翌年文孝世子冊禮成，特旨授司禦。已而教曰：“外任爲桂坊無例，予特念不忘耳。”旋仍前職。

有殺人在囚者逸，百日不得捕，法當罷。上命屢寬其限，又俾討捕營捕之，而囚竟不得。王府讞徒配，上曰：“此郎桂坊舊僚。將收用，止罷職。”時乙巳春也。尋敍拜司禦。秋始開書筵講《孝經》，特召公入參。仍敎曰：“予在邸時，多賴此人資益，其授通政階。”御製《識喜詩》，命公書進揭板，又命賡進。俄入西樞，兼五衛將。

丙午七月十一日，考終于蓮花坊第。始葬楊州甑山，己未五月三日，遷于廣州陶谷壬坐原。元配平山申氏，先已葬此，至是同塋，而繼配坡平尹氏祔焉。申氏陶谷處士嵓女，淑仁恭謹，早歿无育。尹氏考同中樞得壽，閫彝爲宗郦所式。生二男一女。男長鍾永，賢而殤。次文永，縣監，克世家學。寒松公嗣絶，俾承厥嗣，取族子獻永爲嗣，亦縣監。一女歸士人李文峻。文永二男樂應、樂澈，三女朴儆陽、徐琪輔、洪秉天進士。獻永四男樂容、樂興、樂淸、樂元，三女洪一純、徐相薰、李謙沼。李文峻繼子承淵。樂應子魯赫，女李時翼、金鳳根。樂澈繼子魯勉，女李敏達。樂容子樂興男魯在。餘幷幼。

先生性於孝，五歲母夫人疾劇，已能知憂遑扶護，勸進飮食，夜不交睫者月餘。嘗値久霖，屋柱垂傾，終日露立挽柱，祝天止雨。人問故，曰：“父母在此室也。”甫弱冠，連歲創巨，毁瘠幾滅性。恒抱蓼莪之痛，見人有老而奉親者，悽然自疚，聞人有親癠者，憂形于色。居室親斂衾席，或請其故，輒泫然曰“昔吾父母貧甚，無一僕役於前者”，蓋一擧足而不敢忘父母，先生有焉。

於是移孝於寒松公，事之如所生，自幼至長，在家隨官，未嘗一日離側。嘗作遠役，忽思叔父母不能已，因徑歸。

寒松公嗜藿羹，暑月赴任，慮店供欠潔，每盥手摘葉，親檢煮進，寒松公賴而加餐焉。丁丑喪寒松公，服関伸心喪三年，寢不居內，笑不見齒，晝宵號慕，聲淚不止，傍人不忍覩。及筮仕辭曰：“我喪叔父，猶喪親也。”或悶其家貧勉出，則曰：“餓死事小。”又曰：“孔門廬墓，有‘治任將歸’之語，何暇於從仕乎？”喪訖久矣，語到寒松公，輒泣下垂臉。洎寒松公夫人卒，喪之如寒松公也。

素性仁厚慈諒，居官時窮族貧交歸之如家，芒屨常滿庭階，皆厚遇之，人製衣一襲。凡有昏喪，幷戮力佽助，聞朋友喪，輒不肉焉。仁惻所及，雖昆蟲微物，猶恐有傷。治家有道，彌嚴於男女之分，入內相對如賓，未曾有褻言散容也。氣貌端莊，望之若不可犯，而待人接物，藹然若春溫。然見人有不是處，則呵責不少貸。貌若不勝衣，而中實至剛，凡係義理邪正，所秉貞確，有萬夫難奪之志也。

及文孝世子薨，念宗國孤危，爲之慟甚。每見舊日講院吏，未嘗不嗚咽，逮疾革猶屢發於夢囈。先是有兇徒倡言景慕宮追崇事，子弟從容稟曰：“此事將如何？”先生曰：“事我聖上春邸者屢年矣。學問義理眞是卓絶，萬萬無是理。”仍擧璁、萼事諭之，傷惋不休。居恒畏愼，朝廷得失、人物臧否，未嘗形諸口，或有言者，輒揮手止之而不答。

蓋自寒松公聞道於寒水權先生，日讀《小學》、四書、《朱子大全》，先生沖齡已知其說而心好之。及拜黎湖先生，又從朱川朴公瑞遊，抽關啓鑰，寔自此始。朱川稱先生曰：“端雅聰明，有舍己受善之量，可期大進。”及其著書，謂其子曰:“惟沈某可示也。”寒松公臨歿,眷眷以學問爲勉,遺命師事渼湖金先生。先生愛重殊絶,每進見必設席曰:“是解榻之意也。”先生歿,白巾環絰居於外,朞而後已。

先生有淸高絶俗之姿,於貨財名利,超然如蛻。食止充飢,衣取蔽體,居室僅蔽風雨,器用几案,但取苟完。不問家人產業,任其自然而已。故其於嗜欲,不待用力而自無也,惟自云:“少時多怒,故平生矯揉,極費工夫也。”

其於道,殆因文而悟,中歲以後,斂華就實,委身斯學,用究大業,不蘄以小譽見,不慊以小行名,慥慥進修之間,闇然自悅,忘年歲之不足焉。雅言:“學問自有法門,曰‘靜坐’、曰‘九容九思’、曰‘夙興夜寐’、曰‘儼若思安定辭’、‘整[5]顔色’,是聖賢一直下來成法,從古學問皆從此做得。”故常兢兢點檢於言行容貌,晨興盥櫛,淨掃一室,竦身高拱,氣象端凝,不接非聖之書,不出非理之談。存心玩理,老益精進,或終日靜坐,以驗此心之本體。

其論爲學,必以讀書爲先曰:“未有不得於辭而能通其意。”故其於文義,剖析甚精,然要歸於反躬實踐。嘗曰:“徒能說經,便是匠人,何益哉?”以故未嘗輕與人上下往復,而有從學者,隨其賢愚,敎告亹亹,俾各有所得,罔不心醉而欣慕也。不屑爲箚錄,然論性則曰:“以理之謂本然,以氣之謂氣質,一處而兩言之耳。以理則人物皆同,以氣則人物皆異。說者於本然、氣質之間,又占分殊之本然,而謂

5 整:《霽軒集·偶書》에는 “正”.

人物之不同則謬矣。”論心則曰：“心與氣質俱是一氣，而心是氣中之精爽，能爲天理之主宰。故心之本體，聖凡一也。近世所謂‘淸虛靈’、‘濁虛靈’，從發處說乃得。”

禮則自謂精力未逮，然於《儀禮通解》嘗用三年之工。《論語》則積久沈潛，蓋嘗有畢命從事之意。發爲文章，峻潔宏肆，自成一家言，擬倫於古作者而無愧焉。晚年著述脫去沿襲習熟之陋，根據理義，直趨六經之軌。南文淸公嘗賞公少時作曰：“理辭與法咸具，譬如禮筵饗賓，秩然有序，而遊塵不起。”世服其知言。有文集六卷行于世，《易解》藏于家。正廟覽遺集，愴然興感，屢對筵臣有追念之教，是可驗遭遇之盛，而厄於年位，俾其鋪舒皇王之志不小槪見，惜哉！

末路名位太褻，其異乎麟楦、鶴軒者幾希，得之者靡足爲榮。以先生名實之純粹，而徵招不至，薦剡不加，終於蔭塗者，固不可使聞於大道之國。然是曷足以輕重先生哉？適足以成其高也。先生闔門遵晦，未嘗求聞於人，亦未嘗求知於世，而蒼松之節益茂於歲寒，猗蘭之操自播於幽谷，爲幷時諸賢之所誦慕。其敍述無容改評，不必待後世之堯夫也。

嗚呼！文有未至，亦非所謂道，而先生穿歷乎文苑、理藪，學成而德尊，蘊諸中者博厚。故妙道精義之發，不期高而自高，不期大而自大，不期工而自工，庶幾文與道合一，是可以藉手而見往哲，於乎休哉！

直弼自弱冠服事近齋朴先生，慣習渼湖名理，幷及及門諸公緖論，而朴先生稱述公不已。及讀先生遺編，怡渙于心，又從公兩胤遊，益聞其德業行治，不勝其悅服。《詩》

云："金玉其相，追琢其章。"又云："有斐君子，終不可諼。"愚於先生亦云爾。先生晩居青郊之䨥村，學者稱䨥軒先生。先生立德立言自有不朽之實，何待狀文而垂後哉？竊感後承爲先之苦誠，亦以托名爲榮，不敢辭以不文而僭焉。

荷塘愼公行狀

師生之倫，與君父參。故曰："民生於三，事之如一，報生以死。"尤庵先生之世，變起門庭，反射寢皮，厥聲孔惡，斯文之禍極矣。愼公希天憫世敎之交喪，述《荷塘問答》，纚纚累千言，洞闢是非源委，辭嚴理正。推斯義也，可以仰贊老先生明天理正人心之功，於乎休哉！

公字聖伯，居昌人，以高麗參知政事恭獻公諱修爲鼻祖。累傳至監司諱幾，始仕本朝，名德相禪，簪組蟬嫣。有諱齊賢，濟用奉事，師事白休庵，與栗谷李先生爲道義交，寔爲公五代祖。贈參議諱德宇、贈司僕寺正諱譓、贈左承旨諱祉茂、贈參判諱夏翊，卽公高、曾、祖、禰也。參判公娶瑞山柳氏，宣傳官汝璲女，擧公于海州交井之本第。

公天姿粹美，未弱冠專意學問。時南溪朴文純公講道坡鄕，公就受業，後與儉齋金公楺、癯溪權公尙游、李公濮爲同志禊，每歲會講于南溪書院。歲丙申自洛而海，穿池種蓮，顔其齋曰"荷塘"，因以爲號，逍遙遊息，翛然有出塵之想。丙午中生員試，爲親屈也。英宗丙子躋通政階，六月三日卒，去其生肅宗丁巳，爲八十歲。葬于海州餘洞辛坐之原。配淑夫人昌寧曺氏，通德郎國衡其考也。生先公三年，歿先公十七年，祔公墓左。繼子思永，孫曰致迪、致錄、致福、致赫，曾、玄多不記。

公孝友天植，以悅親養志爲務。參判公晩享八耋，公齡亦近六旬，而常供老萊之歡。及喪執禮踰制，啜粥居廬，毀瘠幾不全。墓隔十里，而五日一省，不避風雨，手裁松柏，有古人思亭之規，樵牧者每遵道而候焉。篤友群弟，均分世業。季父家在坡山，不忍遠離，每春秋遞會，視寢進膳，一如事親。及歿盡誠終事，祔窆先墓，爲置祭田，遺戒子孫享祀不廢。視從昆季如同氣，衣食必資，勸學教導，申以《周禮》六行，俾底成立。

篤於故舊，與李進士光著、具斯文晩謙、李懷德緬諸公垂老切偲，遊咏湖山，每有士論，必與之合座講討，爲一鄉矜式。公所居濱海，土瘠俗貿，公一遵栗谷先生鄉約，捐己財合衆力，營立社倉，春冬計殖，助給窮民之繇役、種糧，有不率者，先教而後罰，終公之世，信順休洽，民不知訟。一方髦譽欣欣然愛慕曰："此愼司馬遺規也。"

噫！甲戌更化之後，海鄉鄉評互相歧貳，邪正混淆，莫定于一。公憂患世道，極論尼尹背師之罪，爲一方鑑戒，俾不失趨向者，公之功爲大。鄉章甫擧公行治，請施旌褒者，詎不宜哉？海之高士李斗翼擧《春秋》之義，斥述淸聖廟碑文者，全萬擧引首陽薇蕨，辭燕粟之饋海民。公與兩人者，其所樹立，皆興感於石潭之遺風餘韻，是可驗君子之澤閱累世而不斬。故牽連書之，爲西土準焉。公玄孫濟遠從吾遊，請狀公德行。余已耄及，倚閣鉛槧久矣，竊感公風節，力疾泚筆，俟來者於無窮云。

八勿齋李公行狀

公諱基普字景修。系出高麗將軍諱忩言，以功食邑碧珍，子孫仍貫焉。入本朝有諱約東，吏曹參判平靖公，錄淸白吏，簪組相襲。至諱尙逸觀察使，尤齋宋先生銘其墓，稱述其德業，卽公五代祖也。高祖諱坡郡守。曾祖諱志尹衛率，値辛壬士禍，以金吾郎大書不仕於府門，兇徒請鞫，在囚百日，竟致禁錮。祖諱世堈，考諱挺徹，妣咸安趙氏元萬之女，漁溪靖節公旅其先祖也。以元陵戊午正月十九日，擧公于晉州外氏第，有夢龍之兆。

生而岐嶷慧悟，纔學語出口如老成。髫齔已能屬詩文，長者命賦雉，應聲云："斑斑毛不白，中國無聖人。"人爭傳誦。動止有常度，對案危坐，氣色凝遠，同儕不敢呼小字。族曾祖聽澗公常稱以千里駒，對賓輒云："吾門有寶。"見者咸器重焉。

家素貧，採蔬負薪，或摘木葉草實以供親，而亦不見飢餓色，至親當餐分食，而固辭乃已，操守貞確，自沖年已然。祖妣卲齡咬菜，公獵川魚具甘旨，氷塞而後止。歸則讀書不輟，諸父皆許以當世董生。

性於孝，色養愉婉，先意承順，靡極不至。親癠每露立稽顙，禱天拜斗。聞良醫居遠，尋到其家，則醫出而其歸無期，入夜醫忽至曰："今日徑歸，心有所感而然。"遂服其藥而瘳。及遭艱，年不致毁，而毁瘠幾不全。日展墓，不以寒暑而闕，或乘昏而返，有虎跟後，至家而去。

友愛二弟，聯床共被，敦睦宗黨，務盡其道。雅言："至情傷恩，多由欲其相猶，又因責善求備，積而致之，此爲可懼也。處親愛之道，一再曉諭而不受，則任之而已，若大過，則雖涕泣，期於挽止也。"居處服食，務從寒儉曰："性不好侈靡。弱冠時婦家所製，亦多輕煖，常不安於心，不安於心者，不欲爲也。且吾親中歲，單袷疏食亦不繼。今吾所養，視昔大濫，是誠不忍爲。"酒戶甚寬，而止飮數杯，未嘗爲酒力困，其制節謹度如此。教子弟以義方，御臧獲以恩，子姪或濫杖奴屬，則亟命止之，是爲居家行治之大略也。

天資近道，幼與群兒戲，畫"天地君臣父子"六字于地。及長請益於櫟泉宋文元先生，受讀性理諸書，四七理氣之辨，多所開發。先生常念公，居停喫着，務適便宜，出入命陪杖屨，賓客迎接，必使左右，經義問難，必命尋究。又贈以"硬着脊梁擔百十斤"八字，期望之重，諸門人莫及。公旣哭山頹，以所事櫟泉者，事渼湖金文敬先生，講《中庸》、《太極圖》，先生稱公動止辭令雍容眞懇，而義理微密，非苟然者。每言："櫟泉之門，先數金愛、黃仁燾，而今見李某，豈出金、黃下哉?"

公於書無所不讀，而未曾作聲伊吾，手不釋卷，口不絶吟。爲文辭不事藻繪，而以理勝焉，洵有德之言也。有零稿數卷藏于家。家居整飭衣冠，少無散容。接人恂恂如不能言，雖悖慢無禮者，莫不愛敬。素不以事物經心，而爲祖先祠墓院宇，用心獨苦，不殄其芬苾。慕賢亦出眞誠，與其族弟壽普爲夢窩、丹巖[6]兩公重建其祠屋，及陶菴建院，爲製請額疏，闡揚心性之奧、門路之正，纖悉明快，爲士林所贊頌焉。

老愈好學，手抄程、朱名理之論，出入自隨，用資常目。嘗步履星辰，至夜分不寐曰："天地分位，日月相代，星辰昭森，風雲起滅，山川羅列，草木開謝，禽獸飛走。此實大鋪舒大光景，而皆有至理存焉。"亦可見心目之大也。辛未公以餘年無幾，省謁諸墓，遘病而歸。猶能跪坐拱手，麾婦人勿近，扶臥悠然而逝，卽九月十四日也。享年七十四。遠近士友莫不咨嗟曰"公喪有關斯文。銘旌當書'處士'，是取公韜晦無求之義"云。十一月葬于星州厚理谷午坐。

配晉陽姜氏，其考榦也。四子一女：克明，克正，克永進士，好秉過房，女適金允淳。克明男洋峻。克正男鶴峻、麟峻、鵬峻，女沈錫澤。克永男羲峻。好秉繼子翊峻。承謙、朴文淑、金錫謨，洋峻子女。承龍、承文出繼麟峻、金錫文妻，鶴峻子女。承煥，麟峻子，出繼羲峻。金啓根、金宇根、李承朝郡守、洪哲謨、李寬、李濟明，金堉子女也。

6 巖：底本에는 "嚴".《梅山集·八勿齋李公行狀》(국중본)과 다수의 용례에 근거하여 수정.

噫！渼湖、櫟泉兩先生之學，其法門皆出於石潭、華陽，不宗乎此，非善學也。公篤信其師而力守其說，如七十子之服孔子。以故其路脈旣眞，進修有方。及其充養，則恭而有禮，和而不流，遵晦守約，用自存身，卓然爲法家之拂士、南服之高士。所云"魯無君子，斯焉取斯"者，詎不信哉？道伯、繡衣交章薦公行義者屢，而生不霑一命，歿未蒙貤典，終未免爲昭代之逸事。然外至也，何與於公哉？彌見其遺世獨立之貞躅也。

公晚年取顏子"四勿"及"勿貳"、"勿欺"、"勿忘"、"勿助"之義，顔其齋曰"八勿"，學者稱八勿齋先生云。不佞蚤遊嶺中，服公名德，公胤子克永猥以公狀文命余，而克永又歿矣。克永孫承煥申懇悃款，因得考其文字議論，彌歎其學之爲不可及也。癃病垂死，不能盡述公言行之懿，卽其遺事，裁節而爲之文如右，用竢立言者之擇焉。

甑山縣令養愚朴公行狀

公諱基鎬字叔京，養愚其號也。朴氏系出密陽。遠祖諱鉉，仕麗朝爲殿中御史。至諱忱，爲本朝佐命元勳，贈戶曹典書。生諱剛生，號蘿山耕叟，副提學贈貳相。再傳至諱仲孫，吏曹判書密山君謚恭孝。生諱楣，禮曹參議，爲文章載《東文選》。生諱光榮，燕山朝疏爭追崇尹氏，忤旨流竄。三傳至諱忠元，天官文衡祭酒至貳相，封密原君謚文景。生諱好賢，魁生員，以孝聞。

又再傳而有南溪處士諱承任，丙子後廢擧，與許滄海格善，孝廟將伸大義，尤庵宋先生要與共事，知舊勸之而不就，是公六世祖也。曾祖諱聖源，諭善謚文獻，世稱"謙齋先生"。祖諱宗榦，司饔院僉正。考諱文煥，通德郎，有士望。妣光山金氏，生員益河女，判書宇亨其祖也。以正宗十二年戊申十二月十八日，擧公于漢師之草洞第。

器宇宏厚，甫學《語》，僉正公口授文字，奇其才。七歲就從父翊衛公學，未嘗詼謔，口不道俚諺，父兄書冊琴瑟，不敢易方。十五通經史，十七入試公車，都人士多推轂焉。弱冠志學，端跽收斂，當膝處席爲之穿。以家貧親老，不廢擧業，然非聖經賢訓不讀也。壬辰除繕工監假監役，俄陞監役。公貧不能畜馬，又不欲苟借，徒步赴役，提調洪公奭周聞之，特解敦匠，用免其勞。

移廣興倉奉事，甲午陞直長，公曰："頒祿當而已矣。"不佞曾與客泛舟遊於近水亭下，亭在倉旁，邀公會話，公辭曰："有官守，不可離直次。"時剩穀不登，稍食方罄，倉人持料錢曆以告曰："五六日後乃正朔也。當有朔奉，姑先用下，補今日之罄。"公卻之曰："汝欲壞了倉法耶?"

運漕每到泊，不日拖壓，卽出監臨，斗斛旣平，鞋藁亦屛，倉人頌惠焉。倉吏一人宿逋近千石，犯律甚重。公愀然不樂曰："使吾費數日精力，公私可俱便。"乃不報而別爲之措畫。在直倉卒踐更，夜深必賜酒以御寒，每夜心一周倉內，對吏輒懇懇戒飭，倉人莫敢犯法。乙未陞主簿，仕滿不得遷。或勸其斡旋，又笑曰：“我豈伺候於公卿之門者哉？遇不遇有命存焉耳。”

丁酉拜甑山縣令。時公胤子鼎鎭中庠試，公悶然曰：“寒門冷族荐榮可懼，勉爾修德以副之。”莅任倣陳古靈、朱文公爲邑遺意，下令一境。其略曰：“孝者，人所同得於天者。故民不待教，能知愛親。然孝有大小，養口體爲小，養志爲大。大小之别，非教不知，故遂示養志之方，以期敦孝之俗，乃設九教四禁。九教：一曰‘兄弟湛樂，妻子好合’，二曰‘享祀以誠，接賓以禮’，三曰‘親戚無怨，姻婭相孚’，四曰‘長人之長，幼人之幼’，五曰‘交隣以和，御僕以寬’，六曰‘賙窮恤貧’，七曰‘隱惡揚善’，八曰‘懋農謹賦’，九曰‘節用昭儉’。是九教者，父母之所欲教，爲人子者不敢忽。四禁：一曰‘酗博鬪訟’，二曰‘言行不敬’，三曰‘費財餙服’，四曰‘造言誣毁’。是四禁者，父母之所欲禁，爲人子者不敢犯。”又作《勸農文》數百言以告之，廣采孝烈惸獨，以給米肉。

凡係公納，前期準輸。勅需糴錢之爲吏民宿逋者，授糴之日，躬親分給，俾均且厚，有别糴卽邑逋之資也。人或有請，公問其用，急則以官錢予之，終不拖對批塡。躬審賓館壇壝歲久頹圮者，皆捐廩新之。會諸生縣學，定護廟約四章。歲大旱，避正堂，齋沐躬禱社稷山川，而皆不報營先行，每禱輒仰天流涕。大雨霈然，稼政方張，巡視四野以勸勞之，恐騶徒作弊，乃裹飯餱。邑濱大海，往往有盲風害稼，設壇行止風祭，是歲西路盡歉，而甑山獨大有。醇溪李公正履聞之，歎賞曰：“是宜太史采錄也。”四境皆竪碑以頌之，時公到官纔六月矣。

先是甑俗貿貿，不知學問，公爲作《勸學文》，遍諭六坊，擇修士爲師，俾主教導。又月至其所，聚會長少，謂之曰："做人莫如《小學》，窮理莫如《大學》，請以二書爲諸生講之。"諸生進前問難，仍行飮、射禮。嘗因公事出，御者醉而釋馬，馬風逸囓人之臂。公怒曰："傷人非馬乃酒也。"統五禁釀贖金。積五十鍰予之，民存本殖利，永補軍簽中虛額，且捐廩益以五十金以補之。微行有老婆以還布泣，亦捐金以捄之，如此類甚多。倉還權作駄價數百金，例備官用，而公以爲非正供，遂蠲之。牙鋪毀番卒露處多死亡，又捐廩營建以庇之。

傍邑有殺獄，公往檢之，所經皆嚴束吏隷。居民預有撤戶而走者，公悉錄其什物，蹋印手押，徠士女安集之。檢戶例有本邑官隷之餽，公排給官錢而食之。於是父老爭持酒食，以迎官屬。民以事至邑者，必以孝弟忠信，懇懇曉告，民皆相戒曰："如或理曲而入訟，我則非人。"有叔姪訟田，昆弟爭牛者，公喩以"天倫至重，財產至輕"，皆顔騂而退，遂相讓焉。

有惡少李賢伯者，本以甑産，移居箕坊，致累千金。其弟奉母在甑，貧不能養，至犯十餘斛逋，乞其兄代納，賢伯不聽，使其子構弟呈營。公杖囚賢伯，徵其弟逋，臚其罪報營。道伯爲先入之言所誤，置公中考，即投劾俶裝。邑民數百人入庭流涕曰："願公留活百姓。"俄而降罷，百姓相謂曰："當爲公祈祖道。"乃齎錢與粟，進城隍祠，祝公奉板輿利行，又設盛饌以餞，公卻之。旣離任，百姓呼泣告別者連亘十里。在途天無風，江氷坼，船路開，比至京師，乃大雪寒。公遙謝甑民，有"幸賴甑民祈祖道，雪中無恙奉輿還"之詩。

癸卯除造紙署別提。時値國哀，貧不能縞素。署隷得諸提學以獻，公不受，乃以弊袍爲團領，白紙塗皁靴，隆寒赴公。子弟借毛具以進，則輒叱退之。轉濟用監主簿。乙巳拜顯隆園令，七月丁內艱。丙午二月十五日，卒于砥平鄕廬，享年五十九。窆于原州任堂山庚坐。配靑松沈氏，進士養鎭之女，晩沙之源其先祖也。婉嫕有女士風，生先公一年，歿先公十五年，窆楊州鶴谷負坎之原。擧二男，長卽鼎鎭，次履鎭。履鎭有二男皆幼。

公神姿豐晳，氣度凝定，以法門餘規，蚤聞詩禮大方。取四子、《心經》、《近思錄》諸書，日夜呻佔，思所以窮其指趣而反諸躬，以求天理之所在，有以正其心而推之於行事，苦心鑽硏，不得不措。取古人善行及詩文銘贊有裨於進修者，書之座右。嘗曰："甚哉，流俗之害人也！一淪于此，不可與語上也。程子曰：'人有四百四病，惟俗不可醫。'夫俗者無見識無志操，知有利害得喪，而不知有理義。如欲醫之，無他焉，敬而已矣。敬則德性常用，消除世習之累，可以語上也。"辭氣莊嚴，容止端雅。

事親無違志，終身不衰，知舊饋物，不敢私有。與群妹同居爲樂，一妹病卒，送終罔缺。從舅貧無居，自得祿俸，爲之買第，奉外祖先祠版，濟以槖米，又走饋于親戚知舊飢餓者。育二子雖鍾愛，孩提未嘗抱，及長敎以義方，赴擧點檢篋稿，厲聲叱止之。御僮僕寬猛幷施。自奉甚薄，衣僅蔽形，食不充腹，居止不能障風雨。癸巳以後，或勸卜妾，辭曰："是亂家之物也。"接人一以誠悃，群居燕笑，和氣藹然。

在官淸白奉公，到甑退官妓斥奸吏，吏不敢言阿睹物。謙卑自牧，不欲抗人，而於大人則藐之。人有善，樂道如不及，有不善，掩蓋而不發，御下亦然，以故人莫不親愛。每讀書以千遍爲度，雖階庭街路，微誦不絶口。故其爲文，不襲陳言，且其得力於《尙書》者爲多。聲律務極宏健，所著甚富，猶自謂不工，悉削之，胤子收輯晩年述作僅若干卷。

文獻公承陶庵眞傳，爲健陵賓師，文學德行，垂裕後昆，而公克趾先美，富有其具。信能得時展布所蘊，則利澤之及人，詎可量哉？若公者可謂法家之肖孫、濁世之淸士，而厄於年位，罔充其志業，惜哉！不佞與公結交數十年，誼分篤厚，鼎鎭又從余遊，述遺事托以狀德之文，不佞義不可辭，力疾而譔次如右，用竢後世之知德者。

九峯金公行狀【庚戌】

公諱守訒字君愼號九峯，金氏系出新羅敬順王。至諱祿光封廣州，子孫仍籍焉。屢傳至諱晅，門下贊成，行治載《麗史》，世有名德，珪組蟬嫣。入本朝生員贈承旨諱次武、判決事贈參判諱礪[7]、生諱希魯，俱中生進，有俊才，南冥稱"吾黨偉人"，寔公高、曾、祖三世也。考諱太乙號矩翁，道伯薦以學行精篤，宣廟特除康陵參奉。參奉公娶義城金氏參奉輝女，擧公于密陽九明洞第。

生稟異質，不煩師敎，而自知讀書。稍長從事性理之學，寒岡鄭先生守咸安郡，公負笈請敎，先生期望綦重，爲言："凡人百行，孝爲其源，而君篤孝著自髫齡，天資自美，何患學之不成?" 由是從學于泗濱、武屹之間，講辨討論，不知不措。每文會，無公不樂也。

壬辰四月倭奴擧國入寇，守兵鳥獸散，公從祖叔父襄武公太虛倡義于蔚山，公垂涕言："凶賊肆毒，國事罔極。今日斷當爲國效忠，一心進戰，有死而已。" 及襄武之守火旺城也，公就謀軍事，籌策頗多。襄武公悶公親老，勸以歸養，公奉母親轉徙伽倻山中，躬供瀡瀡，耕牧有暇，輒勵業。每誦"王魯齋雖在兵戈搶攘之中而不掇講學"之語，用自警策。聞宣、靖二陵之變，與避亂人士北面號哭曰："邦運不幸，竟見家國覆亡之患，爲臣民者詎可與此賊共戴一天乎?" 遂書六條，獻于襄武公，俾之刻日滅賊。

癸卯中生員試，寒岡聞榜喜曰；"某也不以流離而廢學業可賀。" 戊申公始遊太學，諸生見公言行有度，莫不欽重，推以爲掌議。公居黌舍，與李公安眞、嚴公惺、李公純馨、鄭公復亨、柳公淑、金公宣爲道義交。時金墉之變兆見，金公告歸，公送之曰"念聚散離合之有數，悒悒慽嗟，非君

7 諱礪：底本에는 없음. 《梅山集·九峯金公行狀》(국중본)과 《九峯集·行狀》에 근거하여 보충.

子之知命。故秖道去留之思”云。

昏朝政亂，公韜光遵晦，當路者艶其才學，欲相汲引，公拒之甚嚴。及臨海獄起，慨惋不已，聞寒岡諸賢抗章請全恩，乃曰：“先生已盡之，余何敢復言？”至癸丑賊臣爾瞻嗾朴應犀上變，誣引名流，羅織成獄，殺延興府院君金公悌男，奪永昌大君于大妃之側而殛之。先朝舊臣擧罹文網，襄武公亦被誣歸鄕。

時國事日非，群兇競進，鄭造、尹訒承爾瞻指，首發廢母之論，李偉卿以泮儒和應，繼投凶疏，擧世洶洶，莫敢攜貳。公時居泮齋，爲著《潁考叔論》，其略曰：“以子廢母，以兄殺弟，此人倫之極變。其臣當以死爭之，置君於無過，是乃移孝於君者。當莊公廢姜置潁之日，考叔時爲封人，有可諫諍之地，及其捨肉，而莊公之問適及，亦有納牖之道矣。宜其直言前失，復伸大義，使子母正位，而不此之爲，卒乃以掘地及隧之詭計而成之，可謂純孝乎？”

及師門引《春秋》“天王殺弟”之言抗疏而不見報，公倡全恩之論泮儒曰：“彝倫者棟樑宇宙，綱紀人國，而今彝倫斁絶，凶論熾興，禍逼母后，而罪及大君，八歲大君有何罪乎？明倫堂，所以明人倫也。吾輩遊於斯食於斯，而遭此人倫極變，不思所以明之耶？”諸儒莫有應者。公乃憤然草疏，其略曰：“大君卽先王之愛子。生三歲先王見棄，其所依恃者，惟殿下而已。今乃爲造、訒、偉卿輩所陷，以八歲之兒，指爲逆謀之主，此非亡國之擧乎？”獨詣闕投呈，席藁七日，而疏批不下。遂出都門賦詩曰：“明倫堂上未明倫，不若歸家老此身。一片丹衷無地訴，出門只有淚霑巾。經國嘉謨是五倫，恐藏斯怒愧仁人。如今棣萼嚴霜打，其奈萱闈[8]血淚晨?"

旣歸築室九明山中，塞兌息影，不與人接。日讀《論語》諸書，樂而玩之，若將終身，作《九明山記》，以見其志。其略曰："天地閉塞，彝倫斁絶，陽德不亨，君子道消，此正窮而在下者各適其志之日也。余所以寓志於玆山，竊有感焉。在《大易》九爲陽之數，在《詩經》明哲爲保身。以一身而言之，陽剛不足，則衆慾來侵；以一邦而言之，乾道不平，則邪慝并起。吾旣無與於世，則無寧從事於身，以存明哲之稱耶?"

戊午王大妃廢處西宮，禍迫朝夕，公不勝忿憾曰："倫綱絶矣，國事無如之何。"自是絶意人事，孤居終日，仍錄癸丑以後諸賊之傅會凶論者與正人之不參庭請上疏被斥者，以嚴忠逆之分，以寓《春秋》之義，仍題其上曰"西宮之事，尙忍言哉? 芹宮養士，所以扶人紀也。國有大變，不思報效，而反趨附凶賊，無所顧忌，竊伏田間，叵耐憤惋，玆錄一冊，覽者可以辨邪正"云。

庚申丁內艱，居喪盡禮，不以年老少懈，鄕黨擧公孝，累聞于營邑。及仁祖改玉，泮儒貽書强請，公曰："行年六十，寧復有采芹之志? 而人倫復明，當時陳疏之志，可以伸

8 闈：底本에는 "圍".《九峯集·疏不見省遂南歸作二絶》과 다수의 용례에 근거하여 수정.

矣。”遂入太學，推重爲掌議。在泮四年，聲望藹蔚，上方擬調用而公奄歿，卽天啓丙寅五月十一日，距其生癸亥十月四日，爲六十四歲。上命館儒護喪歸鄉，圻湖人士多有送哭踰嶺者。九月葬于府西瑞莊洞酉坐，從先兆也。有二配：驪興閔氏，延女；八溪鄭氏，贈參判宗女，擧六男一女。男之釴、之鏡俱以文行稱，之鈗贈軍資監正，之鎰有學行，之欽，之鍵。女適驪興閔遇。孫、曾不盡記。

公天資近道，孝悌天植。九齡而孤，擗踊啜粥，執禮如成人，母夫人勸肉，輒號泣不食。事偏親，愛敬備至，處兄弟姊妹，怡怡如也。推及宗族姻戚，皆輸其歡心，與人交終始不替。性又抗直，不肯隨人低昂。有鄕望者喪親而遘癘，不得躬親殯殮，被人構誣，公親詣官辨之曰：“乘人之不幸而陷之非義也。”事遂得已。常持謙退，群居講學，未曾以有餘凌駕人，待人不惡而嚴，亦不露圭角。以故無賢不肖，咸樂與從遊，許之以君子。

爲學規模，以窮經研理爲本，堅苦刻厲爲度，驗諸日用常行而曰：“所貴乎學者，爲其體認身心也，不爾則與不學何異？”又曰：“道之浩浩，誠難下手，而當以孝悌忠信、節用愛人、克己復禮等事，爲下工之眞諦，則自有所據守，而‘忠信’二字，爲《論語》第一義。”雖在搶攘漂泊之中，藏諸懷袖，鑽繹不輟。博洽群書，而不尙詞華，爲文惟務辭達，而不喜著述，書疏日記經義問答，盡畀回祿。惟逸藁數編，收拾於斷爛，而零鱗片羽，亦足可珍也。

噫！癸丑之變，兇徒謀廢母后，以永昌爲禍本，鍛錬成獄，崑岡烈炎，燔灼一世。主全恩之論者僅一二數，而言纔脫口，禍不旋踵，擧朝惴惴，若不自保。公乃獨觸時諱犯主怒，自分無幸，而慷慨投疏，苟不素講於熊魚取舍，則其何能取辦乃爾？竟不遭奇禍則天也。

及仁廟反正，彝倫丕敍，公巋然獨存，復遊太學，士望攸歸，主知方隆，而公遽不淑，未及進用，以公抱負，沈屈厄窮，不少槪見，不能不致詰老蒼者也。然出位叫閽，必欲竭性命以殉國，是足以扶天經而樹風聲，亦可以藉手而見往哲也。古人云"能盡忠者，不敢避難言之事，士不忘身不爲忠"，公實有焉。

公臨終誡諸子曰："吾一藝未成，而浪獲虛譽，自欺欺人，悔恨無極。吾死後勿受人輓誄，勿裒收遺藁以誇耀耳目，亦勿貪戀富貴以墜家聲。"公後承克肖，體公遺意，不求闡揚，牲石之銘、芬苾之享皆出於數百年公論。公遺世獨立，澹乎塵埃之外，不慕當時之榮，詎要後世之名哉？公八代孫命奎、炳奎從我遊，齎公遺文故事，謁狀德之文。余已耄荒，閣筆久矣，感公名節，力疾而敍之，用竢知德之君子。

梅山集

卷五十

行狀

行狀

右議政李公行狀【壬子】

鹿川李惠定公以惇德偉量，施經綸事功，爲明陵藎臣，享景宗廟庭。有孫大司諫存中、大冢宰最中，咸以文學名節，裨補世程。至玄孫諱止淵，乃心王室，克趾先美，是所云"莫出非賢"。賢者，國之紀、人之望，於戲休哉！

公字景進，號希谷，系出英陵別子廣平大君章懿公諱璵。生永順君諱溥，有文章勳庸，爲國朝宗英之冠冕。至諱漢，始離屬籍，白川郡守贈吏曹判書。四傳至諱逈，司憲府掌令贈左贊成。生諱重輝，錦山郡守贈領議政，寔爲公五世祖也。高祖鹿川公諱濡，領議政。曾祖諱顯應，南平縣監贈吏曹判書。祖諱明中，洪忠監司贈左贊成。考諱義悅，工曹參議贈領議政。兩世負公輔望，以蔭仕顯，貤贈以公貴也。妣贈貞敬夫人南陽洪氏，判中樞貞簡公檍其考也。德行純備，稱女士，以正宗元年丁酉三月五日擧公。

自學語沈深有器量，聰悟絶倫。五六歲旁拾見聞，識字頗優。仲弟嘗指月而問曰："燈是房中月乎？月是天上燈耶？"公曰："月中天，四方皆明，燈在檠，後面猶暗，何可比而同之？"聞者異之。伯舅警齋洪公掌敎童蒙，頻設講會，公亦預焉。諸童或外飾，或過於羞澀，公左右庇護，從容指導，各輸情曲。甫勝冠聲華藹蔚，出入泮庠，爲士友所推重。時有韓應謙者，以科作字句間引喩失當，儒論峻發，將推上朝廷。公謂"始由無妄，終又自服，何必深誅"，議遂寢。

乙丑秋中增廣進士，冬擢同文科。仲弟聯參蓮榜，叔弟聯登桂籍，爲擧世所豔稱。丙寅六月，分隸槐院攝堂后，出入筵席，擧止中度，記注贍敏。上下詢年歲與族黨而敎曰："凡群言出納，詳聆詳記，隨事直書。"公感激恩眷，益加審愼。經筵、召對，每有陳文義之敎，親臨試士，特命差對讀官，亦異數也。丁卯八月被翰林圈，十二月又攝堂后，值親政陞六品，拜宗簿寺主簿。

戊辰轉兵曹佐郞、司憲府持平。時大司諫李審度投呈凶疏，語意叵測，命止刊削，公疏請正法。己巳正月，除司諫院正言。五月選入弘文館爲修撰，上章勉學，略曰："殿下天資卓越，睿志宏深，眷眷於問學之工。經焉而修齊治平之道、史焉而治亂興亡之跡、國朝徽規嘉模，幾皆誦讀，則其體於心而行於事者，必有顯然收功。而以臣管見，妄自料度，則殿下之政令施措，今日猶昨日，今年猶去年，別無振起成立者何也？殿下之發號施令，終欠果斷之意，聽言容諫，未見敷採之實。酬酢則淵默爲主，不露涯際；奏啓則循例判下，不出意見。是皆在我之理，不能盡明。倘殿下一念一事，必審公私義理之分，知其是而行之，非而去之，則可以政善令嚴，官擇俗美矣，明理之功，豈淺尠哉？"首尾屢千言，優批嘉獎。九月拜校理，因院啓"館直久闕"等語，陳疏引義，繼以違牌命罷職不敍，無何叙拜副修撰兼中學教授。

庚午正月，入繡衣抄啓，因賓對進請招延山林、嚴宮闈、調近習·僕隷等事，上動容稱善。遷司諫院獻納，移副修撰。慈殿下諺教，以拘忌奉主上移御慶熙宮。大臣、儒臣請對乞寢，皆不允。公上疏曰："夫移御，大事也，臣民之觀聽係焉。拘忌，俗說也，經傳之依據蔑焉。今以堂堂千乘之尊，行一國之大事，而顧乃引之以俗說。殿下認以爲是，斷以行之，則是見理不明；知其不是，强而行之，則是立志不固也。何莫非殿下自反處乎？且夫保護聖躬，固是慈心攸篤，奉承辭教，亦出於孝道當然，而陰陽避忌，本不關於保護，開達勉回，尤有光於承奉，則何可諉之遂事，不思所以改圖乎？"又引唐臣馬周諫太宗避暑別宮事以申之。上批雖不允，深嘉其言。

八月乞養出宰務安縣，屬歲荐飢。公到卽招諭安輯，割俸設賑，流民還集，賴以全活，無捐瘠者。辛未西鄙有警，朝廷議發南中兵以助之，監司秘關列邑，俾預備團束。公以爲恐動民情，匿牒不出，晏然若無事。隣邑則調徵方張，邑村震騷。無何賊黨悉平，竟不用南兵，而務安一境無擾攘之患，人莫不歎服。

壬申入爲副修撰。上日御經筵，公論學以立志正心爲本源，論治以挈綱振維爲根基，愼選擇以進人才，納諫諍以廣聰明。冬拜司憲府掌令兼世子侍講院文學，陞副應教，復兼中學教授。癸酉除副應教。諸僚違牌，大臣筵請刊削，匪久蒙敍，除湖南京試官，入爲應教。甲戌拜宗簿寺正，連拜館職。是時經幄多俊彥，而其色辭溫和，音讀暢亮，論說懇款，善開感人主意，推公爲第一。

擢授承政院同副承旨，時司諫任㷂論蔡濟恭請申之洪時濟島配、捧納承旨竄配之疏。公徑出陳疏曰：“凡章奏到院，除非汗漫瑣屑，未或不捧，歷古訖今，其例皆然。謂臣創行，人誠固陋。假使臣退却於當日，則安知不以壅蔽掩匿，粃出罪案耶?”賜溫批。違召得遞，拜兵曹參知，上疏辭不許。屢拜同副承旨、右副承旨，上章辭皆不許。丙子、丁丑十除承旨，再拜大司諫，以情勢難冒，一不行公。

戊寅四除承旨，特旨敦出，暫肅旋遞。四月通禮曹參議，時春、泮分歧，春又峻選也。除同副承旨，以持平沈英錫陳章自鳴，乃上疏斥曰：“夫辛壬義理，百世已定之公案。沈檀當兇徒鴟張之日，居銓案獄，同惡相濟，厥罪惟均，而特其藉口者，辛丑冬英廟將欲出閤時奏對一事耳。若幷無此，獨可逭乎？今年代寢遠，雖不得追理其罪，渠何敢謂誣謂冤，變幻事實於公私從信之地乎?”賜溫批嘉詡。

己卯除右副承旨，以王世子冠禮時禮房，陞嘉善階，移工曹參判兼都摠府副摠管。四除承旨，轉陞都承旨。都承旨非有事不爲宿院例也，而特命坐直，蓋上雅重公，不欲離近密。自是四五年間，他遷亦罕。徐相國龍輔以公勤勞練達，可參決廟務，筵白差籌司提調，仍察有司之任，間兼承文院提調、同知春秋館事。公新膺籌司，壹遵規度，凡事紛錯難治者，大臣必委決焉。公以爲國用罄竭，民生困瘁，率由於田政之紊亂、賦役之不均，乃疏請量田，指陳利病，修擧便宜之策，先自兩南經始矣。衆議矛盾，遂寢不行，識者恨之。拜兵曹參判兼同知義禁府事。

庚辰除同經筵、禮曹參判、司譯院提調。辛巳五爲都承旨，間差特進官。是年秋乖沴熾蔓，公卿匹庶死亡相續。時孝懿大妃梓宮在殯，使蓋旁午，重以霖雨閱月，歲功告歉。公亦嬰奇祟，而猶自强策，中外事務，不論巨細，輒皆管攝，别設厲祭而禳祓，預備賑資而措畫。首相韓公用龜、楓皐金公祖淳時皆患沴數十日始甦，相對而嘆曰："若非某台精神氣力，何以使國事帖然就緖，獲免顚躓乎？"

壬午拜刑曹參判。時有外邑殿牌作變罪人，例用孥戮之典，公奏以只誅其身，永爲定式。遷吏曹參判、活人署提調，尋爲漢城府左尹。癸未拜同中樞，差貢市堂上。在籌司四載之間，軍國重務，裁決如流，目覽詞訟，手答牋書，耳行聽受，口幷酬應。金相國載瓚對楓皐金公而歎賞曰："眞宰相才也，往往有吾輩卓不及處也。"

十一月拜慶尙道觀察使。嶺南全省幅圓最廣，習俗好訟，自古稱難治。公正己率物，以勵廉恥奬儒賢旌忠烈爲務。以綿荒疏請田賦代錢，改戶籍之規，嚴公鹽之禁。各驛之凋殘難支者，量宜給錢，俾買田土，以補需用。審理疏決，多傳生議。檢狀之自邑報營者，以聯紙亂草，或刀擦墨抹，公曰："一字轉移，人命攸係，如是疏忽，而姦僞安得不生？"乃以一紙墨搨井間頒之，各邑檢案之書烏絲欄自此始。試士勸武，厚施賞格，嚴於考課，省內肅然，竪碑寓思焉。

乙酉丁外艱，荐遭內憂。丁亥服闋，上章陳情。六月拜同中樞，移吏曹參判兼同義禁、副摠管、籌司提調。尋除知申，陪侍殿座，大語溫諄敍舊，示繾綣意，殊眷之至此，實同朝罕倫。八月拜禮曹參判，以王世孫安胎使擢陞資憲。九月拜漢城府判尹兼都摠管、平市署提調，旋拜禮曹判書，轉判工曹、知經筵。

戊子二月，拜弘文館提學、刑曹判書，五月拜廣州留守。地是累世楸鄕，而祖考贊成公、外王父貞簡公曾莅玆府。公自在冲齡，備諳形便與利病，其所施設，要皆便於民利於公。捐餼廩修舊起廢，城廨寺刹皆煥然改觀。己丑除刑曹判書兼觀象監提調、知義禁、槐院提擧，拜知中樞。庚寅四月，拜世子右副賓客，五月孝明世子薨逝，差葬禮都監堂上。七月拜冬至謝恩正使。

有正言申允祿者，托以懲討金鑢，因劾奏公，以爲"糚出李寅溥書，而馴致宜學，則宜學之凶書，卽寅溥之餘旨。知寅溥之書，必當知宜學之凶書"，傅會誣衊，語極憯毒。居月餘始下申疏"爾則遞差"四字之批，仍竄允祿。上知公受誣，促令行公，公逡巡不膺命。連有問備、禁推、罷職之命，而旋卽還敍，辭教隆摯。教曰："橫逆之構捏，旣照燭而昭晰，則有何可引？"又下王府問勘及納供。上別下恩教，引言者疏中語曰："所謂李寅溥書本是無證據抑勒之言，況其處分不以其書者乎？至於宜學書一款，尤爲可笑。'必當知'三字，與'莫須有'何異？"又曰："明是齮齕者糚撰，故向教中'毛將焉傅'者，指此實際也。"屢加慰勉，敦迫出膺。

公進闕外，奉牌俟命，又下嚴教，謫補羅州牧使。羅是湖南雄州，久經歉荒，百度俱病。公專心矯捄，宿瘼如洗。出廩俸分吏奴，取殖補糴逋，給民買牛，俾資農作。及遞歸不以絲毫累橐。吏民磨崖大刻，以頌清德。後二歲仲氏又下車，咸曰“某公之弟”，擧相欣喜。贊成公莅玆土有遺愛，公兄弟寔遵先美，一境咸戴焉。時持平李佑伯昭辨公受誣，請鞫言者，批曰：“申允祿疏之陰譎奸巧已洞燭，而重臣本末亦所稔知，其疏不應爲累。”

辛卯正月，移漢城判尹，猶不敢入城。二月直尋鄕路，有旨促召。公上疏自陳，批旨略曰“譬如衣物點墨，濯之則無痕”，有問啓之敎。三月因試士特除弘文提學，連違召命，敎曰：“欲披髮入山則已，不然決不當更爲斂退之擧。”遂顚倒入肅。又拜刑曹判書，聽斷公明，議讞寬平，疏決幽冤者殊多。客使至，差伴送使赴灣。拜知中樞兼內贍寺繕工監、內醫院提調。

壬辰拜禮曹判書、世孫左賓客。七月拜吏曹判書，愼惜名器，甄別品藻，振起淹滯，仕路爲之一淸。以孝明世子入廟都監勞陞正憲，兼藥院提擧。癸巳兼知經筵，句管嶺南，拜奉常寺提調、陳慰進香正使，例付判中樞。七月辭陛赴燕，嚴束舌人，暨竣還，書籍香茶，一無所近，行李蕭然。反命拜右賓客。甲午同知成均館事，差宣惠提調，除藝文提學，拜戶曹判書兼禮賓寺提調。惠局與地部專掌金穀，而適會帑儲罄竭。公節冗費檢吏姦，貢人防納、諸司濫報，一切裁之以法，未幾府庫自然充羡，至於常俸，亦不輸于家，以故雖値荐荒，收支相應，經用不窘。

十一月純廟禮陟，差國葬都監提調，監掌厥衛，損益適宜。先是惠慶宮之喪，主上服制無據，公以尊同之義，廣考禮經，往復大僚，獻議施行。逮夫庚寅，據賈公彦註說，當宁宜行長子三年之禮。時議有異同，而公終始不撓。及甲午大喪，嗣聖春秋纔八齡，公謂不當以編髮登阼，力主因喪冠之論。公於國家大禮，擔夯類如是也。以敦匠勞陞崇政，兼判義禁、知實錄事。

丙申以太廟增修都監勞陞崇祿。丁酉用祔廟、尊崇都監勞進輔國，拜知中樞。又以嘉禮都監勞蒙賜馬之典，兼判金吾，公主吉禮後，復賜熟馬。十月以東朝特旨，進拜議政府右議政，兼銜如例，朝野加額。公聞命惶恐，上章力辭者三，上每賜批十行諄複，至以"今日慈聖之特簡，實由我純廟知遇委毗之遺意"爲教，東朝別下恩諭，勖以追先報今，協贊匡輔，公感激膺命。

時有盜入永興璿源殿太祖御眞奉安所作變。上下驚惶，罔知措處。公曰："禮，焚先人之室，三日哭，新宮火，亦三日哭。我仁廟九年，江陵集慶殿太祖御眞失火，上素服率百官擧哀，行慰安祭於宗廟，遣官設位於江陵，行告由祭，此非今日援據乎？"於是上避殿擧哀，遣大臣、禮堂奉審，衆皆歎服。公以講學爲憂，每登筵，必縷縷勸戒曰："莊嚴日强，屛去翫好，學之基於修身也；嚴宮闈抑近習，學之著於齊家也；正朝廷誠小民，學之推於治國也。殿下悠泛爲事，作撤無常，歲月不與，悔將無及，豈不大可懼哉？"上改容虛受，奬以忠愛。

戊戌春摠裁《純廟實錄》，及告成，進箋謝恩，蒙賜鞍具馬，洗草日宣醞賜樂，與諸公作詩志感焉。時李領相相璜、朴左相宗薰相繼辭免，公獨當機務。凡前後建白，如愼爵賞、嚴考課、正科弊、擇官方、節財用、祛奢侈、均軍伍、平糶糴、禁燕貨褋氄、減京外吏額，許多施措，無非切中時病。上春秋漸盛，頻御講筵，啓沃成就之功，政須日親賢士。乃筵陳令京外博採公論，取才學最著，衆所推服者如金仁根、宋來熙、成近默，差經筵官，李亮淵先授臺職。仍請廣蒐羅盡誠禮，用資輔導，上可之，直弼亦冒參焉。

九月兼宗廟署、禁衛營都提調。冬引見進曰："近來痼弊未有甚於田政。試以八道時起元摠較之三十年前，所縮爲屢萬結。奸僞日滋，經費日絀。今宜查櫛，申明舊規，參用宋朝已例。"又曰："水田之偏被旱災，卽寢廢付種專尙移秧之故也。"付種方略及器械圖本，頒下于諸道。

己亥倭譯有罪，令金吾訊覈。朴命浚、李宜敎、朴命澈等互相推諉。命下大臣議，分首從定當律，繼有幷擬一律之敎。公以爲"此無一律旁引之文，況不分首從，幷擬死條乎"，諸相議亦同。判義禁金履載上章自明，抉摘諸大臣獻議中句語，逐條辨析，一篇辭意皆譏侵公。公仍納符迸出，上連遣史官敦召。公上疏力辭，東朝命竄履載，又使知申偕來，繼下"予雖欲臨殿，誰與爲國，凡係公事勿入"之敎。公不得已還入，陳箚辭免，優批敦勉。

二月除藥院都提調。時邪學熾蔓，有象譯一二人率洋賊來，漸至滋延。公申明京外五家統法，以爲團束詗禁之方。

在相位二周歲，見時事艱棘，決意解職，疏三上，遞付西樞。公感先朝殊遇，荷東朝委毗，憂國忘私，知無不爲，而賢路崎嶇，猜克日深。行古道則謂之迂闊，矯時弊則目之紛更，擔當時務則歸之專擅。

庚子九月，大司諫李在鶴上章彈劾，譏斥一門，修撰沈承澤疏出，而添入尹尚度鞫獄時事，繼有大司憲李羲準之疏。於是大官唱之，三司繼之，禍將不測。過十九日下行遣之命，公竄明川，季氏安置古今島。公聞命無幾微色，執季氏手曰："吾兄弟四十年聯武朝端，厚蒙國恩，一無報效，罪固當然。"敎諸子曰："'素患難行乎患難'七字，正宜今日所勉。十分畏愼，看讀不倦也。范忠宣七十有萬里之行，今余所遭，較彼猶屬寬典。死生禍福，天也。"遂怡然就道。明川是關北惡地，人所不堪，而公處坎履困，一似家居，胸中泊然無芥滯意。衣服枕几，皆用縞素，終日端坐，講讀《周易》，手寫《箚疑》二卷。雖子弟書札，只報安信，絶不及他語。

辛丑八月十七日，卒于匪所，享年六十有五。前三日有星隕于前山，又有白氣如虹，橫亘屋上。易簀時神息不爽，從容整暇，略無怛化色，作《憶卯君》詩，隱約有訣別之情而已。九月柩返于長湍，十月葬于東道古邑里負壬之原。夫人先葬于左，至是合封焉。甲辰臺啓停，己酉有敍命。

公天賦英粹，德性溫和。敷顔豐角，身長體胖，美髭鬚軒儀容，貞亮剛明，不失敦厚。事父母愛敬備至，家本淸寒，甘毳不給，謀諸閨壼，粗得便養。未嘗以愁顔見，亦未嘗有私蓄，祿俸饋遺，必資二尊人所需用。乙酉在嶺藩，一日忽覺悲情內集，翌朝議政公患報至，未幾諱音踵到，以未及終訣爲至恨。母夫人繼又捐背，擗號幾滅性。與兩弟同居講禮，縗絰不去體，朝晡祭奠，雖病未或替行，月必省墓。服闋晨必謁廟，每哭諱如袒括。

友愛篤至，團聚一室，庭闈之間，和氣融洽。晚始析產，一洞中分宅東西，書件織路，暨齒爵俱尊，杖屨往來，談論古今，酬唱爲樂。有二妹貧且病，挈置同閈，服食與共。俸祿豐厚，盡歸於濟貧，待以擧火者屢十家。倣范六丈義庄，置田楸下，歲收其入，以補宗人中貧不能庀喪者。壬辰、癸巳，荐歲歉荒，都下貧士溝壑在卽。公使人探尤甚者，輒以斗米貫錢，往投其家，受之者實不知從何來，蓋專由濟急，不爲沽惠。

接人和色開懷，酬酢曲當，傔僕吏胥，罔不得其歡心。平居衣冠必整，丌書不亂，家人子弟未曾見散容。華靡翫好，一不留意，家無長物，只書籍數篚而已。述作各體，自成一家，嘗自撝謙，不以詞章自居。人家碑板祭誄，不喜苟作。筆法端正嚴密，未嘗致力，而有自得之趣。晚年喜讀《羲經》，《魯論》著力尤多，憂患流離，不輟其工。天文、兵學，亦多妙悟，有著《萬理燭》一卷、《習武志》一卷，戢之篋衍。

少時有一權宰聞公名譽，送人致款，有意推挽。公謝之曰："士當藏器待用，營營求進，不有愧於心乎？"居官莅職，先究利病，不爲姑息僥倖之計。臺閣之諫諍也、瀛館之論思也、喉院之出納也、銓地之恢張公道、廟堂之殫竭謨猷與夫疏啓、講論、奏議，俱切於爲治之要也。公數十年居宥密之地，處睢盱之場，以公心直道，左右彌綸，庶幾有牽補維持之力。而躁競之徒窺覘於形跡，秤稱於厚薄，傅會浸潤，靡所不至，馴致庚寅之構誣、己亥之敲撼焉。

先是李寅溥進一疏于小朝，卽蒙三銓特除。其辭以摠攬權綱左賢右戚爲宗旨，仍請明示好惡，晉用士類，而愼宜學適投凶書，鞫覈而置法焉。蓋公於李疏出時，得聞幾微，以事面與義諦，爲之調停而開導，扶護國邊，逆折駭機者，卽公大費識慮處。而特由終始三緘不伐不洩之故，無人知公到底苦心，而反爲難明之罪案，遂成前頭之禍胎。惟天日昭森，神明鑑臨，則在公固無一點疵瑕，虛影幻化靡所摸擬，比如浮雲之自起滅，而世途險巇，亦可見矣。有遺稿若干卷藏于家。雅志林泉，晩修鹿川先庄，將擬角巾退藏，而未遂初服，雲壑有餘韻矣。

配楊州趙氏，正字贈修撰景逵女。婦道克備，宗黨稱述。生與公同年，沒先公十三年，贈貞敬夫人。二男：寅皐文科，今參判，出繼從父兄，尸贊成公祀；寅禼前參奉。庶子寅岳吏文學官。參判三男憲夏、遵夏、萬夏。側出四男三女，彦夏系學官後。參奉二子二女。憲夏一女，遵夏一子一女幷幼。

公志慮深遠，風範凝重，不加修爲，渾然德成。以至淑慝之分、義理之辨，一刀兩段，如水赴壑，而在廊廟儼然端笏而立，有古大臣不動聲色底氣象。偏被純廟眷注，敻出尋常，拜相日慈聖提諭，如宣仁太后所施于蘇文忠者。公感結知遇，生死向前，終始一節，不擇夷險。每値諱辰，齋疏哀慕，若喪之初，是可見君臣之際會也。

素蘊經濟之志，常眷眷於活國壽民。雅言"朝多倖位，野多遊民，馴致國計罔極，畿輔土瘠民貧，爲八路最，而設四都，正供盡屬分司，苟不釐整，經費益竭"，尤以量田爲急先務。蓋說弊必原其所由弊，陳弊必擧其救措之方。若論其緊着事宜，則猶良棋之受敗局轉危爲安，名醫之對壞證起死回生。儻能從心所欲，庶幾救得一半，踐述惠定公未了之志業，而形格勢禁，俾群黎百姓不得解倒懸而歸奠枕。范文正之先憂後樂，乃其所願，而賈長沙之痛哭流涕，以時然也，嗚呼惜哉！

公蚤歲蜚英，歷颺清顯，進秉國勻，功用旣興，謂之遇可也。終罹無名之禍，遜荒遐陬，齎恨千古，謂之不遇亦可也。然遇不遇，雖人而亦天，何與於公哉？不佞識公於警齋洪公講席，公與不佞沖齡相須，情好款篤。雲泥殊塗，隱顯異趣，而所阻者跡，不阻者心也。公胤子寅禼述家傳屬不佞以不朽之托。不佞識不足以知德，文不足以狀德，而竊感其苦誠，不揆耄癃，力疾泚筆，用俟篤論之君子云爾。

端人洪氏行狀【甲午】

端人洪氏，南陽人，以高麗太師諱殷悅爲鼻祖。入本朝，文貞公諱聖民、文簡公諱命夏俱以文章德業，爲士林領袖。三傳至諱獻猷縣令，是爲端人曾祖。祖諱益顯，通德郎，考諱秉喆，弘文館校理。校理公聘延安金氏通德郎諱鎏女，擧端人。

生稟絶異，聰明孝悌，逈出倫類。稍長略通經史大義，治女紅佐中饋，俱極敏達。校理公有事，必咨曰："不直秉心貞固，識解自高，恨不爲男子也。"十五歲歸安東權氏承仕郎諱用敬，承仕公，寒水齋先生諱尙夏六世孫，山水軒諱震應曾孫也。山水公嗣闡家學，亦累徵不起。祖諱中正繕工監監役，考諱守仁，咸以法拂聞，姑南孺人亦有哲行貞德。夫舅姑賢，而難爲婦也，端人克承順無違。南孺人病，端人百日露立以禱，秤水進藥，喪祭情禮俱自盡。又承仕公遘癘而危，祝天以文，割指進血，竟底差痊。端人指瘡欿，親屬請診，辭曰"縱因君子之病，有愧樂正子正訓"，咸歎其孝烈雙全云。

辛巳秋承仕公歿，時家益落，踰月未成喪，五月不克葬。端人欲自裁於靈筵，賴救而甦，歎曰："先姑丁酉之禍甚於今日，而以義制情，戮力營聚，立嗣成家。今也則猶有藐孤與荒屋數間，夫子以托我，我死是負夫子也。且吾辛酉嫁，辛未尸中饋，辛巳喪所天，皆一紀間耳。若又十年，孤兒長，屬以家事，遂吾志未晩也。"强糜粥以莅終事，要恔心而後已。終歲不製衣，終喪不進肉，閉戶不覿人面。至親有以先墓事而請謁者，强而後許，猶不踰閾曰："罪逆之身不敢不然。"其嚴於禮防者如此。

至歲辛卯，端人泣曰：“今距辛巳十載也。”於是爲營承仕公墓於先兆，乃廬其所，欲不見天日，胤子泣諫而還京第。端人嗚咽曰：“牽情子姓，違我矢願，戚戚若有負神明。”是冬竟成疾而革，傍人曰：“殆哉！能無懼乎？”曰：“吾有十年之期，死當如歸，奚怛焉？”諭胤子曰：“辛巳薄斂，爲沒身痛。必用綿布爲襚賵，慰我長逝之魂。”竟以癸巳八月朔日歿，距其生丁未爲四十七歲。越三月癸卯，葬于清風遠南面仁澗里丙坐，卽端人自占，營承仕公墓者也。育一男一女，男達善，女適李晉永。

端人有至行，旣專心所事，又以本生姑異宮罔克奉養爲至恨，時往展省，久而後還，臨歿具姑夫人衣，涕泣手書而進，是所謂終身慕者歟！雅不喜榮達，每校理公爲文會曰：“岑樓秉燭，討論理義，豈不賢於馳名雲衢乎？”壬申有西警，校理公屬二子于端人曰：“寇固卽滅，或猖獗，吾當執靮，汝必葆毓兩弟，毋殄我後。”對曰：“伯父在，家眷無憂。且兩置則免俱陷，慕堂洪公成法可遵也。”校理公歎其理到。校理公長胤歿，端人痛宗祧靡托，廣謀親黨，立嗣以存祀。又爲校理公收遺稿，以成部秩，置墓田以奉香火。友愛諸弟，施敎誨周窮乏，靡極不至焉。

喩子女以義方，或言其過嚴，則曰：“寡婦之子不得不爾。”常訓胤子曰：“科宦固榮矣，惟汝有內外先懿，夙夜警飭，毋墜典型。”又言“往哲成就，必資師友”，俾之負笈從學，不以遠離爲戀。有朋會，輒設饌曰：“汝長有朋友切偲之道也，吾何辭截髮？”

治產亦有度，嘗云：“先姑赤手就業，我未能保守，將何顔歸拜乎？”親執紡績，罔晝夜矻矻，躬行節儉，以存贏餘。祭田鹵廢，端人舟行近千里，整理而還。經理八年，而家道復立，享祀以時，歎曰：“茲乃先靈陰騭，匪吾力也。”人服其孝思不匱，爲富而能仁焉。夫從兄將棄紱，親戚咸止之，獨端人曰：“處義當無苟而已。”又得邑徑歸，端人復馳書賀其不改前轍，其見理之卓皆類此也。

從弟正燮氏曰：“向親則滿腔血誠，友于則根天苦心。奉君子則箴警之哲婦，教子女則三遷之賢母。好善疾惡之腸、剖析義理之見，雖讀書君子，莫能幾焉。”族兄永燮氏曰：“圖恢於危急之際，黽勉於空蕩之中。松楸勿剪之計、烝嘗可繼之謀、堂構綢繆之策，量力之所及爲之。遵正理存危誠，蓋匪鬚眉男子所可及。”夫姨弟金在晉明叔嘗稱“端人懿德當爲女師”，俾宗族簪珥有所矜式。諸賢之論備矣，不佞復何述焉？

婦人之行含章而不見，且彤管之職廢，而巾幗之行泯焉。端人丞子從不佞遊，家遠而未嘗一日廢，因之慣耳而服心焉。蓋四德茂百行擧，眞爲女而女，爲婦而婦，爲妻而妻，爲母而母者也。雖內外身教之所由致，苟不固天分英毅自修眞篤者，亦何能與此哉？

方其盛年天窮，必欲捐生下殉，收血淚於晝燭，護漂搖之危巢，延垂絶之宗祀，告厥成于皇辟，在國則鞠躬盡瘁，死而後已者也。荀息有言“生者不愧，死者復生不悔”，其端人之謂乎！且矢以一紀，竟一紀而終者，是亦生者之所不愧而死者之所不悔也。

方牀第危喘，凜乎晷刻，而恐尊姑壼範之永湮，口授嗣子，爲狀謁文于不佞。文旣就，端人讀而泣，無幾又狀端人德行。嗚呼！是姑是婦，克世繼聲。雖幽潛閨閫之內，輝光耀若丹靑，豈無如劉子政者取而闡揚，與千古女士同歸於一揆乎？謹述所以生不愧死不悔者，勉胤子以守身好學，毋忝所生，用俟天道之必復，而遺祉之未艾云爾。

五代祖考通德郎府君行狀

府君姓洪氏，諱泰元字道長，我洪出自中國。唐宣宗嘉高句麗至誠事大，遣八學士敎東人，洪卽其一，而家南陽，仍系焉，遂爲我東著姓。有諱殷悅，佐高麗太祖統合三韓，受十八字勳號，官太師，是爲鼻祖。生諱東周大府卿，生諱毅尙書僕射。後有諱澓禮史，五傳至諱由道密直司事，恭愍王朝，與李益齋諸賢同錄燕邸隨從功。再傳至諱溟，入我朝判漢城府尹，首理京兆。生諱師錫，材兼將相，受太宗顧命，贈諡莊襄。歷二世有諱以平，以文學致重名，與趙元紀、權達手、鄭希良諸公相推慕，托金蘭契，世號二十八宿。官成均館司成，贈吏曹判書。

生諱德潤，宗廟署令贈吏曹判書，是爲府君高祖也。曾祖諱仁恕，戶曹判書，壬辰扈駕龍灣，臨終辭錄勳。祖諱邁，洪州牧使。考諱汝龜，丙、丁後秉義自靖，世號“大明處士”。娶延日鄭氏，生員諱維垣女，文忠公夢周其先祖也。以崇禎丙子七月一日擧府君。

生禀異質，孝友天植，自冲齡怡愉承順，自中規矩，親戚鄕黨咸服其至行。纔就傅，志性理之學，以聖賢自期待。家居入廚具膳，必盡其滋味，下聲婉容，和悅親志。每侍湯，躬執刀圭，不離左右，不解帶不交睫者數月，未嘗告懫。慈癠添劇，斷指出血以進，賴以延命。

壬寅竟丁憂，哀毁踰制，屢絶屢甦。哭不絶聲，淚盡繼血，庀喪務盡情禮，期無遺憾。旣葬居廬於漣川淸華山玄溪墓下，一日三省，涕下如雨，墳前莎草爲之枯死，祭席亦至腐穿。饋奠之時，號踊叩叫，自曉徹晡，欒欒之形、皇皇之狀，傍觀隕涕，弔者感動。一日於廬幕見諺書帖壁者，乃先孺人手澤也。偶然觸目，悲不自勝，嗚咽不能語。時有鄕中長老見而悲之曰：“孝哉斯人也！”

旣祥處士公語府君曰：“吾有子如汝，且有賢婦，何必再聘？”府君垂涕跪對曰：“慈顔永隔，瞻依無所，小子從誰而呼母？伏願大人復使小子無母而有母，復得喚孃，不亦幸乎？”仍伏泣苦懇，處士公感其言，遂再醮焉。逮繼妣于歸，入謁于內，出外暗泣曰：“我願繼母之典型，或者彷彿於先妣，今何其相殊也？從玆先妣音容，不可復得見。”哽咽失聲，親姻爲之掩淚。承奉繼妣，誠敬備至，無間所生，雖在心制中，不廢定省，曲盡子道。

一日於堂上，見繼妣與侍婢去新棉核，俯伏中庭，繼妣驚問之，低聲而對曰：“或恐母親體候有損。家內女奴亦多，何必自勞? 望一任婢使。” 繼妣嘗以此擧似於人曰: “雖非己出, 事我誠孝, 若是曲至, 不勝感歎, 還不安心也。” 守制甚嚴, 不入中門, 或有喪祭事可議, 則必使女奴傳語。雖祁寒盛暑, 未曾暫解衰絰, 亦不開口見齒, 孺泣嬰哭, 一如袒括之初。每以處士公戒以傷生, 少自節哀, 而維則之思, 出於天性, 不能自抑。血淚染衰, 柴毁骨立, 服闋數年, 而病益沈痼, 仍不起, 乙巳二月三日也。壽才三十。

府君下世後, 鄭孺人墓前莎草枯死者, 守塚者不忍改, 過屢歲新草復生。 腐穿席家人藏之流傳, 用寓慕追。 府君將不勝喪, 恐後日有闡揚之擧, 切戒家人, 故子孫不敢違遺命。其後百餘年, 一鄕士論齊發, 以爲“斯人也名湮滅而無稱, 則將焉用綽楔爲哉”, 狀籲縣官, 以至登徹。英宗癸酉, 竟蒙旌閭之典, 百歲之公議, 槪可見也。

府君自幼不屑擧子業, 庭訓懃懇, 每勸以立揚。府君黽勉承意, 時習程文, 自勝冠至二十歲, 屢參大小科發解, 而所樂不在是也。同時儕友皆期之以儒者事業, 自以爲莫及, 一世之士望, 亦可想也。

府君墓在玄溪淸華山先塋局內坐酉之原。配安東權氏, 考通德郞諱順正, 祖郡守贈參判諱儆己, 曾祖洗馬贈參贊諱克中, 外祖察訪李光泌。孺人事尊章盡誠, 配君子無違, 治家有法度, 宗族咸稱以女士, 祔公墓。無育, 取仲氏洗馬公諱泰亨長子贈司僕寺正重垛爲後。 寺正娶全州李氏, 生一子二女: 尙彦縣令贈左贊成; 長女適縣監趙麟命; 次女適判書金取魯。贊成娶順天金氏, 生一子二女: 善養牧使贈吏曹參判；長女適府使李𤲅；次女適清原府院君金時默；庶女適李信秀。參判初娶平山申氏無育，再娶全州李氏，生三子三女：長履簡同敦寧贈吏曹判書，卽我先考也；次鼎簡，縣監；濟簡，通德郞；女適金載象進士、沈能基、完城君㜙。清原府院君一女，孝懿王后也。判書一子二女：不肖直弼謬蒙聖朝旌招，位躋上卿，不敢起；縣監金泰根、尹約烈。縣監一子翼弼，縣令；庶子奭弼，營將。通德郞子允弼。

嗚呼！府君以不世之資，希聖賢之工；以出天之行，受詩禮之教。孝通神明而延垂絶之命，誠孚閨門而感異顏之親。天之保佑宜無所不至，而旣閼其年壽，俾不得充闡志業，又嗇其福祿，亦不得展布蘊抱，何神理之舛至於斯極哉？於府君靡足爲輕重，而在子孫爲無窮之痛也。不肖荒墜家學，旣不能繼述志事，晚生無述，又罔以揄揚德懿，俾金精玉潤之殊姿、《南陔》·《白華》之至行將掩鬱於千古乎？傳曰："先祖有善而不知，不明；知而不傳，不仁也。"玆敢掇拾家庭傳聞，用備立言君子之採擇焉。五代孫直弼謹狀。

先考同敦寧府君家狀

先府君諱履簡字元禮，姓洪氏。我洪出自中國。唐嘉高句麗至誠事大，遣才子八人教國人，其一卽洪氏也。高麗翊戴功臣大匡太師諱殷悅是爲鼻祖。其後圭組相襲，名德間出。至諱湨，入本朝拜漢城府判尹。生諱師錫，都巡撫使贈謚莊襄，有文武全才，受獻陵顧命。三傳而爲成均司成贈吏曹判書諱以平，德業文章與鄭虛庵諸賢齊名，稱二十八宿。

又再傳而爲戶曹判書諱仁恕，壬辰扈駕，歿于龍灣，以未見興復，遺命辭勳。生諱邁，洪州牧使。生諱汝龜，抱道秉義，丁丑媾成，入淸華山中，終身自靖，世稱"大明處士"，寔公五世祖也。處士公長子諱泰元，克紹家學，不勝喪蚤歿，以孝旌閭。次諱泰亨洗馬，生諱重埰，贈司僕寺正，爲長房後，亦弱冠而殀。祖諱尙彦，三登縣令贈議政府左贊成。考諱善養，黃州牧使贈吏曹參判。妣貞夫人申氏。繼妣貞夫人李氏，系出英陵，通德郎諱鐸，其考也。李夫人以英宗癸酉三月二十八日戌時，擧府君於贊成公三登任所。

生有異稟，朗慧絶倫。數歲偶嚼柿而痁，至成童不復食，日挾筴過隣塾，見嘉實墜地而不顧也。稍長受學于家庭，不煩敎督，而文行夙就。癸未遭贊成公喪，隨參判公守制于山中，益修子職。退則大肆力于六藝之文，詞華警絶，往往多傳誦，藝苑諸公聞名而委訪，期許甚重。赴陞庠，累居上游。辛卯以陞製居魁入侍，握手褒奬，勉以大闡。丁酉進士，屢掌太學議，特命讀書泮齋。

丙午丁內艱，已酉筮仕爲徽陵參奉。處七陵中，齋官幷朋酒追逐以爲樂，府君獨守靜劬書。庚戌例調濟用監副奉事，辛亥遷尙瑞院副直長，冬陞本院直長、通禮院引儀、義禁府都事，因事坐罷。壬子除造紙署別提、南部令、刑曹正郎。司寇務劇，且關節攸萃，府君絶干囑明聽讞。有誣富人負債作僞券以訟者，一曹入其說而右之，府君立辨其贗，其人服罪。曹用咸須贖鍰，而多因請託免贖，或歸乾沒，蕩然無存者。府君掌其務，執法不撓，未半歲曹財復舊，仍繕公廨，不藉大農。暇日讀律書，修明章程。閱堂僚屢人，而靡不愛敬。上臨筵贊歎其學職。

癸丑除任實縣監，邑處僻陋，吏猾民困。府君用治蜀之政，充逋糴累萬包，而闔境不擾。官需之收諸民者，勒定厥價，不以米而以錢，襲謬爲式，久而難變，府君俾納以米。邑庖糶于倉供于官，府君亟撤屠，仍革厥弊。值歲災捐廩營賑，盡蠲官田之稅，幷及僧役。邑有補民廳，歲收粟於民，用補經費，斂散失宜，民不聊活。府君殫心整釐，割俸錢屢千緡，以防民役，減其流來舊瘼爲民疾苦者，圖永久利，邑以再造。

乙卯移大邱府判官，壹遵治任之政，而濟之以寬。賓客旁午，簿牒如山，左接右應，耳聽口決，不終晷而沛然若無事。丁巳命設監試于本府，而道伯主試，行爲定法。府君尸厥事，商略便宜，先事爲圖，收於民者，盡出於官，民不知有試役。及開場戢亂而防姦，施措得中，功用旣興，一路章甫作歌辭以頌之。府君語道伯曰："試所之輪行列邑，法意有以也。若局定於營下，則吏胥習熟見聞，心手俱猾，奸竇益滋，倖門益闢。雖有知者，亦無如之何。不如仍舊輪設之爲少弊。"仍轉聞于朝，其事遂已。又値大侵，蠲民之納于官者，公賑排日之間，割廩以濟其急。躬莅諸倉，逐巡不闕，作賑簿井井有條理，民忘其飢。道伯褒啓，又以弊局克完，欲請久任，府君力辭不居。

戊午御史呂駿永聽造謗者言，以綿田給災，謂是事目之外，又擧黃白徵布之弊而訐之。府君就理，上燭其誣，不待議讞，命倍道還任。相臣李秉模欲緩頰，同時勘律者之罪，幷請本道行查。上再言"大邱有何可查之端乎"，然爲重其請，命依大臣言。道伯李義綱恐駿永被譴，以流來闕伍未及盡充回啓，上命卽其地編配。府君處坎自適，讀書玩心，不以得喪概懷。時參判公在京第，疾猝革不救，府君戴星嘔血，氣塞者屢，哀毁幾不全。居室薦苫，以終三年。

辛酉拜工曹佐郞，歷社稷·宗廟署令、司饔院·司䆃寺僉正。甲子除安城郡守。郡處畿湖大都會，民以工商爲業，官亦賴之爲邑，府君未嘗役一匠，亦不資商貨，減市廛之稅，通交易之路，民大悅。

丁卯移全州府判官。事劇甚於達城，且湖俗浮嘵健訟，而府君剖判如流，案無停牘。下車不數月，節度使鍊兵于本府，廢習操者爲三十年，軍額闕者萬數。府君方便措畫，充簽軍伍，而一境晏然。戊辰春投紱而歸，因御史徐有望追咎習操時擾民，奪告身二等。

己巳特贈贊成公職，仍命錄用嗣孫，除府君內資寺主簿，轉景慕宮令、司宰監僉正。庚午除密陽府使。土俗獷悍不率敎，府君以身帥先，信順休洽。邑有嶺南樓，擅勝一路，而非公幹未嘗登臨曰："易致流連耽樂，貽害民國。"又有後漕倉，金海以下五邑田稅，廩于三浪，府君管其事，斗量務從均平，五邑之民旣納稅，常有餘米。

夏運漕于京，船敗不得還。將改造以及明年漕期，而期迫不能就。府君直牒惠局，竭心經理，不月而屢十艘告成，漕不淹時。凡改船例出漕倉錢，以當厥費，官爲之度，仍取其剩。且有什物價米累百石，循襲取用，已成邑規，而府君曰："焉有長吏而與漕卒爭利者乎？"遂盡畀漕卒，漕卒頌惠，立碑于漕倉。

辛未朝廷送使通信于倭，一路咸斂民以應役。密處東萊之交，供億百出。府君蓄數年俸廩，竭資財以需之，民不知有南槎之役，又爲碑頌德。道伯金公會淵每贊歎云："七十州中，獨密陽取用於宮中。"壬申春朝廷命本道鍊兵。時值淸北潢池之警，八域驛騷，訛言朋興。際見春操於百年創行之餘，民大驚駭，日益煽動，又將廢東作。府君歎曰："此所謂養亂而助變，不戢則變且中起。"亟往復道伯，且通于揆地，卽令罷休，遂以無事。

四月棄官而歸。時西亂未勘，道塗險阻，京師戒嚴，危疑萬端，移城而避者繈屬于路。府君獨挈眷入洛，人有挽者，府君曰："京城如不守，當同死社稷而已。"癸酉東朝壽躋週甲，公於東朝爲中表親，特加通政階，拜僉知中樞府事、五衛將、敦寧府都正。

秋除慶州府尹。本府糶糴爲數十萬石，而值邑倅數遞，吏緣爲奸，庫儲枵然。府君查發積逋，群吏將致散亡。府君雖刻期督徵，而弛張闊狹，曲中事宜。未周歲十三倉俱完，徵不及民，吏亦免罪，有沒齒頌恩者。値歲荐歉，至甲戌八路告凶，嶺爲甚，餓殍相枕藉于道，加之以癘疫，死者强半。府君經營綏輯，先後緩急之際，委曲纖悉，無不備者。謀及道伯，蠲減貧戶逋租，常稅之納于官者，悉以歸賑，不私絲髮。勸富民出粟，閉糶者抵罪。常謂“賑饑寧過無不及”，抄口至數萬人。他邑民之散入本境者，亦一視之，皆以爲得其依歸。以故闔邑無流離無竊發，無一夫捐瘠，按堵如故。四隣咸有人相食之變，而獨慶無有焉。

有贈倭館米，所謂下納也。倭人乘時索價過高，惟意操縱，府君往復萊府，平直以應之，爲民紓力，民益大喜。有格價米屢百石，例供官用，府君以爲“割民膏血，以肥倭奴，固已爲國家之羞，詎忍因其事而貨之乎”，盡給吏奴，留作廳財，爲迎送盤纏之費。且念刷馬之弊，出官財俾之生息，用防民斂，圖惟久遠。府君荐經荒政，憂悴成疾，至賑已，遂棄官歸。

戊寅拜曹司衛將，後復拜。己卯冬拜寧越府使，不以地僻務閑而或忽於爲治，修舊起廢，百度俱擧。邑饒山水之勝，時出而遊，常存胡康侯不入衡岳之戒，戒其跌宕。辛巳二月賦歸。三月孝懿大妃昇遐，差宗戚執事。因山訖，敍勞陞嘉善階。仍差孝禧殿享官，間拜同知中樞府事、副摠管，後屢拜。癸未祔太廟陞嘉義階，間拜同知敦寧府事。丁亥正月復除同中樞，月將晦忽寢疾，以二月四日巳時，考終于明禮坊南山洞第之正寢，享年七十有五。嗚呼痛哉！

府君少無疾恙，中歲愆和，雖祟于水土，而老益攝養，貌癯而神淸，精華之發外者，彌可驗貞德之符。因不肖不孝，罪通于天，神理降割，不于躬而于厥考，必得之徵，靳于耊期，嗚呼痛哉！訃聞賜賻祭如禮。四月壬申，葬于陽城天德山乙坐之原。戊子八月庚辰，幷遷夫人墓，合窆于始興東面梅山，亦乙坐也。

府君性仁而剛，行敏而信。於孝天植，幼而服勤贊成公盡誠。贊成公愛其英發，常置膝上，遇物則施誨，府君佩服不敢失。李夫人有貞疾，府君常侍床笫，必躬自扶將，不以人攝，李夫人恒稱“吾孝子”。李夫人在參判公宜寧任所疾劇，府君晝夜兼程，及至不解帶不交睫者爲五十日。及攀櫬而返也，哭不絶聲，行路爲之墮淚。居喪盡禮，毁瘠幾殊，常常嘔血，爲膏肓之祟焉。

事參判公夙夜洞屬，先意承順，非公故未嘗少離庭闈。周旋給使甚捷，衣服脫着，必趨奉之，出入起居，必護持之。親檢匙箸多寡、饌饍好惡，以夕較朝，以今日較昨日，日以爲常而爲憂樂焉。參判公謝事閑居，府君具述耳目之所逮者告之，以暢悅親心。作宰而辭必侍寢，得一異味，輒專价而獻之。備板輿請就養，參判公雅不樂官衙，終不赴，遂致不克終孝。府君含恤茹痛，沒身如一日。喪餘之薦，雖卲齡委淹，氣息綿綴，而必齋沐將事，哀動傍人。

友愛弟妹篤摯，與仲、季兩公，相守湛翕，有春、津之樂。季公歿，盡捐歲製與棺材以庀喪，不肖泣懇而不聽。在完山任所，承仲公病報，星夜向永春。峽路險巇，冰雪嵯峨，府君冒危難以赴，中路聞幽音，號絶失聲。歸卽棄官，忽忽無世念，語及輒泫然。嘗俶裝入楓嶽，會弟婦告病，府君卽停行。不肖曰：“已駕矣，且有二子侍湯，恐不必罷休。”府君曰：“憂在同氣，而可以遊衍乎？”其篤於內行如此。視孤姪孤甥，無間己出，疾痛若身痌瘝，嫁娶皆不失時，立塾師以敎之，割田宅以處之。推諸宗族，各盡恩義，以及於昆蟲草木之微，猶恐其或傷也。內舅長貧嗜飮，府君有官則分俸，無官則繼粟，而酒亦不空，以畢其生，人以爲難。

御家有度，閨門之內，斬斬如也。不肖獨身善病，而府君嚴加程督，不少饒假，有過則必施棰撻，不許出入交遊，或恐枉却一步。及志學，策勵彌篤曰："汝提空名而不務實，卽不文不武，非俗非僧，半上落下底一破落戶。汝其欽念哉。"不肖病廢功令，又不克從宦，而府君亦不强焉。或有言："不仕無義，盍勸諸？"府君曰："渠自不樂，任其所好而已。"嘗戒不肖億逆之病曰："縱或屢中，亦爲心術之害，況不中乎？一於誠而已。"不肖或有言議飢皺參較利害者，府君厲聲曰："焉有儒者而謀利計功者乎？惟有守經已矣。毋見小利，以累大德。"

不肖嘗誦《馬史》暨杜詩，府君輒呵禁曰："是非儒者所宜誦。"不許看異趣者文稿曰："門路不正，易致浸染。"不許呼匪人之號曰："不名而號，尊其人。其人不正，可號之乎？"不肖或當餐有所擇，則曰："詳於味者，有害於德性，亦非所以惜福也。"常引前言往行，諄諄誨子孫，痛檢其言動擧止，不遺其細，必欲納之義軌而後已。

待臧獲寬而有惠，曲軫饑寒，告病則醫藥以濟之曰："以義合者，不容不乃爾。"有罪不悛，然後放之曰："當以不治治之。"與朋友交，久而益敬，雖風流篤厚，談笑淋漓，穆然而不可狎也。少時習飮，微醉而歸，參判公有不豫色，府君遂不復近杯勺。

居官思竭其材力，務壹心營職，臨財而淸，常畏人知，絶不行苞苴，亦不修聲譽。束吏甚嚴，而各盡其才，愛民以誠，而不克厥威。且不爲法律所拘，遷就於其間，以承弊易變。鉤訪民隱，至忘寢食，救菑恤患，厚本抑末，計畫旣定，任怨而行之，不可以勢利奪。事上官莊愼，而論事不合，則棘棘爭難，不少降志，以故每見憚焉。

存心於興學，每旬課士，取高第者褒賞。有經術、行誼者，招延薦寵，或周以米粟，人皆聳勸焉。莅邑無久志，或不以家累自隨，未嘗終三年淹也。家居不屑屑於產業，晩益修整，習靜一室，罕出戶庭，惟兀然手一編，以竟昕夕焉。客至會心，輒挽與談論，商確今昔人物臧否、文章體裁，至于我東功令家諸作，靡不擧起成誦，聽者歆服。

天分簡潔，澹然無外慕，其儉 於家廉於爲吏者，卽其素性然耳。及老且貴，而飮食服用，無變於韋布，不御緋不重肉，居不役傔從，行不用辟除。苟非義，一芥不以取人，視殖貨利者，不啻若浼也。眷念宗國，往往流涕，每歎"公私財竭，邦本垂蹶，紀綱日紊，國脈已病"，或至中夜捫心，繞壁不寐，傍觀爲之感動。蓋得於天賦者如此，非有所勉强也。

配陰城朴氏，處士亮欽女。仁明淑哲，奉舅姑以孝，承君子以順，敎子女御家衆，咸以正無缺，宗黨視以爲模楷焉。戹於娩，以癸丑七月八日捐巾幃，享年四十一。先先君卒三十五年，從贈貞夫人。府君服女士之行，悼念不衰，有近齋朴先生所述墓誌。先妣擧五男二女：四男夭，不肖直弼序居第二；女長適縣監金泰根，次適尹約烈。府君有側室，生一男一女：男若弼；女適李用愚。直弼娶判書李滙女，男一漢炑，取族子一純爲子，一女適閔述鏞。金泰根一男炳圭，二女適尹冕求，一幼。尹約烈無育。李用愚一女幼。

嗚呼！府君少治博士業，尤工於駢儷，雄文麗藻，早被士友所推詡。將進而黼黻于王猷，而竟厄于公車，篤論者莫不齎恨焉。每病文人之役心於伎倆，不欲以詞章自名。然唯其發於言志者，遇境陶寫，聯篇累牘，其出混混，若不可窮者。所著有《南軒稿》藏于家。筆慕鍾、王，才氣超越，不囿乎法度，而遒正放逸，自然中軌。雖尺牘、赫蹄，未嘗潦率，爲人所藏玩。留心經濟之學，古今治忽興替、制度沿革、生民利害，罔不研究到底。眷眷乎一王成法，若將擧以措之，而局於蔭塗，不少槪見，惜哉！

居恒專於內修，不以標望自高，以故人鮮克知者。且不肖荒墜緖業，不克立揚身名，又乏血胤以禪祖先氣脉，窮天極地，痛無所洩。又懼不能闡述義訓，飭稚昧於永遠，謹撮晨昏所睹聞如右，而亦不敢瑣瑣累列，以溢厥辭，用傷府君撝謙遵晦之至意。因之徼惠于立言之君子，毋以其子之不類，而廢其前人之懿德焉，不勝泣血祈懇之至。不肖孤直弼謹狀。

先妣淑人陰城朴氏家狀

先妣淑人姓朴氏，系出新羅太祖赫居世。羅末昔氏分封八王子，竹山君卽其一也。後孫移居陰城，仍籍焉。有諱梓，麗朝工部尙書。歷二世有諱淳，入我朝錄開國勳，官吏曹判書，被淸白選。當太祖分朝咸州，前後問安使皆不生還，人多猒避。公以龍潛故交請行，用子母馬事，感悟宸衷，遂成回鑾之功，歸到龍興江，亦不免。賜謚忠愍，使祭不遷。夫人任氏下從，并旌其門，事載老峯閔文忠公所撰謚狀、尤庵文正公所撰墓表。

生諱昕參判，亦承公訃，墜殿陛死，生諱叔達舍人，俱以忠孝淸白，爲世楷範。傳一世有諱秀元，被孝行薦除監役。生諱淵號淸溪，邃於性理之學，同靜庵諸賢登剡章，直授監察、縣監不起。生諱有寧，以遺逸官執義。生諱至誠號一笑翁，參奉贈承旨。兩世俱有至行，高尙不仕。生諱瀓遠，卽淑人高祖也。曾祖諱聖龜進士。祖考諱廷琉，以孝贈持平。考諱亮欽號知足堂，天資近道，孝友出人。娶海州鄭氏諱運徽女，海平府院君昭平公眉壽九世孫。仁哲純靜，有女士風。以英宗癸酉十二月一日辰時，擧淑人於長興坊賜第。

自在襁褓，品質絶異，不妄啼哭，孝親敬兄，根於天性。稍長受閨訓一部於知堂府君，一以古賢婦爲師，動靜語默，皆有常度。平居沈厚寬和，未嘗少違親意。與兄弟共長，務主莊重，不喜戲狎。女紅諸事，不學而通，通而人不知，蓋不自衒而然也。嘗畜犬，家人宰食，淑人終不近口，仁心之及微物，自幼時已然矣。知堂府君鍾愛殊甚，淑人叔父進士公每稱"福德之器"，內外親戚之見之者，咸謂"婦容、婦功、婦德三者俱備"云。

年十七配我家君。其事舅姑也，務以至誠，柔色婉容，怡悅其志，服順無違，絶無外飾，未見絲毫有間於父母。新婚後皇舅以金吾郎押罪人，倍道南行也，復命前數旬，不解衣以寢，皇祖姑金淑人嘗稱以必昌吾家。末年每以咀嚼之餘與之，則淑人少無難色，敬受而啖之，金淑人感歎不已。皇舅歲月之製，皆手自裁縫，不任人爲。及皇姑皐復於嶺衙，號踊哭擗，哀動傍人。返虞前設位，逐日行朝夕哭，此雖無於禮之禮，而亦可見孝心之高人一等也。以未能終事，爲歿身至痛，饋奠盡其誠敬，裒集皇祖姑暨皇姑手澤，以成編帙，時時披玩，以寓追慕焉。

及嗣莅中饋，所供滫瀡，皆經親手，尠委婢使。每以未得嘉羞爲憂，日用無窘乏，而甘旨無闕，以皇舅進飯多少，爲一日之憂樂。衣袵之屬，隨時豫備，或慮違體，洞屬一念，須臾罔忽。皇姑下世，而承奉如此，故皇舅暮年，不知鰥況之爲苦也。其奉祭祀也，務盡誠禮，冀欲歆格，必宿齋預戒，植立徹宵。烹飪之屬、陳盛之節，自力親莅，極其豐潔，雖忌故稠疊，而未嘗暫忽。幹蠱十餘年，終始無怠。

其配君子也，三十年無愆德，相待如賓而極其莊敬，奉以巾櫛而不事侈泰。君子榮達，婦人之所希望，而或慮世道之險巇，不願大闡，我家君每言多賴內助。

其敎子女也，嚴毅有則，不以辭色假之。衣服飮食，若或揀擇，則切責之，俾尙儉約，未有以玩好之物示之。若惰怠無檢，因循度日，則必曲加開牖，若不改，則必施楚撻，期於悛其惡習而後乃已。不肖童年，遊嬉不度，淑人誨責備至，累日不回怒。不肖席藁伏地，亦不卽命起，終使改遷。殤慽相繼，不肖煢立，則慈母之情，尤所鍾愛，而提敎之嚴督，亦不少緩。

嘗以耽戀榮利爲戒，使之專意向裏曰："窮達，命也，勿以此動心。"雖以不肖之至頑極陋，恒恐忝生，粗能立志者，趨庭之外，得於淑人之敎亦多。其洞悉道理，委命循天如此。

及授室，謂不肖曰"世之待子婦者，始則昵愛，終不能保恩，苟求其由，病生於過愛。吾則待汝妻當勿昵勿疏，以全終始"云，故眷婦歸三年如一日。其接親黨也，敦睦周恤，務盡道理。妯娌娣姒之間，酸鹹不調，而中心好之，誠意相孚，同宮累年，不曾見毫末圭角。

我仲母下世後，從弟龍弼多在膝下，而飢寒溫飽，與同不肖，無所間隔。庶從兄奭弼亦自童穉依歸，淑人誠心矜憐，視之如己出。故淑人之喪，哀慟號慕，無異所生。我家君外氏貧不能自存，淑人所以周給之道，一如皇姑莅饋時。家君、舅母每語及淑人，則輒泫然下淚，亦可見至仁之浹人者深也。

其御臧獲也，先仁義而後鞭扑，豐均衣食，不示愛惡，雖有罪過，務從恕貸。有一婢偸竊頗甚，擧家皆曰"可誅"，至有以不加重罪，疵纇淑人，而若無聞焉，終始包容，使之改心易行。淑人之喪，諸婢僕如喪父母，若非仁愛之入其骨髓者，何能如此？

皇舅累典州牧，君子繼以從宦，家務益繁，而勤以綜之，整以理之，不言之中，若有成法。常居罕言語，喜怒不形於色，故有喜而人不見其悅樂，有怒而人不知其忿懥，閨門之內，幾無間言。惰慢之習，不設於體，鄙俚之語，不出於口。牟利取息，視之若浼，器用服食，專尚儉嗇。見人之不揆本分紛華奢侈者，則大以爲非，每擧以戒不肖娚妹。及下世，家人考曆書所錄逋債錢，才踰十兩，亦可驗平日節約之一端也。

盡日手執針絲，戶閾之外，無故不出。絶不好巫卜，而自前往來者，亦未嘗拒絶，其嚴而不迫如此。嘗惡人之粉飾言貌，表裏冰炭，故對人接物，心口相應。家有鬼怪，家人驚恐，而淑人中夜獨坐，凝然不動，家人不敢復言怪，怪亦不復作，遂得奠安，與程母廬陵事，古今一揆也。

淑人自入吾門，夫黨之艱難疾苦、憂樂好惡，以至婢僕之長短可否，絶不言於本親。故朱陳之好三十年無替，亦末俗之所罕有者也。癸丑春指壁上所貼家內忌辰曰："我亦不久當書此列。"有不豫色，抑或有前知而然耶？竟以是年七月八日申時下世，壽甫四十一。八月十二日辰時，權窆于高陽求知道面土堂里壬坐之原，越明年甲寅二月二十八日午時，移葬于同山艮坐。

我家君諱履簡進士，前大邱府判官。我洪，南陽大族，通德郎諱重垛、縣令諱尙彦、牧使諱善養卽夫家三世也。

淑人前後擧五男二女。 男遠昌、彭男、彭達、彭壽俱夭。不肖直弼序居第二，娶判書李濉女。 女長適安東金泰根，次適海平尹約烈。直弼一女幼。

嗚呼！淑人幼而事父母，長而奉舅姑，理家訓子，罔不各盡其道，上下服其德，親姻知其賢，此豈非一部閨訓中所出來者歟？蓋我外氏家傳詩禮，世篤孝友，淑人以出天之行，承家庭之訓，自然耳擩目染，以至爲婦爲母，皆有準繩，卓然爲閨閤間矜式，嗚呼盛哉！

淑人擧不肖十有八年，艱辛鞠育，謂及見其長成，而風樹不停，春暉遽暮。不肖不孝之罪，上通于天，天厭之而降此酷禍也。歲月寖久，典型漸遠，茫茫穹壤，此何人斯？淑人至德懿行，可述者不啻多矣，而喪威之餘，神思荒落，耳聞目擊，擧皆遺忘。重以辭不達意，無以闡揚萬一，不肖不孝之罪，於是乎益無所逃矣。玆敢號籲於立言之下，願門下垂憐而俯諒焉，略敍事行，以爲狀德之文，則不朽之托，孰大於此？榮感之極，惟圖隕結而已，千萬不勝祈懇之至。不肖男直弼泣血謹書。

亡妹尹氏婦行狀

孺人洪氏，家大人之季女，直弼之妹也。吾洪，唐城人，以高麗太師諱殷悅爲鼻祖，因爲東方大姓。入我朝有諱溟，漢城府判尹。諱師錫，莊襄公。諱以平，司成。司成公，莊襄公之曾孫也，戊午士禍，被黜而卒，後贈吏曹判書。判書公有孫曰戶曹判書諱仁恕，穆陵名臣也。壬辰以開城留守，扈駕卒于行在所。生諱邁，洪州牧使。生諱汝龜，丁丑下城後，恥之隱於淸華山，終身不出，以道德節義名，學者稱“玄溪處士”，是爲孺人六世祖也。曾祖諱尙彦，三登縣令。祖諱善養，黃州牧使。吾大人諱履簡，今安城郡守，牧使公長子也。娶陰城朴氏，知堂處士諱亮欽之女。以正宗壬寅十月十八日戌時，擧孺人於漢師長興坊外氏第。

生而岐嶷，疏眉目廣顙豐頰，不妄啼哭。吾先妣歸以見于牧使公，牧使公歎曰：“恨不爲男子子也。”稍長組紃筆札，不煩敎而通，遊戲有度，鮮爲長者憂。十二歲喪先妣，守制如成人，朝夕哭臨，氣盡而止，非甚病不闕，亦慮余過哀，先止而止余哭，仍相持而哭，以終日。每喪餘號絶若喪之初，十年如一日。嘗悶大人鰥居無況，先意承順，務適其性。

十六歲歸于海平尹約烈仲守，仲守，通德郎諱趾東之子，元子諭善諱得孚之孫也。諭善公號信齋，德行文學伏一世。子孫服其敎，謹飭自守，仲守亦良士也。孺人入其門，事大舅姑、舅姑以孝，信齋公曰：“是善事我。”信齋公及夫人相繼下世，孺人哭則漣如，時孺人嫁未數年也。於舅姑有深愛，嘗爲人製衣，受其直爲酒食以供之，受之則喜形于色，如受賜。

仲守勤於學，而孺人猶夙夜儆戒，衽席間申申說與者，皆居業而盡爲士之道也。仲守嘗患疹，孺人不交睫解衣，自莅饋食、刀圭之供，如是者十數日而猶不懈，夫黨咸歎之。

處妯娌娣姒間，不設畦畛，有中心之好，及哭孺人，悲之如同胞。

戊午喪吾王考，庚申喪季父，哀傷過度，未見哭而不下淚，聲絶而淚不絶，蓋至誠根天，不待勉強而然也。每憐叔母姑母孀居，時就其所以勞之。叔母哭之曰："恃之如男子姪，緣我命薄而死也。"幼時被養於外王母鄭碩人，事之如母。姊金氏婦歸湖鄉，孺人敍死喪孔懷之情，文以送之，思至輒泣，久而不已。

每箴警余甚至，余性卞急，詬詈臧獲，或失常度，孺人必止之。又或干與屋中事，孺人輒曰："此非丈夫所與知，盍持大體？"先妣嫁時婢有罪，余欲出之，孺人力言不可，余屈意從之。余之姑不陷大戾，孺人之助也。與從父兄弟、內外兄弟曲有恩義，各盡其分。接諸家女奴，善信休洽，雖兩面二舌千百其心者，罔敢交構。若自己所使，雖頻施箠楚，而無怨言。家大人典數邑，孺人或隨或不隨，而不曾干求。大人家食累年，孺人裘葛不備，而亦無幾微色。盜乘虛入其室，嫁時資粧無遺者，孺人不戚戚，久而不復言其事。

甲子四月厄產，所得卽男子而死，以故幾殊而甦。乙丑從家大人于安城官次，病浸困，猶不作痛苦色，以對大人。時大人有疾，孺人日夕焦遑，忘己病之不可爲也。大人少愈，孺人自度其無幸，言"我自有死地，何可爲安城鬼？願遄歸于夫家。"臨發與家人訣。到京第，外王母臨視，孺人和顏色以拜，笑語竟夕，以慰其心。後日舅母來言外王母憂疾狀，孺人曰："不肖無狀，使篤老人至於此極。"因悲泣。

臨往夫家，又與親戚訣，欲周視堂宇而不能。及至夫家，舅姑躬自救護，孺人蹙蹙不自安，每請勿自勞，因言“嘗願以飲食忠養，用報尊章之恩，今至於斯，不孝莫大”，嗚咽不自勝。仲守或在傍，則曰：“莫我守，往而詩無廢一日。”及時日不可保，則勸余備襚賵曰：“妹被服常不完，吾死後掩身勿厚也。”又曰：“吾無怛化意，但至情難忘耳。兄與我卽骨肉間知己也。先妣早世，零丁孤苦，以至長大，相依爲生，妹不幸短命死，勿過哀以安妹心。兄積疚於喪禍，豈可爲妹傷生耶？”

自量不能逾日，願見家大人。時大人有微恙，頻候起居，及大人至，先問差劇，因言“不終養爲難瞑之恨”，又言“以疾病死喪，貽慽老親，尤不孝之大者”，因仰勉其加護。大人出，執余手而曰：“今日眞永訣矣。嘗願以飲食供舅姑，衣服奉父親，兩者俱未就，此爲至痛。”又曰：“最不可忘者，父親若外王母若兄，不見兄生男子，此尤難忘耳。妹命畸無年與育，願兄享無疆之壽，長奉父親，多產子姓。”歷數負逋錢曰：“兄必備償，以安妹九地之心。”又曰：“奉遊先妣於泉下，此爲可樂耳。”

每勸仲守再聘，因勉學業，又曰：“旣無所生，不必設上食，但擧朔望奠而躬行可也。”至是向仲守訣，又告訣舅姑，申言“未報至恩而死”。痰升喘急，語澀而神淸。余泣言“有生必死，死非可惡，好去九冥，奉遊母氏”，則微微作聲曰“不料遽至於斯”，仍瞑目翛然而逝，卽六月二十日也。權厝于富平府桂陽山下，時天甚熱，斂而體膚如常，至葬亦無氣臭，異哉！豈以潔淨之性，死而不變歟？

嗚呼！先妣受一部閨訓於知堂府君，旣受用不盡，而施于子女，孺人自孩提已述其敎，及長手自傳寫，用資常目，故平生言行皆本於此。蓋其爲人通明開豁，無世俗婦女齷齪暖姝之態。立心不設城府，與人無間物我，然確而有守，志一定不少撓。卽其所就而論之，爲子孝爲婦順爲妻正，嗇於奉而豐於施，厚於義而薄於財，苟使爲男子身，則當爲一世偉人，豈直爲吾門之光而已哉？惜乎！旣其爲女子，則亦宜受天之祐，而旣閼齡，又絶世，所報施者其何如哉？所謂天道是耶非耶？朱先生銘劉氏妹之墓曰："懿此德美，後人之休。"如孺人雖有德美，爲誰之休？悲夫！

仲守不忍徇其言，躬莅象生之饋期年，而倩人者數度，禫而猶不娶。余勸之曰："逝者無子，子無達志之義，何待三年？"仲守不應，其嚴君亦莫奪其志云。此雖過於禮，豈不賢於不及哉？仲守，眞良士也，孺人配良士而不克有終，重可悲也。以仲守之賢，必有後焉，孺人懿美，或爲其休歟？苟有然者，尤何忍湮滅而無稱也？世無續《烈[9]女傳》者，孰有能闡發含章，以詔無垠乎？其將終掩翳而不章乎？玆敢不揆僭猥，徼惠于立言之君子，或狀其德，或誌其墓，或爲辭以哀其死，用慰至情，千萬大願。

9 烈：문맥상 "列"인 듯함.

梅山集

卷五十一

遺事
傳

遺事

著菴兪公【漢雋】遺事

公眉宇淸爽，雙眸炯然，精彩射人。以早孤終鮮，或嫌東床之選，公岳翁安公愛賞曰："豈有面貌如此而嗇於致遠者哉?"以其女妻之，咸服其鑑識云。

公性喜潔，常淨掃一室，不留纖塵，几案書帙秩然有序。

公老益修整，攝以威儀，雖大暑不去冠帶，晩歲常戴程子冠，對案危坐，終日無惰容，人望而畏之。

公以長房奉祧主，克盡追遠之誠，祭之以禮，又創行時祭。

公篤於內行，事丘嫂如事母，朝夕輒問其食未，若闕供，則己亦不食。以故雖屢空，必先具嫂飯，然後始進於公云。

公文章夙就，未弱冠已有盛名，中歲而益成。潁西任公魯嘗爲余言"著翁之文向後百年無此作"云。一世推重，爲詞苑鉅匠，而公未嘗自多，欿然如無有。每對直弼言："吾之文名浮實，此其所以挻災也。”

公老而好學，讀《庸》、《學》數千遍，幷《章句》如誦已言。七旬後沈疾患阽危，閱數月而蘇，口念兩部書，亦不錯一字，嘗自謂“曾、思兩聖人不我遺棄”云。

公愛慕尤菴先生，出於眞誠。常謂：“老先生於吾黨如父祖。”莅淸州日，爲文祭靑川墓所以道意。聞吾家奉老先生影幀，躬臨以拜之。每尊閣《大全書》于座右，手自摩挲，臨沒而猶繾綣不已。

公有嫉惡剛腸，常語及小人之害正，胸中勃勃，若不自堪者。及己巳尹光顔、曹錫倫之毁撤雲谷祠也，憤惋不自勝，見于色辭。

金伯淳卽公伯姊之孫也。公聞伯淳染西洋邪術，招致誨責，至于再三，終不悛，則杖而絶之。及其伏法也，助給其收屍之資。

公每言伯淳事曰：“密翁不棲山寺，不拜梅月堂頭陀之形，其嚴於距闢如此。兄弟之孫猶孫也，而伯淳甘心陷邪而不知悔，此吾所以益深惡痛絶者也。”

公累典郡邑，爲治不雜霸道，雖無赫赫之譽，每多去後之思。

直弼嘗問:“丈人居官，何以處隱結?”公曰:“特吾不用已矣。畢竟下落，非所與知。”

常窩李公每稱公文章曰:“李槎川只以詩名世，而猶拜寺正，況文與詩俱絶乎?”常窩胤子始源以冢宰擬公寺正望，輒云“兪公文章獨步一世”，蓋遵先志云。

公大耋猶不廢晨謁。每云“若經內寢則廢禮”，晨謁無齋戒，而公自修之實，亦可見也。

公記性絶人，古今詩文，雖無名稱者，擧多成誦，往往不錯一字。評騭文章，窮晝夜忘倦，纚纚可聽。嘗拜止菴，止菴問:“三淵詩何篇最警絶?”公誦《楓岳詩》“衆山悄欲響，鍾動正陽樓”，止菴賞歎曰:“吾亦云爾。”

公與近齋朴先生爲戚兄弟，共長於北里。自總角以文章相契，情好益敦，至白首不變。嘗言“後死者必操文，有若相約然”，及近齋歿，公爲文而祭之，知德深，故敍事該，無憾於幽明，人謂“實錄”云。

公嘗訪近齋，取案上鏡以自照，鏡久不磨。公笑曰:“何其不瑩?洗之爲好。主人寶藏，定不如此。”近齋每歎:“斯言有理，令人發省。”

近齋每稱：“汝成俊爽，文理亦夙就。十三歲盡讀經書，文章外實行難及，多可爲後生法。”

公素嚴於忠逆之辨，常論辛壬兇徒禍國誣聖之罪曰：“乙巳初元，若大行天討，誅光佐、鳳輝等諸賊，則戊申、乙亥之變無從而出。英廟以事關聖躬，專務包涵，卵育逆孽，以致凶誣罔極，豈不痛恨乎？”

公嘗居稷下，與沈翊雲兄弟隣近，往往作文會，公薄其爲人，而取其才藝。及翊雲謫死海島，其子行乞於都下，歷公第，公念其舊誼，厚遺以送之，其不以成敗貳視者如此。

公克矜細行。嘗與吾先子會闕中哭班，先子時爲安城宰。公以其遠祖墓于安邑，辭不同坐，先子屢請升座而終不聽。先子每說其事曰“吾故避之，以安老者”云。

公晚年參閱《巍巖》、《南塘》兩集而曰：“巍、塘兩賢若對壘然。吾則自少聞三淵緒論，巍巖論理與三淵同，吾欲從巍巖。”

每年上元，招携任公魯于近齋所，談經說禮，侵曉而罷。近齋卒，會于公第，講論不撤，歲以爲常，士林間傳稱勝事。

公愛任公魯殊絶，每對論確《曾傳》曰：“當今深於《大學》者，宜莫如得汝。”得汝，任公字也。

公素性耿介，而亦優於受善。七耋後拜將作副正，直弼勉不就，公曰：“國哀伸情，惟有朔望祭，故姑爲出膺耳。”未數月而解。南公公轍聞公家食孔艱，畀公江華經歷，拜命。公問去就於愚，愚勉其一暢，振衣摩岳之頂。公曰：“公之愛我，曷不若任得汝乎？任公則勸其毋出也。”不久賦歸。又拜刑曹參議，吏告訟案，或聽斷。愚曰：“八耋卲齡，聽訟非時。”公卽辭遞，其所虛受者如此。

公自幼種學績文，文名藉甚，爲藝苑諸公所賞音。雷淵南公期許綦重，勸讀劉子政《說苑》。公每謂“觀感於雷淵而收功甚大”，終身尊慕，如二蘇之於六一焉。

修齋宋公【厚淵】遺事【丙申】

公面如冠玉，風範端凝。性又疏朗豈弟，祥和之氣若將襲人，城府洞豁，靡所滯礙，雖異趣者，莫不悅服。

公對人色笑溫潤，樂易多恕，無親疏賢愚，咸得其歡。徐公簡修嘗戲謂公淸濁無所失，公謝以良箴，翕受加勉云。

公早喪怙恃，被養於叔父鎭安公，事叔母李淑人如母。李淑人兄卽老樵李公淞也。公待李公如舅，李公期望公甚重，常勖以敦厚確大，毋滯近小之規。公服膺斯訓，終身毋替。

公妙年聲名藉甚，未三十以學通經術，登道剡，拜厚陵參奉。公不欲冒當薦目，辭以病不就。事聞命道臣督出，公不獲已中路申辭，徑還鄕廬，上下相持半年得遞。

公出膺桂坊，爲伸遇慶蹈抃之誠。及拜漢城主簿，不膺命，再除監察，欲永矢不出。叔母李淑人泣諭曰："公議胥勸，則無傷於義，爾何固守己志，不恤我餘生乎？"公嗚咽承命，而每以"去就逕庭，辜負初心"爲恨。

公嘗憧憧乎仕學相優，雖職務倥偬，未嘗廢書。就直顯隆園，讀《論語》幷集註五十遍，爲晩暮收功云。

公冲齡有志，以繼述家學爲己任。十七歲拜止菴金先生于黃江，受讀《中庸》，止菴期許甚重，勉以沈潛剛克，以"聿修"二字題其室。公常以"晩進未及卒業"爲終身恨。

公常云："渼湖、櫟泉，氣象規模可以出而有爲，做得事功，惜其無所用於當世。"

兩宋先生後承睽阻不相過從，公冠子，始請性潭宋公爲賓，兩門之誼靡替，士林稱誦不已。

公從宦在洛，洛中士友行冠禮，輒宿賓。老洲吳公冠長子，請公爲賓，嘗稱公襟期瀅澈，又閑習禮儀云。

公酒戶未甚寬，而逢場或痛酌，醉後揚言舒氣，和樂歡洽，有同春先生暮年豪氣。或斷飮累月，做邑亦未嘗引滿妨務。

公降志祿仕，而不卑小官，隨事擧職，盡禮上官，輸誠寮寀。歷典三邑，吏民皆久而愛慕。冰檗自持，田園靡所增廣。宅前借人水田種稻，及爲郞于惠局，始捐俸錢買取，嘗自謂宦業云。

公十五讀《聖學輯要》窮理章，敷演爲《讀書要訣》，不仕修潤，以底成書。次第本末靡所不該，可備窮格之丈尺，而亦驗公識解之夙就也。

常嫌氣質差欠剛果，書"剛毅正直"四字于壁，以自警省。

公莅酒泉郡，病谻，遺戒兩胤曰："少有聰明，自期遠大，平生嬰疾，中歲失塗，碌碌斗祿，今幾已矣。但尊主庇民之誠，蚤夜耿耿；公平正大之義，夙宵憧憧。顧此血腔，無處可遺，沈病涔涔之中，垂裕汝輩。" 亦可見所養之眞也。

常拳拳於崇奬節義，及宰酒泉，聞郡人張顯明倡義於戊申，敍其遺事，闡顯幽潛，卽出於衰世之意也。

公愛余殊絶，訓誨眞篤。常敎"迨聰明未衰，遽讀《儀禮經傳通解》"，《通解》卽文正先生所篤好，而公致力鑽硏故云。

公嘗謂余無達相，守身遵晦，乃分之宜，每勸吾王考勿責以進取，俾得以專意居業。余皓首無成，追懷公至眷，益不勝窮廬之悲也。

皇考同敦寧府君遺事

少時每患卞急，手寫“動心忍性”四字于座隅，用自識戒。

常持戒於節愼，書“病從口入，能節飮食，病何從生，禍從口出，能愼言語，禍何從入”二十四字于壁上，時時諷誦。

常以無事燃燭爲戒，在第必待夕烽擧燭。若昏黑中有答人書牘者，明燈而旋滅，俟烽更燃，未或少廢。

常兢兢於禮防，不肯持衰陪往雲水衙中，路次披閱《心經》，府君曰：“雖義理文字，喪人曷可於馬上繙書乎？”晨昏外不許出東閣，亦不許散步衙庭。

居官未嘗廢書，雖處劇邑，簿書剸理之暇，輒不住佔畢。或諷詠古人辭章，或拈韻賦詩，常超然於事物之外。

府君少與鄭東浚相識，及隔垣而居者十數年，絶不過從。東浚恚怒，構捏入愬于正廟，上每笑而不答。府君始聞東浚事，不少憂恐。乙卯東浚敗，上益覺其誣，方屬意府君，畀以字牧，而遭天崩之慟，未究嚮用，嗚呼痛哉！

常愛好儒者，性潭宋公赴召之日，聞其進退中度，喜曰："苟無素養，何能乃爾？"贊歎不已。中洲李公以高城倅入謝，適值邦慶，宣饌彤廷，府君與共周旋，贊其有山澤淸癯之象逈出於倫類云。

常贊老洲吳公曰："淸明樂豈，幷世鮮比。"相携江樓，風流跌宕。及宰越中，同賞越中山水，到子規樓、淸泠浦，相與悲咤，傍觀爲之感歎。

與穎西任公交契甚敦，每加雅謔，任丈亦虛襟以受。府君常歎其俊偉倜儻無世儒拘曲之態。

常愛金城甫爲人曰："渣滓淨盡，不失赤子之心。"待李子岡以少友曰："祥和之氣襲人，眞吉士也。"邵齡亦往訪贊美不休。

少時喜讀《朱書》，手寫尤翁《箚疑》於紙頭。每三復《甲寅過宮封事》，仍敎不肖曰："爲人父子者，不可以不知斯義也。"

莅東京，有邪賊餘孽，嘯聚於靑松，道伯移諸囚于東京行査。府君始喩之以理欲，又析之以利害，終以刑戮威怵，如是者十數日，其所以設譬解惑者，哀矜惻怛，而群囚終不服。府君語道伯，以“刑政無所施，秖合劓殄無遺，而亦不可盡殺，惟有投諸海島，俾無染汚而已”。道伯從府君言。

嘗陪侍店舍，耽看塗壁文字，府君止之曰：“爾不聞葛院 良才驛壁書之變乎？”

性不喜方人，人有當面評人而斷其優劣者，府君責之曰：“何爲此薄德之言乎？”仍擧古人不對牛說臧否事曉之。

素性崇儉，非祁寒未嘗襲毛衣。庶從子奭弼嘗服貂，府君擧“服之不衷身之災”一句語以誨之。

屢掌太學議，適有盜孔子像而鬻於市者。買者懼告太學，府君倡諸生取奉于明倫堂，庭拜如大成殿禮，議建廟於泮水南，用春秋祀以太牢，因上命移奉于尼城之闕里祠。

府君常病吾東私賤之弊曰：“從母役者，生生不息，則子子孫孫永爲人奴婢，上天生物之意，豈容乃爾？使余爲政，則當定以限已身。”

尊敬傍尊盡禮，年歲雖少亦拜。

儕友中有侮弄其後妻父者，府君切責曰：“外舅，尊屬也，詎可以再聘而不遜乎？”其人愧服不已。

每貿書買藥及交易家舍，惟儈言是信，未或較計多少，不肖言其太濫，則府君責其屑屑。作宰兩南，印板群書，不肖言不如京貿之費省而取便，府君曰：“書策有印者，故有賣者，有買賣而無新印，幾何不消盡乎？ 世間當無藏書者，其可乎？ 費用多寡，何足拘乎？”

居官每哀矜公賤之世不免役， 未嘗賤惡官妓， 圖所以人其人焉，或有年壯而未加髻者，輒自官助給，俾之成人焉。

官屬托親病請由，或言其僞者，府君曰：“既稱其親病，則曷可億逆其非眞，而不許其省覲乎？”

居恒莊敬自持，非甚病未嘗去上衣，臨臥始脫偪襪。易簀前二日，猶不廢盥櫛。

莅邑日役工匠，不肖欲造鞵，府君曰：“靡所戴足乎？”曰：“爲備副件也。”曰：“利於己者，必害於人，待弊可也。”

居任所有異味， 必先送京第， 用供親廚。 達城得珍果以待便，適有貴价入衙。不肖請先饋客，府君責曰：“曷可以爲供親者供賓乎？”仍責以失輕重先後之別焉。

莅達府，府吏之將占首任者，暗地構害，謀及巫卜。府君聞而笑之，不少介意，視遇如舊。及遞閱累歲，而其人問候不絶，蓋誠服也。及通判完府，府吏巧惡者納繡衣其家，云“有習操時擾民”，誣啓追咎，至奪告身。一府歸罪于其人，其人不自容，躬來請罪，府君溫諭以遣之，申戒完人俾勿督過。

筮仕爲寢郎時，朝家將營永祐園緬禮。時任寢郎例不得處敦匠，故咸勸府君棄官，府君惡其巧於宦術，笑而不應。

不肖嘗倩述儒院請額疏，府君曰：“儒院文字，事體雖異，代作而納公車者，終非士子拙約規度，如可已則已之可也。”

屢典郡邑，道伯輒任以刑獄議讞，嘗兢兢乎欽恤，不以深刻爲密察，鍛鍊爲周詳。每惡俗吏之矜智巧以爲聰明，務姑息以容奸慝，順理而應之，必求其生意，不能得，則深存“哀矜勿喜”之意。嘗朝不施刑杖，必待其食，以故未曾邂逅致斃。正朝、冬至，必饋死囚以時食，寓勸善於懲惡之中，俾開自新之路，其仁心仁聞有令人孚感。

常戒不肖涉獵群書，不用專致之功。及觀《貞菴集·讀書自警》，有曰：“每一書未竟，輒取他書，神疲氣困，掩卷而茫然。”三復不已，引誨不肖曰：“是爲汝準備語也，千萬持警。”

不肖少日，聞有儒名者，或尋訪或通書講義，府君峻責曰：“不知其人虛實，秖取名而先施者，未有不見慢，亦非所以自重也，爾宜識戒。”

常諭庶母以男子不絶於婦人之義曰:“凡人臨終, 神識甚迷, 見絶於婦人之手而不知, 恒體此義, 毋或違禮。”及臨終也, 終不許婦人入訣, 以盡正終之禮。

不肖嘗爲長興奉事未就, 府君方修葺茵簟, 欲招本署席匠, 旋止曰:“汝旣不仕, 則曷可役其匠人乎?”其克矜細行如此。

府君神姿朗秀白晳, 美鬚髥, 符彩動人, 少遊膠庠, 無不屬目竦觀。晩益修整, 攝以威儀, 家人未嘗見其散容。性又潔淨, 勵志守貞, 較若畫一, 房室几案, 不留纖塵。

傳

贈統制使諸公傳

余嘗讀往史，見臨亂奮忠成仁取義之士，不出於名門世冑位高金多之人，而擧皆是寒畯孤族落拓不遇，人主所不知何狀之類。蓋其酣豢富貴者迷溺膠固，猶恐其或失，故不厭其回面汚行。若至疏遠之人，淡於世味，從吾所好，往往不隨俗浮沈，與時俯仰，以全其素守，當患難捐軀命，之百死而靡悔焉，故烈士諸景彧豈若人之儔乎！

當淸北之役，李章謙，公族也，金益淳，名閥也，以封疆之臣，而相率投降，爲賊服勞，而靦不知恥。此輩素日視公蔑如，而今其膏血腥臊靡足以飽若人之畜狗彘。其餘或棄城而逃，或謀身而巧免，或犯師律而力避從征。如此者牿喪其彝性，其視公何如哉？昔顔杲卿爲唐皇所不識，而是則有官守者，其死職耳。若公者，有官守乎？有君命乎？不直不識面而已。徒以袵金革之强，自願督戰，竟以身殉，遂其志之所欲，比杲卿尤加難焉。古人有云："赴君難，忠也；死王事，義也。"非諸公之謂乎？

其傳曰：

諸景彧，漆原人，字敬植，故名將忠壯公沫六世孫也。忠壯值萬曆倭寇，起草萊，仗義討賊，屢立戰功，直拜星州牧使，卒戰死，而捍蔽湖、嶺，爲國家匡恢之基焉。公膂力過人，志氣英果，激昂感奮，願爲國家一死，有祖之風。每恨乃祖湮滅而不稱，正宗壬子，褒奬忠壯公，貤爵贈諡，因訪及後孫。公膺命，屬禁旅，試射于上林，賜弓箭。擢丙科，仍賜錦衣一襲，尋除宣傳官。爲忠壯公竪碑于立慬之所，安靈于忠烈祠，皆使公將命。

出爲雲寵萬戶，捐餼廩，設廒修廨，又繕軍械，用備緩急。刱文會堂，置書籍，立訓長以誨群蒙，邊俗爲之丕變。又虞候于海西，周覽山川形勝，烽臺城堞、倉廩軍器，修舊起廢，而不煩軍民。有海溝介于兩營，人甚病涉，公獨運心匠，不數月而橋成，往來者便之，號爲“諸公橋”。

辛未關西土賊洪景來等乘荐饑謀反，襲嘉山，郡守鄭蓍死之。時升平日久，民不知兵，望風奔潰，列郡失守，急警旁午，八路驛騷。公慨然揮淚曰：“吾忠壯公孫也。世受國厚恩，此吾立慬之秋。”卽日仗劍西下。關西觀察使李晚秀辟公爲淸北召募使。及至安州，節度使李海愚感公忠義，以麾下兵二百屬公。公遂以壯士金允起、鄭宅權自隨，行軍渡淸川江，擊楫而誓曰：“有如白水，去不還兮。壯士奮怒，志不平兮。”行募兵，歸附者甚衆。

時賊連陷七邑，嘉山、博川諸賊爲官軍所敗，合衆入定州城者四日。公進薄定城，與諸軍約曰：“賊摧敗之餘，入據孤城，軍心未固，守備未完，宜急擊。如其稍定，難猝拔。”使義兵將玄仁福持攻城具，先詣東門而待之。昧爽與肅川府使李儒秀、順川郡守吳致壽進軍，公自願爲先鋒逼城下。賊閉門不出，公持大斧直入斬關，門樞幾絶。賊大駭，去樓板放砲，又從城上矢石交下，諸軍退散。公隻身當賊，勢不可遏。遂還陣，憤然曰：“兵固死地，而一人見殺，一軍瓦解，紀律如此，將何以濟事？”

時朝廷遣巡撫中軍朴基豐率一千兵至，公爲陳攻城之策，辭氣激勵，人皆感悚。又願爲先鋒，進攻南門，以大砲壞城女墻，城堅不可拔。是日朝廷特拜公薪島僉使兼防禦將。公更會諸陣兵，大擧攻城。公又以先鋒擊南門，喊聲震天，肉薄登陴，城中寂然無應者。公以身帥先，麾旗進兵，賊埋伏女堞，銃矢齊發，迅若風雨。公顧視後軍不繼，車梯未至，獨策而出，催督兵車，回身疾馳，向城門施力。時雨雪淖泥，車重軸折。公棄車麾軍曰：“今日之事，吾心已定矣。他陳已矣，吾麾下有退者斬。”遂直前斬關，關幾破，忽飛丸中額墮馬。張髥角撫長槍，愈欲起躬而前，口不絶叱賊，聲既絶，猶張拳努眼，如搏賊狀。復以矢，及易棺殮，經屢日而顔色不變，凜凜有生氣。

敗書聞，上爲之慘悼，特贈三道統制使，命旌其門閭。治喪及窆，悉自官庀，且命度支給需，趁公未葬，延忠壯公謚，仍命賜祭于戰地。又以敗賊之日，築壇以祀公及幷時死事五義士，竪穹碑紀績。後定人立祠于五峯山下，特賜恩額曰“表節”。

贊曰：諸公自以忠義世家，常思奮不顧身，以殉國家之急，出萬死不顧一生，赴難而踐言，豈不誠忠壯肖孫哉？或有謂“公不量强弱，輕身而嘗賊，譬諸暴虎憑河”，爲斯言者，眞“全軀保妻子之臣，隨而媒孼其短”者也。

當是時，列陣玩寇，觀望成敗，不敢向定城發一矢，而惟公提烏合之衆，不滿數百，倡起諸屯，每戰先登，皷動義氣，斬關撼城，而救兵不至，未卒其功。然已自辦一死，死不旋踵，因公殉國，而關西之人始知有親上死長之義，白慶翰、韓浩運、許沆諸義士奮身效命，蹈白刃如樂地，風聲動天，不月而廓淸妖氛，豈非公一死之功爲之先唱乎？若是者詎可云“不謀無成，不懼必敗”乎？

公平生喜誦忠武侯《二表》，嘘唏久之，人莫測其意。出師未捷，其身先死者，曠世一致，其亦知幾而相感乎？且忠義，國家之元氣也。忠義之氣昌，則國家之元氣自固。聖朝所以表旌而崇報者，爲國家萬世計，詎不休哉？

宋將軍傳【丙午】

宋將軍，廣州人也，逸其名。寧陵鋭意復雪，求力士於國中，有能擧千斤者，命道臣驛遣之，久而無應者，諸路以爲憂。將軍傭於本州之功曹，功曹出自州言之，將軍乃指庭隅石曰：“彼亦千斤重耶？”曰：“然。”將軍擧擲於地，若無物然。功曹大驚，入告于官，召試之良然。乃上之府，府洗沐具善衣，馹騎官供，待如使星，送之京。

上方試射禁苑，急召入，蓬髮黧面，一農丁爾。然試其力，如道臣狀辭。上賜食甚豐，數夫輦至，將軍立啗而盡。上益奇之，冠之於前，賜第金虎門外，出宮婢與婚，亟命畀邑。銓曹以其未習民事，請姑試諸邊堡。上可之，除北路鎭將，距京師數千里。

上常念之，賜予相續，行且召之，己亥上遽昇遐。將軍聞諱音，號擗棄印符，星夜獨馳，至闕門伏哭，淚盡而血。其妻亦感孝廟恩渥，禮陟之日，自縊而殉。北兵使以棄鎭逃狀請梟示，廷議亦請依律，顯廟原其忠而釋之。

將軍遂無所於歸，飄轉客龍仁，破笠弊裾，乞丐爲命。每値寧陵諱辰，獨入深山中，痛哭終日，語及先王，常嗚咽失聲。鄕人見其骨榦壯甚於人，猶稱以"宋將軍"，遇則醵飯與之，觀其啖若狼虎狀，以爲笑樂。將軍處獨涕泣，如不欲生，不復娶，後不知所終。

梅山居士曰：孝廟閔天壤之翻覆，至痛在心，勵志薪膽，寤寐英豪，蒐羅巖穴，擧國而聽之。又興鼓鼙之思，選士養兵，克壯厥猷，而才堪將略，則授之以禦侮，膂力驍壯，則任之以爪牙，是所謂"持天地鬼神之心，盡股肱羽翼之用"者也。如宋將軍者，亦被知遇，將以引關蹶張，用底成績，而弓劍遽遺，大業罔終，令賤女茹痛自殺，愚夫飮恨自廢，是可驗盛德之入人深也。苟使將軍戮力於遼、薊風霜，則有死之榮而無生之辱也審矣，詎但投石拔距絶于等倫之爲勇哉?

上東民傳【庚辰】

上東民不知何許人，亦不詳姓氏。居寧越府之上東面，故以上東民名【或稱勸農。】云。端廟之巽位于越也，烈焰燔天，人皆惴惴，若及於禍，或爲上王心惻，而掉袂不敢近。獨有上東民一人，迎勞于淸泠浦，常具肴蔬時果進之。自浦而移御于賓館，其人輒走謁于梅竹樓下，樓在賓館之東，卽今之子規樓也。

每趁市日至，莫之或闕。一日又向邑，到炭釜谷，【或云："遭上王于錦江上，故名其地曰'聖遭浦'。"】端廟乘白馬騰踴而臨。其人驚怪，伏謁道傍，問："官家將向何處，而取路此地乎?"上顧謂曰："予向太白山而去。"其人解苞而獻山果，上曰："今也則不可食。"其人拜辭，到德浦始聞上昇遐，失聲號痛，如不欲生，過十數里，口不絶哭，聲氣俱竭而死，卽丁丑十月二十四日也。

嗚呼！非斯人之忠，何能致白日之顯靈乎？忠者一其心而靡他，故乃克感通如此。且不期死事而死，不要殉國而殉，臣主同日幷命，亦可異焉。古所云"難至而節見"者，豈若人之謂乎?

天德山人曰：君臣之義，天性也，不以親疏貴賤而有所加損。是以野人快炙背美芹子而獻之於其君。故曰："雖在畎畝，猶不忘君，惓惓之義也。"從古殉節之士不出於世胄華閥，而必在於草野疏逖不識何狀之人，人性之善，豈係于世類哉？皇朝壬午之役，樵夫、耘叟、葛衣翁、補鍋匠之屬，或死或生，各自靖獻，與方遜志、鐵鉉、景淸諸公同歸一揆，而又加難矣。

今上東民者卽絶峽之一蚩氓耳。天門萬里，莫識君面，及翠華東巡，始知爲吾君，油然生愛戴之心，排日薦獻，自殫純誠，斯已奇矣，而及聞變故，痛心號絶，致命而後已。忠烈秋霜，精貫天日，可以激淸風而勵薄俗，於不休哉！

凡明熊魚之取舍者，身歿而名著，不朽于千劫，以故烈士殉名而不悔。斯人也幷與名姓而無傳，磨滅而不記，惜哉！然其死也卽天理所自然，非有爲而爲者，豈欲舍生立命，以施于後世哉？吾事自了，何與人之知不知乎？彼以名湮滅不稱爲悲者，詎非淺量哉？與明朝之樵夫、耘叟曠世一轍，其同歸於泯然無跡者，彌見其爲眞忠也。

余遊莊陵，有老宿年踰九耋者，爲說當日事，欷歔煩醒，如不能自勝，而輒稱端廟謂“吾主上”。是則未曾納觀風軒一拜者也，然而猶如此，始知端廟至德之沁入人心者，若斯其深且遠，是孰爲而爲之哉？彼賣國賭利，陷厥辟於淫禍，然後爲快者，視此兩人何如哉？

姜瑗傳【癸巳】

往哲云：“忠臣之門，節義世出，此其有所本，非朝可襲取也。”然沈充，叛臣也，其子勁以死節著。許敬宗、李義甫，姦臣也，敬宗之孫遠、義甫之子湛以忠義聞。秦檜之二孫亦立慬於宋季。是所謂“不係世類”歟！

天啓已未，姜弘立應天朝徵兵，以元帥入深河降于虜，丁卯引虜爲導，媾成虜棄弘立而去。始弘立之出師也，母鄭氏年八十餘，揮涕囑臂曰：“汝家世受國恩，幸勿墜家聲。莫以老婦之故，而有他心也。”及歸叔父絪叱曰：“汝不念嫂氏臨別之言乎？何面目上父母邱墓？”弘立愧赧死。不忠不孝，凶國禍家，眞狗彘不食其餘者也。然而有子璦，可異焉。

姜璦，弘立庶子也。能文章善騎射，生年十三，值深河之變，痛父喪義，日夕號隕，如不欲生。三十而不娶，常激昂自誓曰：“虜，吾讐也，當飲其頭馘其耳，以雪吾父之恥。”丁丑之役，佐幕平安兵營，隨節度使柳琳，禦虜于金化之栢田，厲氣先登，不旋踵而死，人莫不悲之。

贊曰：君子行其孝，必先以忠。故曰：“戰陣無勇，非孝也。”姜璦恥父之惡，常思致命以滌之，竟捐軀以殉國家之難，率德改行，用遂其志，洵家之孝子，國之忠臣也。《書》曰：“爾尙蓋前人之愆，惟忠惟孝。”非若人之云乎？

朴燁傳【甲午】

朴燁字叔夜，潘南人，文康公紹之曾孫，參奉東豪之子也。

燁生而聰穎絶倫，出語輒驚人。祖應川嘗夜呼燈，命燁賦詩，應口而對曰："燈入房中夜出外。"又從隣兒遊崔公有源第，値其出大書壁上曰："主人山上山，客子口中口。"崔公歸問，群童皆畏不敢對，燁曰："吾所爲也。"崔公見詩而心許，及聞以實對，益奇之。

稍長豪横不羈，狎侮諸少年出其右者，諸少年讋伏，無敢抗焉。母病革，燁進指血而甦。壬辰倭寇至，人皆鳥獸竄，燁負祖母避兵，備經危難，旁救親族，得免於亂。時天朝將士久駐我境，見燁嫺華語，且善屬文，每有酬唱，嘖嘖稱賞，至撤所乘，俾赴試闈。

丁酉登文科，典職內外，功庸皆興。及從事于統制營，始統帥閱武，或數十日未能卒事，時吏又請期。燁曰："今日須早閱會飮。"統帥笑曰："此大事也，未嘗聞旬日而畢者，何言之易？"燁曰："請爲公日中而畢，且從公遊。"統帥許之。燁令諸軍列戰艦洋中，從艦上各露兵刃向外，乃自從飛船擧砲而出，序列而閱其利鈍已，令出弓弩以待，擧砲不數遭而事已訖，果日中而返，倏忽如神，一營大驚。自是遂相踵，爲故事云。

記性絶人，一見能終身不忘。以量田使赴湖南，有問州縣田畝多寡與其主名、占等高下者，輒應對如響，遂雜取田籍以問，亦不錯一字，人皆驚服。爲咸鏡南道兵使，見城池矮陋，闢而大之，不踰月而告完，形勢壯偉，屹然爲關塞保障。及爲平山，亦諏形勝築城。特命進秩，又爲平壤、成川、義州三邑。以黃海兵使陞平安道觀察使。燁莅西土最久，令行禁止，遠近伏其威。

及爲方伯，見關西爲朝天孔道，民物殷盛，又與女眞接壤，俗桀驁，有與建虜闌出入爲中詗者，重以國家新去亂，上下苟幸姑息，以故邊郡無備，尤不可爲。於是益思振刷，凡有規畫，鑿鑿中窾，吏不能售奸，每號令嚴峻，遇事風生，一路股栗。皇朝人亦聞其治行，每見我人輒曰"使朴燁久於此，爾國無西顧之憂"云。燁按道六載，爲治如一日。於是名聲益著，虜相戒不敢近塞。

時光海政亂，至有金墉之變，燁痛惋輒形于色曰："觀李爾瞻所爲，終必簒奪而後已，吾不可以坐視。"至欲募人往刺之。及爾瞻以儐使至，燁往瞻所，適有母告子不孝者。燁遂致其子於庭曰："母子，天性也。人而不知愛其親，卽王法所不容。自有天地以來，不知母而得保首領者，惟爾瞻一人，天下豈有兩爾瞻哉?"卽置之法，左右莫不震慄。爾瞻亦俛首愕眙，然卒不敢有螫也。

壬戌建虜將謀東搶，屯兵於江北，燁亦擁兵而前。虜問知爲燁，乃曰："吾爲遊獵而至耳。"遂引去。神於譏詗，虜動靜虛實，無不洞曉，常若目擊。或潛取虜酋紅兜，飾金而還之，虜以爲神，終燁之世，不復逞其志。

癸亥仁祖反正，時內亂甫靖，而衆志危疑。諸勳臣謂"燁之夫人與廢主爲姻親，不能無私於廢主"，又慮威名太盛，乃曰："燁用法殘酷，威制西路，今不置辟，恐有他虞，有若變生於肘掖。"以濫殺爲罪，竟賜死。

時都元帥韓浚謙開府中和，命元帥發甲兵捕燁。韓公曰：“叔夜豈待甲騎而死者哉？”爗聞變不動，見元帥傳令，始下庭受命，而猶不知時事已改，謂金吾郎曰：“願聞罪名而死。”郎爲言改玉，爗歎曰：“諸功臣忍致我於此極耶？”臨刑使人謂其妻曰：“吾故無罪，今所以至此者，殆以夫人故耳。”又取管餉錢穀簿，使遺元帥營，蓋慮身沒而有所乾沒也。遂促令繫頸，引索而絶。金藎國代爲觀察使，許民報仇，於是怨家群起，構變無不至。韓公見錢穀簿流涕曰：“爲國家任事如叔夜，而亦不免於禍乎？”遂誅首亂者，朝廷聞之，亦罪藎國而許其歸葬。

始爗見金昇平瑬，贈紅氈與油瓢甚富。昇平未解其意，及擧義日，割紅氈爲標信，用油瓢備士卒禦渴。爗已知有靖社之擧，可異焉。被禍前夜，遊營下之法首橋，有詩云：“一路關西伯，千年法首橋。知應今夜月，長作可憐宵。”蓋讖也。

外史氏曰：昏朝斁倫，擧一世靡然和附，居廢主姻戚者，尤先意逢惡，惟恐或緩。而爗不惟不投合時論，又嫉之如仇讎，至面斥爾瞻而極矣。不究其情實，直以形跡疑似而置大辟，是豈聖祖本意哉？金昇平諸人恐不得辭其責也。嚴酷嗜殺，固所以招禍，而嚴酷者豈盡死罪哉？功足以掩過，而不盡其用，惜哉！爗死後五年而有丁卯之亂，又十一年有丁丑之亂，虜騎長驅，民莫敢格，人皆謂：“若使朴觀察在者，豈有是哉？”閱二百載而一國之口同，豈有所私而然哉？當時有蔣童子者，隱於市肆，聞爗殺死歎曰：“此盜之招也。”慨惋屢日云，是所謂“乃壞萬里長城”者歟！曾謂元勳之謀國，反不若市肆之童子乎？

兵使楊公傳【丙午】

楊治，淸州人，其先出關西夫子震。曾祖起隨魯國公主東來，封上黨伯，祖之壽贊成，父天震判戶曹，三世俱選淸白吏。公業韎韋，仕至兵馬節度使。端廟初服，見皇甫、金、鄭三相臣被禍，卽棄官遯于抱川山中。及端廟遜位，每月朔朝，着公服東向越中，涙下如雨。端廟昇遐，歔欷煩冤，如不欲生，不出山門以終身。

有詩云："世事茫然已白頭，千年遺恨子規樓。榮名武勇今何用？但願歸從六鬼啾。"又云："菊委霜降日，松落歲寒時。物色猶多變，吾心斷不移。"仍號退隱，此其所以志也。兪忠穆公應孚曾居抱川縣南之漠洞，一鄕髦士卽遺墟設壇祭之，以楊公追配，祝曰："菊委松凋，丹心未移。東風灑涙，彼美之思。"是爲紀實云。

梅山居士曰：莊、光之世，抗義自靖，遯世長往，至沒世而無悶者，苟非豪傑之士信道篤而取義深者，亦何以與此哉？成、朴六臣判熊魚之取舍，死非得已；金、南六臣與鹿豕而爲群，生非所欲。慷慨從容之間，所行不同，而皆出於至誠惻怛。如楊公者，卽生六臣之流，而無愧爲楊嬪之從叔，且處兪忠穆之鄕，而配侑於忠穆，所以殷之三人各得其本心而同歸於仁者歟!

孝子吳公【載能】傳【壬辰】

孝子吳公載能字伯奮，海州人，統制使瑛之子也。性於孝，父母意所向，必先捷承，無毫髮違者。有弟孩，夜輒啼以攪母睡，公每置孩袴褶中，以止其啼，母以安寢。父患阿睹，公廢應擧，專心救護，十年如一日。室雖闇，未嘗呼燈，有呼者泣曰:“吾輩自朝至暮，無非明時，顧不耐暫時昏，乃促燈求明乎?”父又患痢，思西、眞二瓜，懼妨疾不進，後遂終身不食二瓜。父歿毁瘠幾不能全，送終盡禮，祭必七日齊。夫日沐浴具冠服，跪坐終日，躬視具饍，必極蠲潔，哀隕號絶，若喪之初。

母性嚴酷，公自爲嬰兒戲，供母怡悅，以見笑爲度。母多疾病，公屛絶人事，頃暫不離側。衣時其寒燠，味適其酸醎，一日屢更衣易饌，而服勤不差，夜帶數十年，亦不告疲。母一嗽蹶起奉壺，母一動急出整屨，夜必躬爇，恐非時起，婢侍怨歸於親也。凡係承奉，雖甚病不委子弟，雖鄙事不任僕御。每侍食，母和菜，公亦和菜，母澆水，公亦澆水。己雖所嗜，母不食亦不食，其所不嗜，母食亦食。

常讀醫書試刀圭，以侍疾曠月不交睫，母憂之使之退，退亦坐軒達曙。執廁牏辨色驗味，汲汲如不及。有所得輒獻，恣其所欲用，子孫婢使，厚其所愛，居恒秪知有父母，不知有厥躬。故四十髮盡白，六十而愈不怠。母曰："孝哉吾兒！人雖有十子，疇若吾兒之所爲乎？"

朝廷高其行，授寢郎，人勸之仕，則曰："有二弟，皆專城足養，吾何忍曠吾母側？"一謝而遞。母以天年終，皓首爲孺子泣，吐血無數，及至葬，天大寒，侍柩達宵，哭不絶聲。病益谻，將絶猶言："上食何晩也？"及喔聲在喉曰："朝哭何遲也？"遂卒，母服未期也。

母待子婦少恩，婦不慊于母心，則不與婦語，底豫而后已，母不與子婦食，公懷餠而投之，不貽母惡名。婦積憂而死，胤子煩寃號咷，公戒之曰："汝靡我不生，汝何忍慽我？"子不敢哭云。是所謂"不別立則，不强制行，而身與孝爲一"者耶！

公師事貞菴閔文簡公，沈潛經訓，鑽研名理。晩好廣巖朴公聖源所著《敦孝錄》、《禮疑類輯》，遂沒身誦法，又爲之續輯，以行于世焉。公雖至行根天，而獲親有道，薰染有素，則學問之功，亦不可誣也。卽其日用彝倫之間，上溯而爲追報，旁達而爲友愛者，不可勝書，而孝爲大節，故士林擧其行于朝，旌其閭曰"孝子之門"。

贊曰：余家南山之下，尋公舊隱，維石巖巖，蒼松冠列，此公所以自號"友松"也。惟公精靈赫赫在松石間，想見其爲人，曠世而猶然，況相去之不遠乎？低回久之不能去，歸述其傳，用敍其愛慕云。

金庾彦傳【己酉】

金庾彦字君實，江陵人，移居德源之忠谷。祖益濱以孝旌閭，父致基亦以醇謹稱。庾彦視短口吃，形貌不揚，而生稟至性，於父母有深愛。稍長好學，尊信經傳如神明，治功令業，旋去之曰："富貴，人之所欲，所貴乎富貴者，以其博濟也。委巷之士下帷窮經者，獨善其身而止耳。"慨然有志於陶朱之業，力田畜殖，數年致貨財，歎曰："寧負於富，毋負於貧；寧負於生，毋負於死。"

汲汲於匍匐，視疏屬如至親。沴氣孔熾，親黨鄉隣皆閉門塞路，而獨冒風雨犯昏黑，問病哭死，如渴赴泉，而身卒無恙，人謂神明之力云。平生所瘞殭屍暴骨，殆不勝數。推及於微物，忌鷹蜂之家，憎罟擭之事，虞禽網獸、涸鱗困介，見必放生，其存心仁愛如此。

所居不蔽風日，衣不完采，食無滋味，而喜施惠，急人之難，甚於己私。嫉惡如仇讎，見善如己出，人多嗤點而不恤也。有膂力能擧半千斤，而不少概見。重信義，有朋托妻子遠遊而客死，其妻去堂，嘗爲之愍惻，幾乎成疾。

師事慶州崔一心，至誠服勤，自任身後之責，及師沒克踐前言，薦芬苾禁樵牧，務盡志力，曰："吾死後必不逮生前。"將營墓田，用圖永遠。有偸葬於師塚之傍者，要其緩頰，願爲之置田，辭曰："毁吾師之屋，以供吾師，是豈可忍乎？"久爭不得，乃私掘其潛埋者，自見就縶。人有言講解之道者，乃曰："犯科被勘，理之常也。惡可倖逭？"囹圄桎梏，備歷痛毒，而處之恬然。赴謫富寧，風土荒寒，人不堪苦，而視若樂地。苟非報生以死，死生不易之苦心，亦何以與此哉？

妻李氏，全州人，生有淑德，及嫁善事舅姑，克殫誠力，鄉隣咸稱"孝子之門，孝婦出焉"。及庾彦北遷，爲夫師墓禁護祀享，如庾彦在時。昔之偸葬者，覸庾彦遠謫，復爲潛埋。李氏謂二子曰："乃翁昨年，以犯掘被竄絶塞，歲未期，而彼人更爲肆凶，詎可晏然而已乎？乃翁旣爲師抵罪，汝曹當爲父所當爲。爲父爲師，其義一也。"携二子往，直犯厥塚，其人知不可回，終自移窆。先是庾彦有友托妻子遠遊不返者，李氏曰："妾聞朋友處五倫之一。君子旣盡分於師友，妾豈不思所以順志乎？"推衣食以養其家眷，待友人之歸焉。

梅山居士曰：師生之倫，與君親班，而學絶敎乖，識斯養者尠矣。以故逄蒙反射，邢恕寢皮，其所以賊害世教者，幾致天壤易處，嗚呼！可忍言哉？金庾彦之於崔一心，未必是傳道授業，如古升堂入室之類，而其爲師盡倫者，無愧於往哲焉。昔有營墳負土，服斬居廬者，而未有不顧性命，用全塚宅，如庾彦之爲者也。且其妻李氏爲其夫致誠於師友，至令潛埋者自掘，是豈苟然哉？

夫孝弟，爲仁之本，而庾彦世篤至行，行滿家庭，故其所孚感於妻孥者乃爾也。程子曰："信者無僞而已，於天性有所損益則爲僞。《易》曰：'天下雷行，物與无妄。'動以天理故也。”庾彦其有聞於斯義歟？愚平生樂道人之善，常恐草萊之間，或有一善之遺者，聞庾彦行治，不勝其愛慕，力疾立傳，用警世之不盡分於尊師者。

清溪朱公小傳【己酉】

朱潛字景陶，號清溪，朱文公曾孫也。文公先生仲子埜生四子，鉅、銓、鐸、銍。鉅又有四子，淵、洽、潛、濟，潛克紹家傳，杜門行義，爲髦士師法。見權臣執命，主和誤國，無復修攘之義，居恒鬱悒忍痛，一日讀《論語》“欲居九夷”章，慨然興感，呼門弟子誡之曰：“海外青邱，箕聖攸封，而素稱其禮壤，吾屬可居。”携葉公濟、趙昶、陳祖舜、周世顯、劉應奎、陶成河七人，浮海而東。送者悽歎，歌曰“採西山之薇，酌東海之水，以餞有往無來之行”云。舟泊錦城仍居焉。

元人聞宋朝遺民多出東國，使高麗押送上都。於是大索諸道，公變名積德，自羅州逃隱綾城之考亭里。又値三別抄之亂，遂移龍潭之仁夫里綾、羅間，故老指點其遺墟曰“華人朱學士所居”云。元人將征日本，督高麗造戰船，又使採金，民不堪命，王遣公之孫悅如元，書陳利害。時公弟濟隨宋恭帝在元，見悅朝服行禮，歎曰：“自我播遷，混於左衽，不圖今日復見舊儀。”問知其爲清溪之孫，大加敬異，相對涕泣，恨不隨兄東出。

又有朱指南者，正宗辛亥，隨使行入燕。時寶謨閣試藝諸學士有朱學年，文公二十五世孫也。移席執手曰："君才氣既如此，　姓又同我，　我世譜所謂'東出清溪公'無乃爾祖？" 指南曰："然。" 學年又言"世譜有曰'先祖諱濟，隨宋恭帝在元，見朱悅而知爲清溪公之孫'"云。

梅山居士曰：清溪公避地東來，未幾天地翻覆，宋祚屋社。江南民物擧皆殘滅於干戈腥羶之中，幸而免者且椎髻左衽，蒙汚辱苟全。公之子孫，能以衣冠祀其先人，不失中華禮義之風，文公家禮於是焉在，可驗公明理知幾。其事甚奇，信以傳疑、疑以傳信者久矣，旣載《東史補遺》及《宋秘書閣日記》。

竹泉金文清公文集又有云："公依唐本記述文公行狀，而清溪公潛當宋季，與七學士東出，卽宋寧宗嘉定年間也。後學呂履追錄。" 唐本記卽皇明益藩所刊《君臣圖鑑》也，是可以考信。而正廟下教若曰："貴哉，朱之爲姓！雲谷、武夷以地名之近而尊尙，　況朱姓窮天地亘萬古？　凡有血氣者，孰不愛尊？" 仍命其後孫蠲役。古語云："衆言殽亂折諸聖。" 正廟，聖人也，惟當竢百不惑。然則詎可與孔氏之東來者差殊觀哉？

進士徐錫麟傳【丁酉】

徐錫麟，達城人，治公車業，早成進士，以行義聞於一路。與浮屠希有善，希有亦以戒律名。嘗與之偕行，天曛失路，入深谷中，即盜藪也。盜欲奪錫麟衣，希有曰："毋。不聞彦陽徐進士乎？"盜羅拜曰："然乎？若徐進士，吾不敢也，師可奪衣。"錫麟曰："止。此乃希有大師也。"盜又嗟歎曰："聞師名久矣，吾又何敢？"遂護出洞外。

一日錫麟令家僮買瓜，僮向市，路傍有橐而無主，視之乃錢數十緡也。遂守橐不去，日且暝，橐主不見。僮泣，過者曰："何泣也？"僮曰："吾守此橐，橐主不出，橐不可棄，瓜不可買，是以泣耳。"過者感其言，旁求橐主，主得之大喜，厚謝僮，遺厥錢半，僮不受，遂買瓜而去。其潔行之孚感者如此，豈不誠高士哉？崔天翼，興海吏族也。能文章，與錫麟善，錫麟死，詩以挽之曰："里僮亦化先生義，山盜猶知處士名。"乃紀實也。余夙從著菴俞公聞其事甚悉，追述爲傳，用警于言行矛盾者。

丁希泰傳【壬寅】

丁希泰，禮山人，性於孝，親癠割指，失血過多，毁瘠以終身，又好禮敎。學醫原人氣血經絡骨髓、陰陽表裏，以通百病之本、死生之分，尤妙契脈理，施調百藥，往往奇中焉。

志氣骯髒，雖被權貴所邀致，棘棘不阿，論病外不交一語。及選爲內醫，鄙首醫康命吉爲人，不加禮數。命吉援內局故例以責之，希泰曰：“故例豈其盡是乎？”以故診上候議藥多奏效，正廟稔識其精於術，累欲施賞，而命吉輒媒孼其短，不盡其用。然亦不少降志，怨尤不形于辭，下僚皆躋崇資佩郡符，而視之若浼。

當世賢士大夫待之如朋友，而亦無驕矜色。李公述源嘗遘癘瀕危，希泰時持被內院，乞暇其僚，僚不肯。希泰請棄官往救，提擧服其義，不許去任，任其所欲爲。希泰卽赴李公所，殫誠療治，賴以回甦。并時如醇菴吳公及胤子寧齋、老洲兩賢，皆愛好無已。君善鑑衡人物，嘗贊寧齋爲當世第一流。好讀書，尤工於《易》，破屋數間，不蔽風雨，而兀然手一卷書，聲若出金石。著《易說》，師心自得，不苟從《傳》、《義》。老洲吳公勸其先讀四書，然後研《易》，君篤信其言，而以老未窮四書名理爲恨焉。

居恒蔬糲不繼，每公會同僚傳餐，勸以綺饌，而不下箸。有崔生者供役于地部，與貢員爭訟，度支長被先入之嗾，終不可回。其人告悶于君，君卽造度支所，爲言：“明公之智，孰與子產，而能免其方之見欺乎？”度支長驚謝而立改之。崔生往遺以千金，希泰笑而却之曰：“吾之爲汝謀者，以直而見屈耳。汝待長者不當乃爾，更勿見我。”崔生不敢復言。時擧家饑臥，而不易其介如此，是所云“志士不忘溝壑”者歟！

余與金公宗善評君爲人曰：“醫流中儒者。”金公曰：“何許儒者乃能及斯人乎？”余嘗謂君曰：“君沒後當爲之立傳。”君笑曰:“顧無可傳之實, 而亦不願傳後。”及君患背瘡, 却藥不服。余往問病, 君執手云:“人事到此。”了無怛化意。勉以藥治, 竟不聽而死, 時年七十餘。士大夫莫不悼惜, 爭致賻以庀喪。

梅山居士曰: 閭巷之人欲修行立名者, 往往有所爲而爲, 不純乎天理。希泰讀書, 懷獨行君子之義, 而不苟合當世, 終身褐衣疏食不厭死而已者, 誠無愧季次、原憲。而二人者皆親炙聖師, 長貧賤不改其操固也。希泰天分甚高, 不待砥礪, 而自然中度, 聲施一世, 莫不稱賢, 而忘情於名譽, 是爲難耳。苟聞君子之大道, 則不止爲醫師之良, 惜哉! 然古人云:“醫者非仁愛不可托, 非聰明理達不可任, 非廉潔淳良不可信。貫微達幽, 不失細小, 如此乃可謂良醫。”希泰有焉。

愍貞嬪楊氏傳【丙午】

楊氏者清州人, 縣監景之女, 贊成事之壽其曾祖也。世宗朝選入後宮, 封惠嬪, 擧三子, 漢南君𤥽、壽春君玹、永豐君瑔。辛酉顯德王后誕端宗于東宮, 九日而薨, 世宗擇嬪御中賢者, 命楊氏保養元孫。楊氏勠力調護, 致謹其飲食起居, 元孫生有聖德, 而楊氏養正之功多焉。時世宗、文宗相繼昇遐, 宗英布列, 國勢危疑, 而惠嬪隨幾應變, 衛安聖躬者，靡極不至。

至乙亥世祖受禪，納傳國璽，惠嬪據理喻之曰："玉璽，國之重寶。先王有訓，非世子世孫不傳，吾雖死璽不可出。"卽日被後命。永豐君以雲劍入侍，同時就死。漢南君謫咸陽，丁丑與錦城君謀復上王，事泄被禍。

肅宗癸巳，命封惠嬪墓而失其處。正宗辛亥，賜惠嬪謚曰"愍貞"，御製侑文曰："嗟惟楊氏！昔年阿保。譽著周嬪，功邁漢姆。歲丁柔兆，禍延椒闈。二子幷逝，六臣同歸。異代滂母，女中穀仁。鵑啼古樓，春返新壇。義起千秋，禮掇諸賢。尊惟六宮，祀豈一體？往事敢言？愴懷冞摯。禮擧易名，惟愍及貞。錫以中心，匪由太常。爰命造版，俾延其祀。事若待今，恩實曠古。伻官致祭，庶歆斯侑。"又謚漢南曰貞悼，永豐曰貞愍，配食于莊陵忠臣壇。

梅山居士曰：嬪處英陵貫魚之列，用敎九御，盡內宰之職，受阿保之任，輔養元孫，形神俱竭，而不弛其勞，終能秉義守經於桑海貿遷之際，於乎烈哉！婦人性柔，疚怵於禍福，牽制於子姓，不自主張者多矣。如嬪者遭遇光廟，亦可以安富尊榮，而秖知有端廟，不知有己子，子母同日幷命而不悔，是所云"天地變化，我得其正"者歟！孤忠炳朗，與日月爭光，是可以歸拜英陵而無愧也。英陵內治之盛、則哲之明，於是焉可見矣。逮健陵之世，顯忠遂良，發潛闡幽，賜謚致侑，又配食嬪二子于莊陵，屈伸顯晦，自有其時，是可驗天道報施也。然苟非嬪滿腔熱血不朽於化碧，亦何以致此哉?

李烈女傳【庚戌】

烈婦李氏,良家子也,爲灘隱金忠簡公副室。昏朝金墉之變,收議于百僚,時忠簡公不參庭請,托疾在家,將獻議。李氏在傍曰:"此事係關三綱,不宜草率。"急走人灒谷,邀文貞公,文貞公卽忠簡公再從孫也。李氏躬進筆硯于文貞公曰:"此人臣效死之日,公必精思盡意,以明大義。"忠簡公與文貞商確成文。旣獻配江界,後移務安,李氏隨謫所,行險數千里,備經侘傺,而安之若命。

西宮儺變,訛言傳播,謂大妃已不幸,公痛哭終日,仍廢寢餐。務安倅辛弘立有時候問,李氏在洞房聞勸食肫摯,語弘立曰:"吾公已定一死,於義宜然,公勿强勸。"弘立嗟歎而去。忠簡公竟卒于謫,李氏治喪盡禮,隨柩而還于平丘,語族戚曰:"吾公以此時死,死得其正,何以慰爲?"遂自裁。從葬忠簡公兆次,用遺願也。

梅山居士曰: 姆師酒食之議、女功纂組之繁、茂蘋藻之雅訓、協沼沚之芳猷,是爲古昔哲媛之行,而未聞勸夫子以成仁取義。在齊體猶然,況賤妾乎?"梁鶩鶴林,寔勞我心",詩人亦嘗云爾,而其能全節而下殉者且鮮矣。如李氏者未必敦詩習禮,而服君子之敎,實見得是非,所樹立如此,豈不誠千古綠衣中一人哉?

夫明君臣之大分，識天下之大經，守死而不變，斯可謂之義。故曰:“處物爲義。”是吾心之得其宜也。得之不喜，喪之不戚，生之不貪，夭之不怒，其視利害禍福，如波濤之於巨石，亦惟循吾義而已。忠簡公有焉，以至廢食而死，未可謂過於忠者也。李氏之勉君子致命遂志者，比忠簡公又加難焉。因之決性命，下從九原，用畢志願，詎不是“知終終之，可以存義”者耶?

趙烈女傳【癸丑】

趙烈女，任實縣玉田人，私奴金覺妻也。有懿行，爲鄉隣所豔稱。其夫上柿樹摘柿子，蹎足墮地，嘔血而殞。烈女懷孕四朔，見其夫頃刻命絶，吮血號天，卽夜自裁，同日而幷窆。時家君知縣，厚庀葬需，仍報其事于道伯，用請旌表。

贊曰:婦女殉夫，如天崩而地壞，其理固也，然而下從者鮮矣。或有之，而近則朞月，遠則三年，未聞如趙烈女之當日幷命者也。趙烈女，下邑奴隷人之婦也。目不見詩禮，耳不聞理義，不知終身不改之爲常經，況夫死而死乎?氣義攸感，決性命於造次，是所謂“慷慨殺身”者歟!烈哉烈哉!

妓瓊春傳【庚辰】

余讀《禮》之《儒行》，有“委之以貨財，淹之以樂好，見利不虧其義；劫之以衆，沮之以兵，見死不更其守，其特立有如此者”。如此者責之於儒行，尚云其難，況于女子乎？又況于賤娼乎？以賤娼而有此行，則至難得也，至可貴也。卽其居無苟合，動不悖度，挻操而罔屈，處亂而非汚，則眞烈女也，豈不賢於誦法詩禮之女士哉？

余遊粤中，到錦障江上，讀瓊春碑，仍得其事甚詳，可異焉。其傳曰：瓊春，寧越妓也。有色而美，爲知府李萬恢所愛。及去春以初許身，秉節無貳。後知府之客見而悅之，威怵而利疚之，欲奪志乃已。春終不聽，屢被箠楚，脚爲流血，知竟不可免。一日盛服入，言笑自若曰“儻蒙數日寬暇，當調護病喘，惟命之從”，其人驚喜而許之。翌朝往展其父墓訣也，歸爲諸弟櫛髮，偕往錦江上石壁。壁峭絶，下臨深淵，歌數闋，泣下霑裳，悲恨不自勝。紿諸弟使去，卽翻身投水而死，壬辰歲之十月也，時春年十六。家人奔往拯之，有物隱映於衣襟，坼而視之，乃李知府筆也。嗚呼烈哉！是所謂女爲悅已者死耶？所謂見死不更其守者非耶？

天德山人曰：昔端廟陟方于越也，宮人咸殉節于錦水，致命遂志，凜凜有生氣，名其地曰“彰烈巖”，卽祀于傍曰“愍忠祠”。瓊春亦死于其側，聞其風而作者歟？抑氣義相孚，曠世而同歸歟？世皆視娼妓以鶉鵲，不復以人理處之，是在位者之責耳，豈娼妓之性然哉？誨淫而譏其不貞，是猶强酒而惡醉，豈人其人之道乎？瓊春自知不更二夫之爲烈，而能辨大節如此，詎不尤難哉？是爲出於淤泥而不染者耶？

天道貴信，地道貴貞，不信不貞，萬物不生。春屬下邑賤籍，其年纔過笄耳，未嘗養廉恥修禮敎，而乃信乃貞，克自樹立，人受天地之中以生，無古今尊卑之殊者，彌可見於此矣。越妓傳習其俗，不底淫辟，至今多守一而不貳。有蓬萊月者，被試官李應奎一顧，十年守身，矢死靡他，知府酷刑以脅之，猶不改其操，卽不死之瓊春也。嗚呼！是孰使之然哉？丁丑紫袖之烈，有以啓之歟！

梅山集

卷五十二

雜錄

雜錄

《詩》、《書》不言"理"字。惟見于《易·系》，曰"易簡而天下之理得"，又曰"察乎[1]地理"，幷無一字訓詁。至《說卦傳》曰"和順於道德而理於義，窮理盡性以至於命"，《本義》始釋之，曰"理謂隨事得其條理，析言之也"。理之得名，條理之謂，隨事而析其條理，是爲窮理也。《孟子》始言"理義之悅我心"，則認理爲善。荀況《不苟篇》亦曰："誠心行義則理，理則明。"況知理之爲善，而不知性之純善，其將分性與理而二之乎？惜哉！

陽精之宗，積而成烏，陰精之宗，積而成象兔、蛤，孔雀聞雷而孕，象聞雷而花其牙，犀見月而紋其角，皆是感應而然。非惟物也，人亦然。氣化者，專稟天地之氣，而形化者，男女構精，天地之氣亦爲之感應而成人也。稟天地之正氣多而受父母之氣少者，舜、禹是已，有父瞽、鯀而爲聖人也。稟天地之游氣多而受父母之氣少者，朱、均是已，有父堯、舜而不肖也。

1 乎：《周易·繫辭傳上》에는 "於".

聖人主理，釋氏主氣，不惟釋氏，凡異端百家之流，咸主乎氣，認氣爲理。故其流之弊，至於惑世誣民，充塞仁義。氣之本豈惡哉？任其雜糅不齊，而靡所準則，故流而爲惡耳。

尙氣節者，易致麤豪；工文章者，多歸浮誇。二者皆妨於造道，是爲古今所通患也。聶雙江《困辨錄》有云："氣節、文章二家是學者二魔。聖賢旣遠，道學不明，士大夫不知用心於內以立其本，而徒以其意氣之盛以有爲於世。"斯言痛切，可作徇名忘實者之戒。

德者，才之體；才者，德之用。無德而有才，卽無體之用，何所行而能周，何所施而克利乎？甚則凶國禍家，吁亦可怕也哉!

文生於質，質亡則非文；才生於德，德喪則非才。

體用一也，有體則有用，有用則有體。而康節謂"老子得《易》之體，孟子得《易》之用"，是分體用而二之也。老聃無其用，是無體也；孟子有其用，是有體也。體用俱全，所以爲聖人，而康節秖許其用，無亦淺知孟子乎？

苟志於道，則不遑爲摸擬假借，摸擬假借者皆僞也。揚雄述《太玄》、《法言》，用倣《易》、《論語》，龜山所謂"誑後學"是也。王仲淹一生僭擬孔子，《中說》、續經，亦倣《論語》、《詩》·《書》，晦翁所謂"小兒竪屋"，無容改評。揚、王俱未聞道，見識甚卑，不識孔聖地位之不可襲取、六經文字之不可復作，秖見其愚妄也。若至許穆，則名其稿曰《記言》，亦出於摸擬《論語》，駭哉！

紫陽之學，一傳爲黃文肅，再傳爲何北山，三傳爲王文憲，四傳爲金文安，五傳爲許文懿。金、許兩賢，以有宋遺民，畢生自靖於鐵木之世。六傳爲宋文憲，值大明之中天，贊一初之制作，其功亦韙矣。七傳爲方正學，以一身而任萬世綱常之重，是爲朱子正學之所究竟也。

古所謂"詩禮發塚"者，卽以假借經術，行凶作惡，如椎埋者之爲也。揚雄·劉歆之失節喪軀、馬融·王安石之戕賢害正，其不爲"詩禮發塚"者幾希，得志，則流毒餘烈，靡有紀極。讀書者知所以戒之哉！

學術之偏正，關世敎之汚隆。皇明中葉以還，王守仁、湛若水輩爲邪說之嚆矢，喙喙爭鳴，猖狂恣睢，以致夷狄之亂，是所謂凶國禍家也。淸人入主中國，以尊信朱子爲治法之第一義諦，用此爲賺得英雄之術，以毛奇齡之工訶朱子，罪其人而毁其書。厥享國數百年，卽是崇奬正學之功也。

近來有所謂阮元者，以吹覓宋儒爲宗旨，其所著述，無復倫理。又有汪中者，著所云《述學》，譏斥孔聖，無所不至，是何異於詬天罵日哉？自有生民以來，未有盛於孔子，而天覆地載，無不尊親。古往今來，詖淫邪遁，亦復何限？而猶不敢向孔子刺貶，至汪中而靡所忌憚。世界方入長夜，便是天壤易處，而造妖揑怪，至於斯極，幾何不人類消盡也？虜運將窮，故致妖孽之先見耶？

古人云"神仙，造化之賊；霸術，王道之賊；黨論，國家之賊；文弊，政教之賊"，而黨論有陰陽、淑慝、忠逆、邪正之分。小人之黨不可有，戕賢毒正，馴致於凶國禍家；君子之黨不可無，矜式標準，馴致於尊主庇民。何可混稱黨論之賊國哉？

濮議之初，歐陽公引《喪服》"爲人後者爲其父母"之文，謂自古無以所生父改稱皇伯者。卽不辨不貳本之義而云爾，非要其追崇私親，迎合君心也。韓魏公嘗詡歐爲天下文章，故於斯禮也，惟歐說是信，至欲尊濮王爲皇考，卽見不到耳。其心豈欲與璁、蕚輩同歸哉？ 然見譏於馬、范兩賢宜哉！溫公議中言"政府云'爲人後者爲其父母服'者，不謂之父母，不知如何立文，此政府欺罔天下之人，謂其皆不識文理"，斯言痛切，不可易也。然溫公爲作魏公祠堂記，稱其有大功於社稷，爲神祇所相佑。知其心斷斷無他，故不嫌其誤禮也。

韓、歐、蘇三公，俱不眞識孔、孟。故韓退之幷稱孟、荀而曰："二儒者優入聖域。"其讀荀文，則曰："要其歸，與孔子異者鮮矣，猶在軻、雄之間。"又幷稱孔、墨而曰："不相用，不足爲孔、墨。”又曰：“已之道，乃夫子、孟軻、揚雄所傳之道。”此外種種醜差，莫之勝說。若至歐陽公，則以《繫辭》爲經師所作，以性謂非所先。而東坡謂：“五百餘年而後得韓愈，以配孟子，三百餘年而得歐陽子，其學推韓愈、孟子以達於孔子。”未知所配者何道，所達者何事。

韓則雖云“因文入道”，而可謂“望道而未之見”，況體道乎？歐陽則本領猶不及韓，而蘇之贊美，幾於聖人，其曰“論大道似韓愈”者，亦過矣。不惟不知孔、孟地位，亦不知韓、歐分數。其見之誤，至於認武王以非聖人，而認荀彧以聖人之徒。苟不聞道，雖以三子者之文章，而其蔑識如此，況其下者乎？

司馬涑水不信鄒聖，至著《疑孟》，而涑水之子公休爲哲宗言“《孟子》爲書最醇正，陳王道，尤宜覽觀”，至爲《孟子節解》以進。劉器之平生喜讀《孟子》，剛大不枉之氣，得於是書。苟其得正，則不苟徇父師者乃爾，如是者方可爲永世法也。今人謂出於父師，不計其是非得失，惟紹述是務，往往彰前人之愆，而增後世之謗，曷不以馬、劉兩公爲則哉？

廉節著《經世書》，題曰“堯夫呈堯夫”，作《無名公傳》，“問于天地，天地不對”，此便是把弄上天，而以天自處也。程子之譏以“無禮不恭”，卽以此也。花潭贊其所著，曰：“見到千聖不盡傳之地頭，勿令中失，可傳之後學，遍諸華夷，知東方有學者出。”自信太過，其言不讓，與康節同。兩賢皆由數而入道，故同一證情歟？

蓋主理者順理而安行，故其辭遜；主數者任氣而自用，故其辭誇。陸象山天質粹美，嗜慾不行，歷選幷世，尠與倫比。而闊略問學，多欠見識，尙論人物，全無準則，有曰："李白、杜甫、陶淵明皆有志於吾道。" 陶、杜謂之近道則可矣，謂之志道則未也。至若李白，贊永王璘叛逆，可忍以志道許之乎？又記王介甫祠堂，曰："掃俗學之凡陋，振弊法之因循，道術必爲孔、孟，勳績必爲伊、周。" 介甫之毁經亂道，執拗誤國，固不免萬世之罪人，可忍贊美以聖人乎？孔子曰"不知言，無以知人"，非子靜之謂乎？

司馬遷曰："伏羲至純厚，作易八卦。" "純厚"二字，下得甚眞。不純則雜糅，不厚則淺薄，薄且雜者，何所於妙契俯仰乎？終古聖神多少制作，莫不本之純厚。

《經世》史云"孫權襲荊州，關羽死之"，康節扶抑之意，凜然乎其間。《綱目》"獲羽斬之"四字，不能無憾。惜乎，不從《經世》筆而襲《通鑑》文也！

《經世》云"建成、元吉作亂，秦王世民誅之"，幾與《通鑑》"諸葛入寇"同科。《綱目》則曰"秦王世民殺太子建成、齊王元吉"，此爲得正也。

以兩賢明睿眼中，宜無遁理，而善惡之易見者，猶不免得失乃爾，儘乎，尙論古人之難也！

作史要有翦裁，而《宋史》氄雜繁碎，全欠權衡，殆不成義例，脫脫輩所作爲，宜其然也。皇明太祖設局改纂，命宋濂摠裁，以濂之竄而其事遂已，惜哉！有王者作，必擧皇朝未遑之典也。所謂《遼》、《金史》，亦與《宋史》同出於脫脫，尤無體裁。更正《宋史》者，當附遼、金於載紀，如《晉書》五胡之例，用存華夷之大分。

乾隆著《皇明綱目》，不與弘光、隆武、永曆三帝以正統，又著《通鑑輯覽》，而於德祐以下三帝亦如此，在宋乃爾者，所以爲刊去明三帝正統之張本也。宋、明雖皇輿敗績，國步播遷，而中華之正統則自在也，詎可以輸黃圖於戎虜，而甘自處於屋纛自娛乎？乾隆不知用夷變華之爲罪，居然以《春秋》之處吳、楚者處宋、明，天下萬世，豈肯信其筆而不辨華夷之大分哉？老酋，其亦無忌憚之甚者哉！

歷代稱天下戶口，爲近世最，則亂亡輒隨之。如隋文帝時天下戶口歲增，以致京輔、三河地少人衆，衣食不給，府藏皆滿，無所容，積於廊廡，至闢左藏院以受之。宋徽宗時戶口之盛，載籍所未有，吾東光海君在位十六年，無一歲告歉。而三君者滅身覆國，不在於其子則在其躬，卽所謂“死於安樂”也。驕泰以失之者，塗轍相尋，而曾莫之戒，哀哉！世以屢豐爲光海之讎，以其自絶于天，天不警告也。隋、宋亦莫不然，可但光海乃爾哉？

凡出而需世者，做說不相侔，以時勢然也。始終條理，如合符契者，惟韓信、諸葛武侯兩人耳。韓信拜將之日，已陳傳檄鹹項之策，及舉兵東出，遂定三秦，以成帝業。諸葛武侯亦擧荊、益之圖於三顧之日，及出草廬，竟如其計。英雄皆知時識勢，故其所以揣摩一世者，非閑商量也。前哲許張子房以了債人，而如韓、葛者，亦可謂不負其言也。

子龍辭成都田宅，引霍去病"凶奴未滅，何以家爲之"云而曰："今國賊非但凶奴，未可求安。"其諫東征則曰："國賊是曹操，非孫權。先滅魏，則吳自服。"其見識力量，非關、張所逮，抑亦有所受於先【缺】乎？

《繫辭》曰："作《易》者，其有憂患乎。"又曰："《易》之興也，其當殷之末世、周之盛德耶。當文王與紂之事耶。"馬遷所謂"拘羑里演《周易》"，似出於此，而至云"孔子戹而作《春秋》"、"《詩》三百，賢聖發憤之所爲作"，則謬矣。

陳、蔡之戹，在將赴楚聘之時，時則孔子六十三歲也。哀公十四年庚申，西狩獲麟而作《春秋》，時則孔子七十一歲也。《史記》卽有所據，《春秋》之作，何嘗因陳、蔡之戹，而馬遷云爾何哉？

《詩》之二南，被文王之化，得性情之正。故曰："樂而不淫，哀而不傷。"至若雅、頌，卽朝廷郊廟樂歌之辭，和而莊，寛而密。雅之變者，亦賢人君子閔時病俗之所爲，而出於忠厚惻怛、陳善閉邪之意，何嘗發憤而作耶？發憤則已失性情之正，豈所謂"思無邪"者耶?

以《史記》繼《春秋》，自擬於孔子，而適會奇禍，以就極刑。故必援古聖賢之遭變事者，以其著書謂皆因憂患而作，以方於己事，而全爽其實，不覺其驅率而附會。是亦文人習氣，而幾何不歸於無忌憚之科乎? 左邱《國語》、孫子《兵法》，亦未必在失明臏脚之後，且《呂覽》之成，不韋懸諸咸陽市上，有增損一字者與千金，何曾在遷蜀之餘乎?

"上不御殿，太后不當獨坐"一句語，允爲守經之正論，萬世不可易者也。非伊川，不敢道得，而其不容於朝者，卽以此耳。以宣仁之聖，而不能容伊川，明良際遇，若斯其難乎! 若使司馬公而在者，必應上告下諭，不致狼狽去國也。宣仁后爲蘇、孔輩所誤者，當爲簾政之累，惜哉惜哉!

王安石雅愛馮道，唐子方面駁，曰:"道爲宰相，使朝易四姓，身事十君，玆得爲純臣乎?"安石曰:"伊尹五就湯五就桀者，正在安人已矣。"苟爲安人，則雖失節喪義，爲狗彘之行，亦可爲歟? 使安石而處馮道之地，則其必做馮道也審矣。何其沒見識乃爾也? 宜其傳法護神於惇、京，馴致亡宋而後已也。

薛文淸貢擧於建文之世，而從政于永樂之朝，佔畢齋之於光廟亦爾。揆以出處之義，恐欠得正，是爲責備之意也。

三代之禮，嗣王卽位，在先君喪後翌年，故自從卽位爲元年，是爲正經也。後世則以爲危疑之際，易致覬覦，嗣位不可淹遲，而亦當待成服，如本朝典禮已矣。

宋英宗崩，神宗當日卽阼。當是時天下晏如，亦無近宗嫌逼，而君崩之日，卽行嗣位之禮者，恐非天理人情之所當然也。蓋是宋朝邦禮，而終不能釐整者，竊有憾於群賢也。

西漢高祖、惠、文之崩，嗣皇皆葬而后卽位，斯爲得正也。景帝之喪，武帝當日卽位，繼是以往，惟先帝棄群臣之日，卽儲君纂大寶之辰，承誤襲謬，以汔于宋、明。玆乃景帝短喪之所爲致，而武帝亦安得逃其罪哉?

神宗卽阼之翌日赦，固已大失，而翌日以所生日爲同天節者，亦非山陵前所可爲者。惜乎，韓、歐諸公之不能引君當道也!

天王大漸，嗣子侍疾，卽天理人情之所當然，非直防非常之變也。李唐諸君，死於宦寺之手，任將神器臨時與奪，以致門生座主之目而極矣。趙宋亦不法姬周之顧命。英宗初晏駕，急召太子，未至，英宗復手動，曾公亮亟告韓琦欲止召太子。韓公拒之曰“先帝復生，乃一太上皇”，愈促召太子。其達權通變乃爾，眞社稷之臣也。迨寧宗憑几，亦不許濟王侍疾，至使史彌遠肆凶於易樹。宰相賢如韓琦，則授受得正，惡如彌遠，則儲嗣不保，是爲王家之所宜識戒也。

宋理宗爲史彌遠所擁立，非寧宗遺命也。雖云建白太后，太后爲彌遠所脅制，非太后本意也。濟王無失德，故寧宗不易樹，寧宗只知有濟王，不知有理宗，太后何敢擅自廢立乎？然則理宗之立，非簒而簒也。

眞西山處賓師之位，與建成之王、魏不倫，固無爲濟王自靖之義。但理宗不可事也，不當事而事，是爲失身。惜乎，西山之思不及此也！力請褒恤，不容而去，恐未足以贖愆。退溪稱以“大賢所爲，衆人固不識”，無乃過與而太恕乎？傅伯成、楊簡獨被召不至，此時出處，當以兩人爲正耳。

周世宗改年號顯德而殂，其歲被宋太祖簒奪。宋至帝㬎而亡，年號德祐也。顯德之符應乃爾，可見天道之好還也。

亡國之事非一，而外戚、宦官爲禍最酷焉。《皇明祖訓》不許母后臨朝，故外戚不敢用事，沖辟當宁，任教刑臣壞弄天綱，王振、劉瑾、馮保、魏忠賢四兇終致亡國而後已。鑑戒皇明者，未知如何處之可得時措之宜也。賢士大夫朝夕左右，則庶無宦戚之禍，而每患疏遠，輒被近君者所制命，操縱與奪，惟其所欲。所謂士夫者，聽進退於其手，而恬不知恥。嗚呼，尙忍言哉！

章陵追崇之論，權承旨濤始以爲是，而終恐爲淸議所棄，爭執不已，此先病而後瘳者也。李聖求始欲守經，終恐見忤上意，甲戌祔廟迎合而取大拜，此先貞而後黷者也。士當以保晩爲正。【權號東溪，世居丹城。】

軒車，命德之器也，古者宗英、儀賓雖躋崇班，亦不敢張軒。鄭東溟詩：“長安道上騎驢客，不是東陽卽錦陽。”錦陽、東陽不乘軺，故騎驢。近世則妙少駙馬，皆乘軒軺。命車之褻越乃爾，亦可以觀世道也。

英廟愛養元元，至誠格天。臨門痛哭，變通良役，減一匹之布，蠲寺婢之貢，公私賤之俱從母役，皆可以祈天永命者也。但均役設施，出自趙顯命、洪啓禧，英廟嘗曰：“當觀兩人子孫之榮枯。”兩家果俱亡，可認均役之爲生民切骨之冤也。兩人者不善對揚，仰副誠民之至意，惜哉！

從魚有龜從孫擎玩英廟東宮時下札，若曰：“余叨此位以來，夙夜憂懼，不遑寧處，幸蒙聖上眷愛，感戴罔極。不意今者宦官女侍輩從中作梗，欺蔽日月之明，而手握造化之權，方欲屠戮先朝舊臣，其將不已，國不爲國，宗社亦危矣。以聖上至仁至孝，豈意其如此？而所可痛者，此輩用事，罔有紀極，兩殿何以知之，卿亦何以知之哉？三百年祖宗社稷，將亡於此輩之手，興言至此，寧不痛哭？小子一身，雖不足恤，仰念先王在天之靈，則卿必痛泣。以慈聖過慎之意，此等大事，決難裁處，不敢仰達。而所恃者惟卿，何以則奉三殿而以致太平，宗社亦得安保乎？小子一身，專托於卿。臨紙臆塞，不能成說，須以一字答。云云。”

又有一札，若曰：“卽承問札，展讀未半，不覺失聲痛泣。噫！余之一身，固不足惜，其於宗社國事何？言念及此，寧欲溘然而無聞。嗚呼！國舅爲國丹心，余豈不知？而若言善策，事係余身，焉敢發口乎？國舅之深量，見此而知十，餘不須多言。手戰心撓，不能成樣，公其恕量焉。公若爲國扶宗祏，善達而處之之外，無他道理。云云。”

群兇交結宦妾，謀廢東宮，百計誣逼。英廟將不保儲位，危急存亡，迫在呼吸，故告悶於魚有龜者如此。此時事可以仰想，讀此兩札而不下淚者，眞無人心者也。余特傳寫一本，用警爲元陵臣子而忘辛壬義理者。

君使臣以禮，故士之報禮重。而明朝熹宗之世，兇宦執國命，廷杖賢士大夫，繫鋃鐺嬰桎梏，以致五毒備極而死，是爲載籍所未有之大變。然而爲明朝殉節之多，亦曠古之所創聞也。卽神皇豢養之恩、毅宗拊循之效，有以致之歟。

近檢唐史，玄宗與宰相擬勘廣州都督裴伷先之罪，張說曰：“臣聞‘刑不上大夫’，爲其近於君，且所以厲廉恥也。故士可殺不可辱。臣向聞杖姜皎於朝堂。皎官三品有微功，其罪應死則死，應流則流。奈何輕加笞辱，以皁隷待之？事往，不可復追，伷先詎可復蹈前失乎？”張嘉貞不悅，說曰：“宰相，時來則爲之。若國之大臣，皆可笞辱，但恐行及吾輩。此言非爲伷先，乃爲天下士君子也。”

後夷州刺史楊濬坐贓當死，玄宗命杖六十流古州。裴耀卿以爲：“決杖贖死，恩則甚優，解體受笞，事頗爲辱，止可施諸徒隷，不當及於士夫。”

二公此論，見識卓絶，且其言仁厚，故爲君上所服從，豈不爲爲人君臣者所宜取法乎？明朝士大夫，無一人諫斯事，俾君上不知以禮義廉恥待士，邦命中絶，未必不由於此也。

本朝有杖法，亦有杖笞收贖之典，栗谷先生已言于朝，而尙襲其謬。何由痛革，俾士大夫尊禮養廉乎？

本朝有三件事曠絶千世者，陪臣爲天子死，三學士諸賢是也；朝紳爲母后死，己巳三忠是也；門生爲師死，宋石谷是也。是則三代、宋、明之所未有者，所以爲君子之國而可以藉手而拜聖哲者也。

宗汝霖降山東盜累十萬，匡復汴京，而高宗終不渡河；岳鵬擧破兀朮兵累百萬，重恢中原，而高宗必殺乃已。徽、欽有必可還之勢，而或恐其歸者，爲慮讓國而失位也。以故稱臣稱子於不共戴天之讎虜而甘心焉，卽無父無君之人也。

徽、欽見拘於會寧之五國城，建炎三年，高麗入貢。高宗謂輔臣曰："麗使將至，聞上皇遣內臣宮人各二人來，一喜一悲。"呂頤浩曰："此必金人之意。若非彼意，此數人雖至，高麗必不肯令來。"乃詔止之，仍不思所以通問，可謂無人理者也。

許衡、劉因生長中土，而罔識華夷之大分，服事胡元，是之謂失身也。以其非事二姓，故先儒秖斥以失身，而失身者喪義，名節掃盡，是亦失節已矣。

有明群儒不惟不加闢廓，愛敬尊慕，靡極不至。薛敬軒則曰:“視富貴如浮雲, 魯齋其人。”又曰:“魯齋, 朱子後一人, 繼朱子之統。”又曰:“善學孔子, 眞仕止久速氣象。”又曰:“出處合乎聖賢之道。”又曰:“劉靜修, 百世之下聞其風者, 莫不興起, 足以廉頑立懦, 有鳳翔千仞氣象。”羅整菴則曰:“魯齋學行, 平正篤實, 有功於斯文。魯齋似曾子, 靜修似子路。”高梁溪則曰:“魯齋有用夏變夷之才, 與子見南子意思同。”其所贊美, 一何盛也? 薛、高則直與孔子幷稱, 貽辱聖人亦大矣。其見識不明, 自歸於無忌憚之科, 非直爲月朝之無準也。

敬軒決科於永樂之世, 不知失身之爲辱, 與許、劉輩殊塗同歸, 宜尙論人物之乃爾也。終明之世, 道術爲天下裂, 馴致夷狄之禍, 三代民庶, 盡化犬羊, 衣冠文物, 盡蒙腥臊。推極召亂之本, 則薛、高諸公恐不得辭其責耳。

天子, 華夷之所共尊也。以故淵、勒之於懷、愍, 女眞之於徽、欽, 乜先之於英宗, 亦不敢直加弑逆。而弘光、隆武、永曆三皇, 俱被弑於淸虜, 自有夷狄以來所未有之大變也。罪大惡極, 固覆載之所不容也。

徐乾學, 以皇朝世閥, 甘作康熙親臣, 而靦面不知失身之恥者也。四海九州, 都是左衽, 惟吾東獨保三代衣冠, 而乾學勸康熙薙髮東人, 必欲使一線微陽消滅乃已, 是豈可忍乎? 眞胡種子也。所著《讀禮通考》, 非不博洽, 而禮豈爲其用哉? 亦非所謂娼家之讀禮者乎? 以何顏對乃舅顧亭林乎?

康熙自謂尊慕朱子，壹遵其名理。而及編《古文淵鑑》，班蜀漢於三國，而反置曹魏之下，與《綱目》義例相反。李光地輩不知所以正之，未知華夷之辨，故亦迷漢賊之分而然歟？

李光地罔識華夷之大分，自誇不世之遭逢，其所謟媚，靡極不至，老不謝事，傴僂龍庭，固不免後世之唾罵。而其答劉國昌書，勸其叛明歸虜，至云"令貴君臣服其黼黻，賓于王家，非區區，亦莫肯擔負也"，所謂王家，卽淸人也。己雖不能倡義討賊，忍令皇朝君臣屈膝投降乎？渠亦皇明化育中物，是豈可忍乎？身化爲戎，牿喪眞性，至於斯極，其所云讀書硏理，亦何爲哉？

中州士大夫之服事龍庭者，請復漢衣冠，疏堆公車。而淸人以祖訓所載而不許，至以元魏之忘本促亡，爲藉口之資，亦可見坐在裏許，終不免井蛙海蠡也。五胡猾夏，亡不旋踵，而獨元魏享國近二百七十年之久者，以進於中國也。苟使淸人革夷虜之陋，復漢、明之舊，則窮山絶海，終身自靖者，亦或有于于而來者，當爲淸人延祚之道。皇明遺黎之憤懣欲死者，非直以思明薙髮故也。淸人之膠守不改者，不亦愚且妄乎？

淸人卽女眞部落中最卑賤者。故其地雖屬于皇明，而其酋長受我朝職名，得嘉善、通政等告身，則感戴稱謝。纔十年而爲丁卯之講和，又十年而爲丁丑之下城。從古夷狄之暴起暴貴，未有如清虜者，宜其暴亡，而厥享國二百年，天覆地載，盡入版籍。是亦開闢后所創聞者，玆豈天道之常哉？氣數推斅，至於斯極，是所云理外之理歟？

節義之盛，莫京於皇明壬午，爲建文死者以萬計。方孝孺十族，坐死者，八百七十人；鄒瑾之案，被戮者，四百四十人；練子寧之獄，棄市者，一百五十人；司中之姻婭，從死者，八十餘人；董鏞之逮，姻親死者，二百三十人。以及卓敬、黃觀、齊泰、黃子澄之徒，多則三族，少則一族，殆不可勝摟。而皆視死如歸，湛宗而不恤。

甲申下從毅皇者，范景文等二十七人，弘光、隆武、永曆三朝，卿士立慬者，三千五百三十七人，士民效節者，一千七百二十八人，薙髮令下，全家死者，亦不記其數，卽載籍所未有也。

蓋太祖創業，毅宗殉社，俱得其正，故上行下效，捷於影響，是所謂風草之偃也。然泝本而論之，則程、朱倡明正學，章君臣父子之倫，知親上事長之義以致然耳。

天下之勢，離則合，合則離，是爲天地之氣數也。自元人統一區宇，歷明、淸近六百年，至淸人而天覆地載，盡入版籍，是亦開闢後所創有也。今焉道光殂而虜運窮矣，行將見蒙古闖入如金、元之相承。縱令中國有若明太祖者作，其能廓淸腥穢，混一九域，亦未可知。其勢必如東晉、南宋陰盛陽微，理爲氣掩，不知何時可復堯、舜、三代之舊。嗚呼！天亦何心哉?

黎遂球[2]，明末義士也，甲申后佯狂自晦。嘗題詩燕京之琉璃廠曰："平生不事求神仙。願上東海求仙船。童男童女各三千。教之歌舞及管絃。逍遙行樂二十年。遂令婚配同力田。可得萬人馳九遷[3]。大雪國恥銘燕然。老夫鬚眉圖凌烟。結屋花國臨酒泉。名儒俠客列四筵。等閑詩賦人爭傳。乞得一字十萬錢。"其所以寓意者深，可以不言而喩也。李正觀稚舒入燕而見此詩，聞遂球本末於艾暢，而傳誦如此。

皇明得國之正，當與兩漢匹美，而亡國之正，非直兩漢之所不及，卽載籍以來所創有者也。蓋其宮闈之內，世無慙德，故不秘實錄，不禁野史，是亦歷代之所未聞。國亡君死，守經而不貳者，亦原於閨門內行之眞正，爲帝王者所宜師法也。

余每以陪臣祭天子，謂無可稽，則金在晉明叔以爲："明社旣屋，四海九州盡化爲戎，惟吾邦獨保漢官威儀，而崇奉皇朝，出於至誠。大明乾坤，長臨左海，則是遺民，非陪臣也。皇朝存，則當云陪臣；皇朝亡，則卽是遺民。以遺民而祀舊君，豈爲無稽乎?"斯言得正。

2 球 : 底本에는 丘. 《明史》에 근거하여 수정. 아래의 "遂球"의 "球"도 동일하게 수정.

3 遷 : 《廣東新語·黎美周詩》에는 邊.

從古帝王家女子之下嫁而能盡孝敬者尠矣。至寧陵諸貴主，盡禮於舅姑，爲所天下從者，惟有成廟朝淸寧尉韓景琛妻恭愼翁主、英廟朝月城尉金漢藎妻和順翁主而已。亦可驗聖朝身敎之正也。

金竹泉自少砥礪名行，靡所放忽。嘗步出時，天雨路泥，光城津送鞍馬雨具，竹泉徒行而歸。光城問："何爲不乘不衣？"竹泉曰："繡鞍紬衫，不宜於士子。"光城愧嘆不已。其高識雅操，已見於此矣。有如此本領，故能自樹立乃爾也。

金氏家法甚正。光城兄弟致位崇顯之後，猶式日省謁於叔父光南公，服事如奴僕，親執盥帨。是爲沙翁詩禮之傳，當爲士大夫軌範。

歸樂堂性剛嚴，敎陶菴以義方，不少饒假。一日陶菴慈母閔夫人買餠以食之，歸樂堂不悅，遂不勸課。閔夫人問其故，歸樂堂曰："餽小兒以沽餠，則習熟日偸，何以成人乎？斅亦無益，故不爲也。"閔夫人擢謝不已。陶菴天分才氣，固已卓絶，而得於父兄之敎亦多。呂滎公有云"內無賢父兄，外無嚴師友，而能有成者少"，豈不信哉？

夏材後妻，未知爲誰家女，而始爲婢於黑山島，終又處絞。絞時金吾下隷欲牽出沙場，其女嚴辭拒之曰："雖爲罪人，吾是士夫，詎可被牽於汝輩乎？吾手可斷，不可見執於隷也。”躬自結絞，雍容就死，島人稱述不已云。

其子爲奴珍島，居囹圄門側，捆屨爲生，口不道鄙俚之談，坐必危跪，接人恭謹，一毫不以非義干人，人皆愛而矜之。得官婢生一子，教諭諄諄曰：“吾家雖至此境，豈可行非理之事，以辱祖先乎？”其妹幼齡分配羅州，長爲常賤之妻，家力稍優，製新衣一襲，送助於渠，則輒涕泣而取火焚之，戒勿更通。

夏材雖狂逆失性，自致凶禍，而其家世傳詩禮，故其妻子之守貞乃爾，是可以見世類也。

伊川與康節同里巷三十年，而一言不及數，恐不若明道之聞說甚熟，推算而旋忘，此等處政伊川所云“不及家兄”者也。康節嘗語其子曰：“張巡、許遠，同爲忠義，兩家子弟互相攻，併爲退之所貶。凡托伊川說議吾爲數學者，子孫勿辨。”亦可見康節度量也。邵伯溫尊信伊川，靡存芥滯，是爲述先志而然耳。後世之輒托先故而修隙嫌怨不戢者，視程、邵事，能不愧殺乎？

漢高帝以馬上得天下，不知儒學之爲何事，至惠帝始除挾書之律，因之黃老于文、景，卽高帝不事詩書之所致然也。武帝作，首擧董仲舒，諸不在六藝之科、孔子之術者，皆絶其道，勿使幷進，又推轂趙綰，招延申公。雖緣竇太后不悅儒術，以致不承權輿，而其罷黜百家，表章六經，有功於聖門者，大矣。苟非然者，大經大法，終於亡滅壞亂，縱欲區區修補，亦不可得耳。其窮心志之欲，極耳目之娛者，幾蹈亡秦之轍，而始皇以焚經坑儒而亡，武帝以崇儒重道而興，以延邦命，再絶而再續，皆武帝之力也。黨錮諸賢，趨死不避，雖云光武、明、章之烈，而不有武帝闢異端明正學，則何以知名節之爲貴，而趨舍之得正哉？世敎之汚隆、國祚之脩短，咸係於儒道之興替，爲人上者，知所以鑑戒哉。

流俗之視儒學如仇讎，覓疵索垢，靡所不至。其所以害世敎者，有甚於異端，在吾道爲轂下之羌戎。

朱子嘗云“必革三十年科擧，可以興復中原”，甚言其弊也。不革科擧，則雖有堯·舜·禹·湯·文·武之爲君、皐·夔·伊·傅·周·召之爲臣，亦無如之何矣。詩賦取士，出於楊廣；糊封，出於武曌，舍三古鄕擧里選之正法而膠守楊廣、武曌之所爲者，不知其何說也。

西京之初，用人以孝悌力田，故治道尙質，靡所虛假。文、景之世，幾致刑措者，殆以此也。

節嗜慾者，方節用度。故治家則曰“謹身節用”，道國則曰“節用愛民”。匹庶不節於用，則辭受無度；帝王不節於用，則掊剋無量，是爲古今上下之所志戒者也。

昔任昉仕宦潔淸，不治産業，俸入恒散親交。然時人譏其多乞貸以惠人，所謂“徒取彼以與此”也。此孔子所以不直微生高之乞隣也。魏氷叔有云:“有名進士饋遺門生故舊篤厚，而所負人輒萬餘金。先君嘗戒諸子曰:‘先輩云:「結新恩不如賞舊債。」’不足學也。”斯言得正。蓋曲意徇物，掠美市恩，非君子之常行也。

近世居官者，專事苞苴，取用公物，擧無限量，以致無邑無逋，吏民俱殘，國將空虛，言之痛哭。程子云“聖人於一芥之取予，而千駟萬鍾，從可知焉”者，豈不信哉?

光武、昭烈再造漢室，而俱是景帝之後。景帝皇后、太子無罪廢易，而夫婦、父子之義絶;鼂錯、周亞夫以無罪死，而君臣之義乖。刻薄任數，詐力御下，應無德厚流光可以垂裕後昆。然而乃爾者，卽文帝寬厚恭儉、利澤普施之所爲致也。

《典略》，漢常侍唐衡欲以女妻汝南傅公明，不娶，轉以女妻荀彧。彧父緄慕衡勢，誡彧娶之，爲論者所譏。按史謂緄爲荀氏才子，而與八龍之列，彧亦擧孝廉，人稱其爲王佐才。而父子羡慕紛華，甘心權勢，身名不之惜也。豈愛其至輕，而忘其至重乎?縱不畏聖賢，獨不畏傅公明乎?然則非龍也，乃鱔也;非王佐也，乃庸奴也。其甘心於阿瞞固也。一時之譽，幸致也;終身之玷，難磨也。是以君子愼之。

此出於風月堂雜識，其言痛切。若使李光地見之，其將以爲如何?

張曲江雅言“女不私人，可以爲婦；士不苟進，可以爲臣”，是可爲不易之經訓。而自己科名在武曌之世，不免失身，則行不掩其言，惜哉！姚、宋、韓、張俱是開元賢輔，而不恥出身之不正，習俗之汚人乃爾哉。

張茂則嘗請諸名公啜茶看畫，諸公皆往，獨伊川不往，辭曰：“某素不識畫，亦不喜茶。”或有以伊川此事爲隘，是不知伊川也。張茂則，宦者也，焉有君子而赴寺人之招乎？謝以不能於畫茶者，卽托辭也，是所謂“不惡而嚴”者也。三淵亦以伊川不啜茶不觀畫似沒人情者，恐未詳茂則之不可接而云爾耳。王驩，嬖臣也，孟子未嘗與言行事，況刑餘之賤乎？

端廟之遜位于越也，畿內民庶至欲輸納田租于越中，竹山之人至今有傳說者。亦可驗不死之人心也。

芝所黃公素講節義，莅雲峯日，聞仁祖改紀，掛綿布於賓館柱而待之。時權公霔以槩樹察訪，爲探反正消息往雲峯。黃公喜曰：“吾將報於君，君來，幸矣。”權公曰：“何事也？”黃公曰：“卽聞國家已亡云，吾方自縊。而死生之際，不使聞知舊，恐成遺恨，故要見君也。”權公曰：“聞國亡而死，是義也。而死生亦大矣，得其詳而死，未爲晚也。”黃公深察逆順之辨，果不死。後黃公竟辦大節，非一朝襲取，可見於此矣。權公，遂菴曾祖也。

己巳仁顯聖母之巽位也，陽谷諸賢諫而死，而章甫猶伏闕號哭，至有諸武士議疏籲天，是則歷代之所未有也。有沈季良者，請治諸武士之議疏者，是豈可忍乎？時午人乘軒者，過聖母所處私第而不下，市童爭投石大罵曰："彼其之子，豈不知我中宮在是乎？"秉彝之所同得，在於巷竪，而不在於所謂士夫，是與半日廷請而止者，均是無母之類也。午人中能不喪名義者，惟李後定、李東標數人而已。

元陵初服，辛壬群兇充滿朝著，危疑萬端。而李公義淵應旨抗疏，首討諸賊誣君不道之罪，竟致群枉畢伸，國是大定，其功亦韙哉！片言無傷於景廟，而爲鳳輝輩所撲殺，視死如歸，安之若命，奇哉奇哉！崔奎瑞年譜曰："李義淵托以儒疏，誣辱景廟，公尤不安於一日在京。""誣辱"二字，卽是脅持之辭，要爲群兇自脫之計。亦見其無忌憚之甚也。

遂初堂權公忭，明陵己巳登第，唱榜於仁顯聖母遜位之日，拜其婦翁蘇月洲斗山，蘇公閉門不見。權公惶悶莫知其故，使人叩問，則蘇公曰："吾所期望者何如，而乃於坤位罔極之日有此出身之擧？是豈士君子立揚之時乎？不許入，卽此故也。"權公大覺其非，跪門外請罪曰："旣聞命矣，繼自今更不出脚，自靖其身，爲平生究竟法。"蘇公始許納拜切責，書"遂初堂"三字以贈。權公畢生佩服，官至副提學，而不復着帽，克保晚節，用扶世敎。其所自致甚盛，而月洲有以啓之也。"魯無君子，斯焉取斯"云者，詎不信哉？

趙泰萬痛其弟泰億之爲逆黨，一日赴群少之會，大叱曰：“汝輩爲逆，則當自爲之，何爲誘吾弟謀逆乎？”其徒群起憤罵而不恤也。嘗故犯夜禁被捉，送人于泰億所，呼其小字曰：“汝兄在囚，急來見救。”泰億知其兄所爲，提燈護還云。及二憂堂被禍，入廟痛哭曰：“一人爲忠，則一人爲逆。”逆指泰耉、泰億，忠指二憂堂也。以侍直持被，常常號泣，英廟在春邸，知其爲泰萬而心異之。兇徒惡之，竟致汰去。

任敞之死，死非其罪。故志士齎恨，彌久而彌深。昔有一高士鞶囊中有血染之痕，人問其故，答云：“此是義士任敞之血。”其爲人所感服者如此。此與蜀人藏萇弘之血、顔魯公舐盧奕之血，同出於苦心也。

鄭日煥染迹戚里，同受其敗，固淸論所不與。而以元子宮僚屬入參講筵，講罷，正廟宣飯于講學廳，鄭辭曰：“臣，外臣也，不敢當內饌。”上申諭曰：“以舊宮僚之誼，特爲賜饋，何苦辭乃爾？”鄭對曰“臣有常祿，不敢食賜飯”，終不進。信齋尹公以諭善同席受賜。尹公責鄭曰：“君何每事異於衆也？吾之所食，君則不食，其可乎？”鄭曰：“諭善與僚屬差殊，諭善在所不辭，僚屬在所必辭。”兩相不下云。此事亦足可稱也。

南秋江請復昭陵疏，可以感天地泣鬼神，讀此疏而不下淚者，眞無人心者也。其曰“丙子歲，群奸煽亂，驚動中外，幾傾我社稷，已而相繼伏誅，芟刈殆盡"云云，與爲六臣立傳以數寸之管扶義氣於一髮者，指意不倫。抑將說及"餘禍所及，昭陵見廢"，故爲此權宜之辭歟？何遣辭之不少顧藉也？梅月翁卽秋江知己，文字之出，應與之商確，而靡所裁擇何哉？不如此，將無以感回宸心歟？終不能無憾於秉法義之地也。

楊榮言："侍上讀《千字文》，上云'天地玄紅'，未可遽言黃也。至再三問，對曰'本黃，未知是否'，如是爲言可也。"人臣事君，當言卽言，曷可依違苟且乃爾乎？榮也工於謀身，猶恐忤旨，其顧瞻計較，呢呰脂韋，至於此極，宜其狗彘其行也。如此者，可謂"無羞惡之心，非人也"。

貞陵、莊陵之追復，卽天經人彝之所不容已，而李景奭、南九萬强生崖異於獻議者，是乃常情之外。李則出於意見之汚下，南則識足以及此，而故爲携貳，自歸於背馳名義之科者何哉？弘光之世，追復建文、景泰二帝，至加廟號者，是爲南渡後第一事功，有足以祈天永命者也。南若以此事爲身擒國亡之資斧者然，何其言之無倫乃爾哉？農巖所云"悍愎不仁"，恐無容改評也。

明朝張總戎誡子詩曰："銀燈剔盡自咨嗟，富貴繁華有幾家？紅日難消頭上雪，黃金都是眼前花。時來言語風吹草，運去田園水摶沙。寄語兒曹須努力，各人尋箇活生涯。"活生涯，卽文行也。張是何許人而詩敎警絶？沒身於名利窠臼，知進而不知退者，當書此詩爲座右銘。

王世貞文章，固不害爲有明大家，而亦是古文之贗者，不免爲韓、歐之罪人也。嵬然自大，處韓、歐於壇坫之下，亦見其愚且妄也。至若義理，則殆不辨名目，而强解理氣，其異乎癡人說夢者幾希。又以陽明謂眞識心性，詆毁宋儒，靡所忌憚，秪見其可哀也。

崔簡易居恒藉錦而坐，擊牛而食，曰："我身葆至寶，不容不自重。"是爲文人習氣，而欠見識之致也。龜峯雖過自尊大，未嘗發若箇說話，學與不學，奚翅較三十里哉？

肅廟朝有司試士，出題擬宋高宗通問北塞詔，鄭壽俊[4]居魁，而其文哀痛惻怛，欲令人感涕。起高宗而讀之，則能不靦面乎？高宗卽壽俊之罪人也。世以高宗之忘親事讎，歸罪於秦檜，而檜覸得高宗之心，逢惡而致然耳。三淵過五國城賦詩，云："江左英雄千百輩，終無寸策使生還。"其言警絶，而縱有千百英雄，其奈手足無措何哉？陸務觀詩"百萬貔貅江上老，兩宮環珮夢中歸"，眞可以泣鬼神也。

4 俊：底本에는 浚.《肅宗實錄》에 근거하여 수정. 아래의 "壽俊"의 "俊"도 동일하게 수정.

汾厓申文肅公特立獨行，玩世自娛，有若遊方之外者，亦可謂風流人豪也，詩又俊逸多可誦。及病革，壺谷南公來訪，申公問曰：“聞公近編《箕雅》云，亦載我詩否？”南公曰：“未也。”申公曰：“吾嘗自嶺藩載一梅而歸，有詩云：‘短短寒梅樹，相隨度嶺來。不知人已病，猶向枕邊開。’”南公朗唫不已，歸載《箕雅》。

尼尹門徒有毁尤翁文章於尼尹座上者，尹曰：“不然。吾嘗在傍，見其出十餘家狀而述碑誌，各出機軸，一氣呵成，令人口呿。”尼尹向尤翁索垢覓疵，靡所不至，而猶不敢譏斥文章，其亦可謂公心歟。

朴世堂《思辨錄》事後，爲賦蠹魚詩，曰：“蠹魚身向卷中生，食字年多眼乍明。畢竟物微誰見許？秖應長負毁經名。”卽自況也。霽月堂宋公作詩而辨之，曰：“蠹雖食盡經中字，本旨何曾毁一毫？寄語世間迷路士，早歸無作陸、王曹。”斯義眞正，使朴而見之，能不顙有泚乎？

肅廟戊寅、己卯間大飢，崔錫鼎以時相請粟于淸人。時海州士人全萬擧作詩，云：“聞道燕山粟，東輸五萬斛。莫饋海西民，首陽薇蕨綠。”其后海州士子受淸聖廟碑文于崔錫鼎，栗谷傍孫斗翼題碑文之背，曰：“公之祖納拜於龍骨大軍前，是豈叩馬之義乎？且公請粟於燕京，是豈不食周粟之義乎？若用此文，則二子之靈，必不安於冥冥之中。故玆還送。”錫鼎大恚，稱李公以狂妄。李公集經傳中“者”字，自稱“八者翁”，是亦奇士。此兩事之出於海州者，亦可驗栗翁遺風餘韻之不泯也。

近俗粗解文理者，見前輩文稿，不會作者義諦，而輒稱無足觀，片言以了之。衣服成器，猶不宜苟訾，況往哲遺唾乎？伊川見人論前輩則曰：“汝輩且取他長處。”言行當取其長，論著亦豈無舍短取長者？而不少顧藉，抹摋乃已者，非有德者之事也。

回回國人有詩，云：“釋言極樂在天上，道說蓬萊住海中。惟有孔門眞實地，面前無處不春風。”能知宗孔氏而斥道、佛，其言極醇。幷世陳、王之徒，滔滔是聃、竺傳法，其不得罪於斯人者幾希。恨不進斯人於中國而喚醒迷塗也。姓名無傳，惜哉！

權陽村文章經術，幷世之所罕儔，所著《禮記淺見錄》及《入學圖說》，亦多可取。麗末國初，能說得及此者，惟有陽村。苟從圃隱殉國，亦當幷享文廟，而終致“白晝陽村談義理，世間何處不生賢”之句，惜哉惜哉！慕齋納拜於陽村影幀，圭菴則不拜，慕齋非不渾厚，而恐不及於圭菴之直截也。

東岳李公傷痛祖芑之戕賢毒正，常思蓋愆，每赴人宴集，進先而退後，或恐座上說及乃祖事也。及尹慶州，將謁晦齋書院，入玉山洞門，晦齋庶孫之居院傍者，皆徒跣而逆之，曰："城主不可入吾祖祠院。"東岳亦徒跣而謝之，抱廟碑而泣，碑銘卽高峯筆而誅芑者也。東岳自言"如可改此碑，雖題名院僕之案，亦不敢辭也"，仍修葺院宇及故宅，靡不用誠。余嘗遊玉山，晦齋之後孫道斯事甚悉。東岳之賢，眞不係世類者也。

滄海力士姓名，《太平廣記》稱黎明，《西漢演義》稱黎黑，未知孰是，而出於吾東之江陵者，其事尤奇，當與張良幷傳，不朽於天下萬世者也。

洪啓能之暴屍也，禍色彌天，人皆掉臂，惟李公聖模散財募人，收殮而埋之云。其篤於故舊，不爲死生禍福所動者，如此，此眞金石之交也。竟以啓能切友，流竄北塞，是皆國榮所媒孼也。

徐德修被禍，門戶蕩覆，孤寡漂泊鄕外。時禍色燔穹，水火不通，生者饑餓濱死，忽有持飯羹置門外，不告而去者。其家畏愓亦不敢出應，久而後進食，如是者屢，賴而不死。後跟其來者，則乃陶菴所使爲也。是亦求仁中一事，而無所爲而爲者也。

鄭康成七十四歲爲袁紹所强迫，到元城卒於軍中，曹操至謂"鄭康成爲袁紹行酒，伏地氣絶"，用作聲討袁紹之資斧。

行酒一節，未可準信，然康成之不能自重，致誤晚節，不可但爲“小德出入”也。顧亭林論斯事而曰：“後之爲處士者，幸無若康成；其待處士者，幸無若本初。”是可以喚醒千古也。如亭林者，洵行掩其言者也。李延平先生赴汪應辰之辟，亦卒於所館者，揆以責備之義，恐欠正終之道。然未宜與康成一視而幷稱也。

陸宣公本領甚正，濟之以經濟之才，極醇無雜，卽是諸葛孔明後所未有者，非直爲全唐第一人物而已。但所事非所遇，不克盡其才，且處讁畏讒，秖集醫方而止。苟使著經國之文，必應精密周遍，裨補世敎，惜哉惜哉！

明道嘗擧不雜者三人，而司馬君實居其一焉，不雜云者，不染於禪也。溫公雅言“佛者，其微言不出儒書”，而家法則云：“十月就寺，齋僧誦經，追薦祖先。”以溫公之嚴於闢佛而猶承襲不經，習俗之難變乃爾乎？陸象山知荊門，上元當設醮，乃誦《洪範》錫福章以代之，曷不自從設醮而去之乎？設醮至宋而極盛，經程、朱大賢而猶莫之革，抑亦不能自專而然歟？

富鄭公身都將相，三達俱尊，而晚年居洛，爲邵堯夫所激發，其所尊信，無異父師。嘗云：“某不遇邵先生，不過一村漢。”以年則富高於邵者數十歲，而屈己虛心者如此，可見其心量也。富公八耋猶書“守口如甁，防意如城”八字以自警，其亦有得於邵子歟。其視今人挾年位藐視儒者者何如哉?

眞西山固是紫陽後大儒，尊慕紫陽，靡極不至，而又或云“象山先生闡明大道”，其贊述楊簡、袁燮，亦或有太過分數者。蓋西山素性溫厚和平，秖知崇奉前輩，而不事樹幟偏袒。然恐有欠於扶抑軒輊之義，此其所以失身於理宗歟。

黃山谷有云:“讀書欲精不欲博，用心欲純不欲雜。務博常不盡意，不純汔無全功。”斯言也當爲爲學之眞訣。

吳澄贊朱子，曰:“義理玄微，蠶絲牛毛。心胸恢廓，海闊天高。”此兩句善形容朱子氣象，述朱子像贊者多矣，未有若斯其眞切者也。澄論朱門末學之弊，而偏重於尊德性。其載於《心經》篇末者，不免伊蒲塞氣味，而其稱述朱子則乃爾。蓋其人頗有英氣，見處或高人，而自用亦太過，以致失洛、建之尺度，失節而不知悔，惜哉!

王伯安輩天資過高，故不涉階級，專務凌躐。其言或不無超越透悟者，而咸從靈覺虛蕩中說出來，即是佛經註解。與洛、建平實門路一切相反，所以彌近理而大亂眞也。

陳白沙比陽明差近平實，而不知主靜以持敬，以靜中養出端倪，爲學問之義諦，以靜而失靜，同歸於虛蕩。與陽明胡叫亂攘靡所忌憚，縱或差殊，其爲正路之榛蕪則均也。

清儒中學術醇正者，無如陸隴其、湯斌、熊賜履三人。而近古又有朱止泉澤澐篤信朱子，禦侮之嚴，亦出苦血。而著書太少，立論太略，恐靡足以抗衡毛甡輩亂賊之勢。然邪正之判，亦豈係於多寡哉？

河西、退溪幷世，交契甚敦，河西贈詩至云："夫子嶺之秀，李、杜文章王、趙筆。"而乙巳後出處殊塗，河西則終身自靖，退溪則黽俛進取。河西對土亭說與退溪事，爲之慨惜，土亭拜退溪而道之，退溪憮然若不自容，亦可驗受善之量也。

栗谷以甲申正月十六日卒，海州人士每逢是日，如奉親諱，以至婦女皆食素，不用是日嫁娶，久而猶然。是則終古聖賢之所未有者也。

沙溪夙負盛望，名實純粹。白洲李公問於乃翁月沙曰："苟於生者求可以從享文廟者，誰可爲也？"月沙曰："其惟金鐵原乎。"沙溪又嘗參釋菜，周旋進退，自中規度，泮僕相顧贊歎，曰："如此者後必躋文廟之享。"竟如其言。

國朝道學，至退、栗而始闡，禮則猶微矣。沙溪出而創用專門之功，所論邦禮，契"小宗不可合大宗"之旨，可以有辭于天下後世。且《問解》、《備要》、《輯覽》等書，發揮禮教，有裨於世教，當爲吾東之周公。

癸亥反正功臣，皆出於沙溪門下，而沙溪子孫宗族無一人與者，亦可驗沙溪盛德也。

重峯知倭寇必動，宗社邱墟，持斧伏闕，必要感悟君心，至九死而不恤，是爲時中。或以爲過於忠者，是不知時者也。

元相斗杓與聞癸亥反正之謀，往拜梧里李公于仰德里。時李公遯荒在野，不許迎接。元公力請入謁，止宿于側，而自言："睡性不穩，常發狂譫。"夜枕若夢囈而曰："主德日昏，天命人心咸歸於綾陽君。"如是者三，李公聽若不聞。元相夙興而曰"夜枕應作譫言，"仍告歸。李公曰："更不向他所說斯事也。"李公因元相而已知有撥亂之擧，特無所勸沮也。仁祖改玉後，人心危疑，不知順逆之辨，及李公造朝，民志始底定。若是者，眞社稷之臣也。

仁祖反正後，旅軒被敦迫赴召，及登對仰問："殿下參聞反正事乎?"仁祖商量而答之，似若與知者然。旅軒驚曰："呀嗟呀嗟。"蓋與知、不與知是係善利之界分，故其言乃爾，亦可驗明理之功也。

愼齋嘗出入莿圍，終日跪坐，與在家時無異，亦不以得失動心。如此者雖終日應擧，亦不累人也。

尤翁嘗臨餐，將進河豚湯，聞尼尹言，至下箸而却之，曰："理到之言，不可不從。”又嘗止宿龍仁，邑倅具一行夕飯，金厚齋獨不食。尤翁問故，厚齋曰：“與本倅素昧，無食其食之義。”尤翁曰“吾亦素昧，且此私行，見君之不食，吾亦無可食之義”，遂却食。是可見取人爲善，豈淺量所敢議到哉？

尤翁胤子修屋於蘇堤，或有言其稍大者。尤翁曰“吾孫曾繁衍，非小屋所可容，房室不得不增廣，”從容誡責胤子。即父隱子過之義也。

尤翁自耽羅被拿，涉層溟冒炎熱，氣息如縷，而猶力疾作文谷墓銘，筆力奇壯，議論峻正，當爲碑誌中冠冕，斯已奇矣。而臨命告訣書畢，必斂筆納管而後進藥，其學問功成，於此細節亦可見也。

朴公泰輔以尹宣擧外孫，製儒疏對辨，而語逼睡翁，尤翁常所痛惋。及己巳坤宮之巽位也，朴公諫而死。尤翁聞而歎之，曰“倫常賴以不墜，”命孫疇錫自己文字中語及朴公者皆刪去。蓋爲其殉國而忘嫌褒賞者乃爾。

同春嚴於淑慝之辨，嘗觀《朱書節要》，亟取刀割去黃俊良所著跋文。又與尹宣擧說及寒岡癸丑疏，而大有未安者，尹曰：“一時時勢之論，豈得盡違？”同春曰：“時論何可苟從？”如此者方爲不易之言。尤翁所云“溫厚和平之中，自有正直剛大之氣”者，眞知德也。

同春御家有度，而亦不遺微細，夜則必躬檢門扃鎖鑰。其愼密如此，當爲後人所法也。

李處士晉茂，許穆之友也。隱居熊淵之上，許穆當國勸之仕，李還書云"終南素多荊棘，芝蘭豈安其性"，遂終身不出。亦深藏不市之人也。

遂菴承華陽衣鉢，故聞華陽之風而作者，皆登黃江之門。且遂菴惇德純行，孚感髦譽，彬彬多成材，寔近世儒門之所未有也。 有若韓南塘、李巍巖、蔡鳳巖、李華巖、玄冠峯、尹泉西、崔梅峯、禹孤山， 卽所云八學士， 而皆以居湖西者而言也。外此如尹屛溪、成秋潭諸賢不與焉。屛溪門徒，亦有五學士之稱，　金密菴砥行、朴立菴俊欽、宋綱村明輝、金奎五、金宗溟諸公是已。

厚齋專從朴實頭用功， 而論理諸說亦皆得正， 非雇耳傭目而得者也。 且袖箚七條俱一一中窾， 至若請出南、尹、崔於肅宗廟庭者及尼尹事，尤係正名，可謂知所先務也。

農巖於講辨之際，無一點爭心勝氣，公聽幷觀，曲盡人言，雖使其人對辨，不敢容一喙於其間，秖應言下點頭而已。如思辨錄辨及知智說之類是已。

三淵自雪嶽入京，秖觀疏箚與政目。有問其故者，淵翁曰：

"疏箚要見其忠言嘉謨，政目要見其進賢退不肖也。" 亦嘗覽科作近體詩，用占其人之窮達賢邪，往往奇中云。

三淵神於知幾。丁卯、戊辰之間，處楮島登樓賞雪，嘘唏曰："江山雖淸曠，而世路日益險巇，吾恐其不保此居。" 未幾家國之禍罔極。及丙申、丁酉以來，常歎善類將盡劉，竟如其言。壬寅下世，先於夢窩，不被收連之律，亦可異焉。

三淵於群子姪篤信檜巢，嘗屬以後事，命作行狀。檜巢問其立論宗旨，淵翁答曰："'富貴如浮雲'一句，吾庶幾無愧。" 檜巢未及狀德而歿，止菴追述，而以斯義爲之眞諦云。

三淵少時遊楓岳歸，作詩寄僧，曰："夢中皆骨玉層層，象外淸遊更未能。秋來萬二千峯月，應照山僧禮佛燈。" 農巖改"照"以"伴"，夢窩改"照"以"作"。文谷取見，曰："'照'、'伴'二字，亦足以留名，而未若'作'字之必致遠到也。" 文谷鑑識亦高矣。

崔愼服衰絰耕於會寧之野，老峯閔公以北伯巡部六鎭，見而異之，與語大喜，送學于尤翁，如郭林宗之於茅季偉。崔公生長窮荒，居喪盡禮，閔公甄拔下流，作成人才，俱可爲後世法。

北軒見農巖抵竹泉書不甚怒。及編農巖文集，三淵、圃陰議及此書存刪當否於北軒，北軒以爲：“農巖文字皆似睡似覺，若不載斯札，則無以喚醒人心目。”本家仍其言不刪。北軒亦非淺量哉。

陶菴天分極高，文辭夙就。如“游魚思碧海，睡鶴夢滄洲”，卽八歲所作也。

睡谷丙申一疏，微婉其辭，而義理自明，皆從神閑氣定中所從出也。以故開悟聖衷，大定斯文是非，有辭於天下後世，眞“納約自牖”也。睡谷告退，止宿於廣津。時竦齋諸賢送至于江上，同宿村舍。村舍狹隘，鋪睡谷衾枕於上，諸賢將向睡谷所臥展足。丈巖爲言：“吾輩當頭戴此翁，詎可展足於寢處乎？”皆以首向上云。其爲上下所敬服如此。

南塘拜農巖於三洲，農巖問黃江信息而曰：“近讀何書？”曰：“《中庸》。”曰：“知而讀之乎？”南塘歸告遂翁，遂翁笑曰：“不知故讀之。”其言渾厚，不露圭角，亦可見德量之宏也。

南塘氣象甚好，濟以雄辯，有足動人。老樵李公嘗云：“吾見韓公胸藏群書，言語文字，亦可以遂非。”李彝章以繡衣潛行，止宿南塘所，聽其言論，歸語其黨類曰“韓某，有學問底諸葛亮”云。

靜坐窩沈公潮以江門晚進，卒業於南塘，常篤信南塘。有言“南塘門人無如泉門之朴聖源、楊應秀”者，沈公曰：“宋能相、金謹行諸人，何渠不若乎？”沈公素非爭長競短者，其言亦非出於務勝也。

屛溪幼而入學，口鈍不能通句讀。塾師欲辭去，屛溪涕泣不寢。塾師感其意復施教，屛溪亦努力不已，竟底有成。眞“以魯得之”者也。

英廟戊申命丹巖及李光佐同對，上執兩人手，勉其保合。丹巖力言其不可，竟不承順。退而有自得意，說與丈巖，丈巖答曰：“素日苟見重於君上，則豈以大臣而至被握手乎？”丹巖憮然自失云。丹巖之面斥光佐，不承上旨，固爲得正，若不可尙已，而丈巖之云甚高，義理儘無窮矣。

渼湖與知守齋兪公卜隣而居江上。嘗對食，渼湖盡喫水澆飯，無一粒遺者，兪公亦進水澆飯而多遺粒。渼湖言其暴殄天物，兪公曰：“爲其恩及雞犬也。”蓋云澆飯餘澤，將爲雞犬之食也，宜其爲大臣之言也。兩賢所處氣象，大小不侔，而當以渼湖爲正也。

密菴金公以華陽碑事抵書渼湖者爲數千言，辭氣太激，至云：“孔子有是事乎？孟子有是事乎？”而渼翁所言纔數行，而其言渾厚，至曰：“萬一賴天之靈，終若有悟，又何憚於舍己見而從之乎？”是可見識量之大也。

櫟泉、雲坪少時契好綦篤，因兩文正從享時先後之論，至相告絶。後邂逅於路次，兩家執鞚者，不知睽阻曲折，引馬首互接，兩公相對掩淚，無語而別。及雲坪歿，櫟泉爲位而哭，亦可見舊誼也。從享先後，未知兩家所執之如何，而至於終身不復相面，則無已過乎？其不曰"故舊無大故則不絶"乎？況非直爲故舊已矣乎？

元陵之世，儒賢出脚者，厚齋、南塘、屛溪、黎湖、櫟泉。而厚齋、南塘在乙巳初服世道淸明之時，有鳳儀鴻漸之美。黎湖在蕩論橫拏邪正混淆之時，而袖箚討逆，粗伸旣晦之義理，有裨於彝倫。櫟泉所遘之時，益復艱危，而感臨軒十使之禮，援"不爲已甚"之義，言人之所難言，言無不盡，以致恩禮無終，狼狽去國。而炳然爲斯文世敎之光，當爲五十年中儒者出處之結局也。屛溪赴召于溫泉行朝，因賜侑尼尹，投章而去者，亦爲得正。

黎湖之學，專務敦實，故語默動靜，亦極簡重。嘗遵程門"一髭髮不似，便是別人"之訓，宗族門人咸請寫眞，而不聽。近菴尹公汲、退軒趙公榮順率畫師至，苦懇不已，而亦爲謝遣。斯事亦可法也。

英宗朝大訓之頒也，有言其不可者，當用極律，懸法象魏，人莫敢措舌。獨宋雲坪上疏還納，道伯邑倅恐及禍皆不受。雲坪送奴直呈于政院，政院亦不捧。適會遭艱，其事遂已，而其舍性命而爲之者，擧一世惟有雲坪一人而已。

山水軒權公初拜諮議，上章辨遂菴赴召時事之載諸《裕昆錄》者，英廟震怒，卽栫棘于耽羅。公聞命怡然，無幾微色，通宵安寢，鼾息如常。止菴金公與之聯枕，歎其不可及。君子之所養可知也。

山水軒習於禮，親懿有喪，必躬自斂襲，而曰："吾窮無以助襚，當以筋力代貨財。" 今人畏尸柩惡凶事，忌諱多端，不與於至親初終者衆矣。見斯翁，能不愧汗乎？

李公行祥、宋公煓、成公德明俱居龍仁，而爲泉門高弟，一鄕稱三處士。宋德相之被敦迫也，三處士悶其將失身於國榮，力勸其勿出，竟不可回，則齊往德相所敍別，仍言"此行旣不可止，則到江上一疏徑還，猶可及也"。德相又不聽，三處士相顧憂歎，曰："致使吾君輕蔑儒者，必此人之故也。" 竟如其言。

申直菴嘗訪渼湖，渼湖迎接，敍寒暄畢，曰"吾兩家在昔世好甚敦，而壬寅後有難講舊"，仍不復與言。卽以直菴之父聖夏參凶賊虎龍會盟祭也。直菴靡所强辨，亦無慍色，從容辭去。兩賢所處，各不失其宜也。

直菴爲學，朴實頭用工，專務踐述，見於言語文字者，無一毫虛夸。每上辭本，必百拜，晚暮不能筋力爲禮，則減五十拜如張旅軒之爲云。

直菴爲南溪辨明心迹，亦出苦血，而不如一任公論之爲正。孝子慈孫，猶不能掩其父祖，況外祖乎？

尹北亭志述被禍後，夙夜齋、貞菴兄弟所以處後事者，靡所不至。夙夜齋以其女妻其子一復，貞菴送其夫人終養北亭之父母。又欲教授一復，而一復不肯來學，貞菴爲僑寓於數百里地而往教之。如此者方可謂"死者復起，生者無愧"也。

夙夜齋痛英廟受誣罔極，要以一身出處爲辨聖誣之義諦，累被光佐薦引，而抗志窮山，畢生自靖。若是者，眞元陵之忠臣也。

貞菴少時英發，亦頗卞急，泮人來告居魁於陞製，驚喜至超越屛風而應之。及勉學矯揉氣質，馴致敦厚溫和。一日夜有穿窬之患，招奴警盜，不少凌遽，俾偸兒自逃，其寬綽有裕如此。嘗慕延平、退溪，尊閣《延平問答》、《退溪言行錄》，用勉後生，曰："是可以變化氣質。"愚嘗謂一部《貞菴集》亦可使人變化氣質。

止菴晚暮病不克講授，閔尙書鍾顯携其子致福造謁，曰："近日師生之名，爲世所賤，幾乎泯絶。兒雖蒙騃不能執策請業，蚤托名於門下，存得此箇道理，亦足爲美事。”止菴笑而頷之，是可見往哲風義。老洲季年有請學者，擧斯事以喩之。

止菴扶病造朝，入闕門步步而歇。國榮伻人要路，俾入其宿衛所而休息。止菴終不聽，晉接卽出。

尹信齋得孚平生一事不苟，一步不枉，名義風節，卽當世第一流。以故受知健陵，畀以敎冑之責，恩禮隆摯，終始靡替。若數正廟朝完人，莫宜居先也。

始拜諭善也，上命占第于泮峴，賜屋價，公辭曰：“江上有廬，其價相當。當賣舊買新，不敢承賜第之命。”屢致申諭，終不順旨。上密令掖屬自買公江舍，而優致其價，公因其價買屋，卽泮峴之廬是已。公歿後庚申，正廟偕純廟謁閟宮，公舊第在輦路傍，顧東宮指點而喩之，至今傳爲盛事云。公際會始自癸卯朝參一奏，而不受賜第，亦自重之一端也。

過齋金公弱冠時，聞宗家婦人惑於巫女，盡傾世傳之物，躬往其所，則巫女傳芭碎鈴，而神不降，無以售其術。陽剛之氣，爲鬼物所憚，與尤翁髫齔時事同，可知其爲間氣人物也。

李林隱敏坤抗章論事，而被嚴譴竄北塞，洪台象漢來別，握手嗟勞。李公無幾微色，徐云：“雖係死生契闊，不可握士夫之手。”洪台憮然。李公志氣骯髒之死不變者如此，名位之不顯，寔由於此。而其不降志辱身，則無愧爲當世之完人也。

寧邊人尹居衡以萬戶退居，不復進取，讀書行義，爲一鄉之望，稱以松坡處士。陶菴以繡衣時未及有聞，竟失薦剡，爲終身恨。其子濟世，號就巖，克世其學，除寢郎不仕，陶菴亦稱善士。父子繼業，可謂西土傑士，而名湮滅不稱，惜哉！

嘐齋嫺於禮，爲士夫三加之賓，不少失儀。亦曾赴二憂堂嗣孫冠席，見其器用太侈，促駕而出。主人請其故，公責曰："未有奢濫而不亡者，吾不欲與此。"主人攉謝不已，卽易以樸素，公始行禮，申戒而還。亦可驗古人風節也。

中洲李公少治擧業，臨闈每有關節，輒不受。從兄李尚書益輔勸以進取，而亦不應，從止菴金公定居驪州，仍不赴擧。尚書責以"不事科宦，則爲盜已矣"，而不少改度。其恬靜寡慾，自其素性然也。從姪逑源嘗歎"吾叔卽古所謂逸民"云。

鄭持平宗魯以愚伏嗣孫，克紹家學，講經于愚山故宅，從學者幾遍全嶺。其贈門人崔象龍詩曰："憐君千里不曾遙，石室伊吾送幾朝？丹粒欲成龍虎鼎，青春已學鳳凰巢。研經會使分銖縷，臨事須要過木橋。更把邵翁推得盡，不妨隨意答漁樵。"亦警絶可誦。

鄭處士赫臣[5]隱居烏棲山中，有詩云"簷前習鳥沖天志，枕下鳴泉達海情"等句，淸絶可誦。

金竹菴直淳淸夫、李竹村友信益之、閔擴齋致福元履，幷世有盛名，稱驪江三絶士。金、李兩公，名登儒選，而厄於短造，閔公晦身祿仕，又不免殀，俾其志業罔克充闡，是關吾黨運氣也。擴齋文章經識，超絶流輩，彌可惜也。

李圭復初謁陶菴，陶菴問其世閥，圭復以詩對曰："三世騎兵價布者，百年窮峽校生身。" 不諱其處地卑微者，固已知分，因之實心爲學，造詣亦眞，奇士奇士。妻不順於舅姑，見圭復至行，感化其勃磎，卒爲孝婦。居旌善之松石，仍自號云。

嘗過嶺南，聞下賤咸稱退溪以老先生，淸州則稱尤菴以大監。是可驗湖、嶺風俗之淳漓也。

國朝盛際，言議咸出儒者，故朝廷皆仰成于山林，世敎汚隆之攸繫也。李尚書益輔謁其從兄晉菴，曰"往拜渼湖，則渼翁以從氏秉匀，靡所建白，隨俗脂韋，得罪於士論云爾"，則晉菴氣色消沮，若將無所措躬，不敢致憾於渼湖。亦可見當時士夫風節之美也。

5 臣 : 底本에는 "新".《性堂集》에 근거하여 수정.

漢昭烈云"勿以善小而不爲，勿以惡小而爲之"者，此與《伊訓》"爾惟德罔小，萬邦惟慶；爾惟不德罔大，墜厥宗"云者，語意一揆。三代以後，帝王無此見解，昭烈遊於鄭玄、盧植之門，故得其緒餘而然，固淵源所漸，而亦學識所造也。襲劉璋而奪其國，非"行一不義，殺一不辜，得天下，不爲"者也。行不掩其言，惜哉!

稗乘有所謂《青野漫輯》，卽青陽人李喜謙所述也。喜謙卽尹東洙門生，而其所編輯，入附出汚，亂用手勢，語及尤翁，則構虛捏無，無所不至。如此者數卷，而尹光紹使秘而不出。此是合尹推《雜記》、羅良佐《雜錄》，而益肆誣辱云。是與南夏正《桐巢漫錄》同其凶悖，可焚而去之者也。

淸人阮元著書造妖捏怪，靡所不至，至以爲"君臣、夫婦、朋友，非天屬之親，不當入五倫中"，一掃經傳成訓。其言殆近嗚吠，靡足爲辨，而其心之無所忌憚，至於斯極，淸人之亡，可占於此矣。

張說爲高力士作祭父文，載《文苑英華》。以宰執而代宦寺述家祭之文者，自有南牙北寺以後所未有者，說也忍爲之乎?是出於威怵利疚固寵保位之計，以一身而壞四維，眞狗彘不若也。其平生伎倆，都是詭譎，不料無良之至於斯極也。

趙師睪嘗作犬嗥，以媚侂冑，及侂冑伏誅，有贈師睪謔詞者，曰:“侍郞自謂東墻，曾學犬吠村莊。今日不須搖尾，且尋土洞深藏。”若是者不可齒諸衣冠之列，而葉正則爲師翚墓銘，稱美甚重，抑不知有狗吠一事而云爾耶? 縱無此一着，其失身於侂胄者，固難免法義之誅，況爲狗彘之行者乎? 朱子嘗云正則:“在此詖、淫、邪、遁四種病中，將此見識，便欲判斷古今，不亦誤乎?”朱子已知其含糊鶻突，宜其無見於賢邪之辨也。

顧寧人、閻百詩、梅定九、萬季野俱爲明朝自靖， 終不被康熙屈降志辱身，其所立卓爾，無與擬倫。而李光地或爲之立傳，只稱其“博極群書，能以著述自通於後”已矣，無一言槪及其風節。渠旣失身，故不敢言名義，身與心俱化爲戎，其亦可哀也。

錢謙益始旣失身於馬士英、阮大鋮， 終又失節於淸人， 直是傀儡魍魎漢也。 上愧孫高陽， 下愧瞿稼軒， 如劉禪之愧父子也。 聞瞿稼軒降靈，作詩用代里社迎神送神之曲，其辭悲絶，至有“驅使八公閒草木，也應談笑掃苻秦”之句。然苟使稼軒有靈，其肯肹蠁於迎請乎? 更將何顔歸見師生於地下乎?

王魯齋承勉齋、北山嫡傳， 而作詩壽賈似道， 頌其援鄂之功，而辭極諂諛，殊乖素守，有是乎立脚得住之難也。核之於《宋史》本傳，無依附似道之事，而其詩之載文集者乃爾，殊不可曉也。

傅伯壽與其弟伯成曾已師事朱子，旣又奴事韓侂胄，致位通顯。方僞學之禁，預草詔詆善類，其草朱子秘撰告辭有“大遜如慢，小遜如僞”等語。朱子歿，伯壽適知建寧，又不以聞，伯成非其兄，每切責，而不聽。其爲人如此，而眞西山序其文集，稱述其治績而曰：“世之以附會詆公者，亦豈盡知其中心之所存哉？”其所原恕之辭，亦費心思，誠不知何爲其然也。此與勉齋之祭林栗文同一揆歟。恐難免識者之譏也。伯壽與趙師雍、胡紘置諸《伊洛淵源續錄》朱門叛徒，如邢恕之置程子門人之末焉，爲萬世背師之罪人。渠輩亦何心哉？

李光地述其妻墓誌曰：“母夫人之喪，余留京守制，自宅恤至安厝，凡百哀勞，皆夫人率我諸昆經紀。”所云“留京守制”，未知何爲其然。而縱令起復，起復非金革則不可。非金革從事，而母死不奔喪，喪祭委諸妻若諸昆，已無與焉者，誠不孝之大者，所守制者何事乎？光地亦嘗爲送友人外艱歸詩，送人奔喪，而渠則不奔，何待己不若待人耶？況戴星之行，贈詩非時乎。渠已失身於龍庭，大質已虧，亦曷責乎？

婚姻之禮正，然後品物遂而天命正[6]，在士庶猶然，況以帝王之尊，而處妃匹之際者乎？昭烈立劉瑁妻爲后，娶失節者配己，是己失節也。餘人尙不可爲，矧玆同族乎？瀆倫亂常，不可但以失禮言。若是者將何以奉宗廟社稷，而闡陰敎於天下哉？孔明之不諫東征，猶有其說。是爲造端正始，係國家安危存亡者，而亦無一言者何哉？抑言之而不著歟？終不能諫止，則孔明何以辭其責乎？

毅宗末年，戚里嘉定伯姓周者，因母后進蘇州名妓陳圓圓，色藝雙絶。上問圓以所從來，卽命遣還。此事不讓美於宋仁宗之出尙姬，所以爲殉社之基本也。幷后、匹嫡，非禮之大者。故雖以天子諸侯之尊，猶不敢爲者，況士大夫乎？錢謙益元配陳夫人尙在，而竟以河東君爲妻。其毁破禮防，悍然不顧者乃爾，其得罪於名義也宜哉。

吾東士大夫閨門之行極正，三代之所未有，無愧《漢書》所云"婦人貞信"之稱。而近世大防漸壞，往往有不忍言者，寔由世敎衰禮不興行以致然耳。若是者何以當華人所贊禮樂之邦、仁義之國哉？

東俗敎女子，以諺而不以文。是故生不聞聖哲成訓，殆不識三綱五常之爲重。至若諺稗，皆是淫褻不經之說，而婦女不知都出於虛贋，認以惇史，其反道悖德，咸從此出。自朝家嚴禁諺稗，俾其父母敎之以《孝經》、《小學》如四書等編，則庶幾移風易俗。而知斯義者寥寥，其將淪胥爲夷狄禽

6 正 :《漢書·匡衡傳》에는 全.

獸矣乎。

《近思錄》卽有宋之一經，爲四書階梯，而葉平巖註太欠疏略，如《太極圖說》刪略朱子註解者，尤失體裁。至淸儒施璜作《近思錄發明》，於葉註之精者，益求其精，其未及註者，蒐輯以補之，比葉註差勝，而猶欠財定。若經栗谷、農巖刪正，則可成完本，而世無具眼者，未知來後孰任其責耳。旣合五子《近思》爲一書，又載薛敬軒、胡敬齋、羅整菴、高梁溪名論於各編之下，不爲無補於學者功程也。

壬寅之變，夢窩荐棘于巨濟，虐焰燔空之中，猶將《節酌通編》一部，日夕翫繹。及其被逮也，以此留施尤菴書院，用作後人誦讀之資。閔相國百祥之流是島也，亦讀是編，書報于貞菴，貞翁云："他年誰作輿地誌，可將斯事作故實。"夢窩老而好學，不以危禍而自休，又能爲嘉惠後學之圖，不可視以微事而忽之也。

余嘗倣茅鹿門《唐宋八大家文抄》，擬選吾東文以牧隱、佔畢齋、簡易、谿谷、澤堂、息菴、農巖、三淵八家。而精力莫逮，罔克議到，用俟後世之具眼者遂此志願焉。若倣淸人儲欣[7]十大家之例，則當加月沙、象村。

7 欣：底本에는 炘.《唐宋十大家全集錄》에 근거하여 수정.

《古文淵鑑》正集，專取關係世敎底文字，而不載胡邦衡上高宗封事者，以不識用華變夷之義也。若使元魏孝文帝而處之，必不見刪而贊美不已也。

國朝將設倉於龍山江上，卽今所謂別營也。開基掘土，有石槨出焉，刻曰："朝鮮李氏倉庫之地，葬我於栗島。"從其言移窆栗島，後因大水栗島崩而墓不傳云。推步前知，瞭若指掌，其算數之精乃爾，而可認天下事莫非前定，非人力所可推移也。

徐花潭，數學卽吾東之康節，而終欠醇正。故其言行之傳後者，多涉弔詭，有未可準信。或云臨命欲尸解，閔杏村以非正終之道，力諫而止。未詳其虛實，而苟其然者，杏村可謂盡師生之分者也。

仁祖之世，有蔣姓人通奇門遁甲之術，隱于市廛，爲人傭賃。聞朝廷殺朴燁，長歎不已。及丙子率市廛子弟嘗厚於己者，避兵於鞍峴。而賊不敢近，金汗亦知其非常人，餽之以物云。

術士李懿信過尼山，見魯城山而曰："野中突起，氣勢固秀拔，而有反走之形。鍾此山氣者，必有背馳者。"至尹拯而其言乃驗，懿信亦可謂神術也。

文菴李公爲陶菴門下先進，而文學靡與比幷，陶菴每有述作，輒與之商確。一日謂文菴曰："夜夢見君背后書右副賓客李宜哲。我未嘗有虛夢，或者見中否？"文菴以經術竟拜右副賓客、弘文提學。所編輯近百卷，如《朱子大全箚疑後論》、《語類要解》等書，亦有功於斯文者也。

太白山中，近世有眞隱，夫妻負戴而至，故夫稱"負之"，妻稱"戴之"，不道姓名。有往訪者，見其懸鼓於樹，用兩足蹈鼓而歌以自樂，有詩云："東畔雉响西畔睡，風吹鬢髮剩有餘。問津何不一杖指，使知千載有長沮。"其人遯世無名，亦可謂高於沮、溺矣。

偶檢道家書，有云："明道先生嘗憩一寺，夜聞察察有聲，命火燭之，鼠於佛腸中銜一書欲出。先生取視之，乃丹書也。手抄而納舊本於佛腸，明日召塑工補厥孔。先生依其法鍊丹月餘，見其屋有光以爲火，競趨撲之，非火也。遂不復鍊，以將成之丹，塗於銀器，所塗處卽成金。或諷先生服之，先生曰：'吾腹中安可着此？'"此不載於程子遺書，而其不爲異術所遷惑者如此，與洞解加一倍法而旋復忘之者，同一義諦。苟非龍德正中者，其何能與此哉？

圃隱墓，雷轟碑面，去本朝贈職，只存高麗侍中者，已可驗英靈赫臨。而後孫多居墓下，有喪則邱木先死，用作柩材。將祭墓奴持酒瓶，中路竊飮，瓶塗于脣，至改備而後始去口。崧陽院廨失火，將延祠宇，方穿壁出位板，風雨驟至，頃刻滅燎。善竹橋石欄中折，而不隕于血痕。祠墓之間，洋洋乎如在云，詎不異哉？

江陵松潭書院，再被回祿之災，而獨廟宇全安。人以爲院是栗谷妥靈之所，故得神明所助。

德興大院君廟，廟僕早起循省，則有人伏于廟庭，昏窒不省。僕蹴起而問其故，則曰："我是盜也。撤廟中之器，將踰垣而出，兩脚重不可擧，有聲出廟內，仍被嚴刑，伏而不起。"披其所擔負，皆廟中儀物也，又有虎伏死於廟庭。祭饌若不潔精，輒施罰于嗣孫及具羞之婢子，祭訖嗣孫下階而跌，則警懼出餕飯看審，每有毛髮。以故齋沐致誠，倍百他祭云。

龍蛇之亂，倭賊犯箕聖墓，墓中隱隱有樂聲，賊懼不敢發。

　　孔子，大聖也，通幽明之故，應無顯靈之擧。而崇禎癸、甲之間，曲阜縣聖廟中有泣聲，入視之，宣聖兩淚交流。衆皆驚異，報于曲阜令。令親詣廟中省視，聖淚尙未乾，不勝駭懼，焚香拜祝。以有天地翻覆之憂乎？亦可異焉。

仁顯聖母巽于私第也，夜輒有兵馬聲如宮墻巡邏之爲者，宮婢出而覘之，則無形影。自己巳至甲戌，靡夜不然，及聖后復位入闕而止。蓋至德所臨，百靈衛護，光復之兆，亦可見於此也。

巫覡之事，極其荒誕，而往往有驚異者。壬寅士禍之后，崔錫恒婦女爲錫恒賽神，女巫碎鈴大叫云："吾是尹進士志述冤魂。急持錫恒頭來。"終日夜不絶其聲。錫恒婦女聞其事，替送錫恒衣冠軒貂，巫咆哮踊躍，數錫恒構殺忠良之罪，而片片毁裂。其忠魂毅魄，冤鬱不散，剡剡揚靈者，乃爾。其事與豫讓之擊衣略同，有足稱快。錫恒亦不終月而斃。當時文士作古詩述其事云。

辛未關西土賊洪景來擧兵叛，將祭鮮于遯菴于泰川鰲川祠，粢盛終不熟，瓣香終不爇，竟不成享。遯菴英靈洋洋，至不受亂賊私薦，神理之好善惡惡，亦可驗也。若使遯菴而在者，應敎化一路，不致昧逆順之辨而任自從賊也。

徐餘齋禎稷輯家居談說，而名之以《恥言》，多格言至論。其曰："仁，生理也。故卉木實中之含生者，命之仁。實卽誠也，物之終始也。故卉木之旣結而又傳生者，命之實。"其發揮程子餘意者如此。此外說理平實，無嘉、隆以後諸儒虛矯之習氣，令人興感也。

壬辰倭賊至大同江，無船可渡。彷徨之際，忽見一白狗渡江而去，水不沒膝。群賊見之，以爲水淺，鳴鼓進軍，太半溺死。後祭狗於江上，稱狗首津，卽今土城外閒似亭上流卽其地云。斯事與高句麗時七僧之引隋兵溺淸川江同也，七僧則誘以佛靈，而狗則出於忠義，亦可異焉。

倭奴竊據平壤城，一夜有群鼠渡江而至，入倭賊矢韔中，齧斷其弓弦與矢竹殆盡。倭賊不敢戰，鼠隊出至蒼光山自死。今有鼠塚，官爲之祭，云"蠢動含靈，咸效其性"。詎但爲蜂蟻之有義哉？

草木無靈，而亦能隨地運相感應。己巳栗、牛兩先生黜享于聖廡也，甲山府埋兩位版于鄕校近所松樹下，松自枯死。及甲戌復享，松忽改柯易葉而生。尤翁華陽草堂有梅樹甚盛，己巳春枯死，甲戌春復生，花葉如舊。

順興府賓館前有鴨脚樹，錦城大君謫居隣近館所，而是樹忽枯死，錦城被禍，至於革邑。數百年後，枯根復萌，漸至成陰，而錦城大君褒忠築壇，斯事亦已奇矣。且竹林權公山海以端廟戚聯殉節於順興，而建祀于雲谷。竹林後孫宗洛，以乃祖伸冤建祠之歲，到順興，審錦城壇，攀再生之鴨脚樹，伐其柯作柄，歸揷于雲谷祠前，今成拱抱之材。是爲萊公竹之類歟。意氣相感，亦在於卉物，亦可異焉。

魚在江中，亦隨陽氣上下，立春前皆附地而潛，立春後始浮水而游，是所謂"魚陟負氷"也。水內水外，都是一氣，非直在陸之蟲啓蟄而已。春寒孔酷，則雖已建陽，而百蟄不動，魚則負氷潑剌，無異盛夏。蓋水中受陽，先於水外也。

衆萬之生，莫不返本。故花生蟲，蟲化蝶而採花；糞生蠅，蠅生蛆而嗜糞。苟體斯義，則亦可以知敎子孫之術，蓋人與物不異故也。

“草堂春睡足，窓外日遲遲。大夢誰先覺，平生我自知”一絶，以孔明詩名世，世間凡係孔明文字，莫不援用，非直科文已矣。孔明詩只有《梁甫吟》見載《武侯全書》，“草堂”詩秖見于《三國演義》，其出于聖嘆輩可知，而無人辨破。古今詩文眞贋之相混如此類者，殆不可勝數。“大夢云云”，有涉浮夸，決非孔明口氣，不待具眼者而可斷其僞也。

程叔子與韓維泛舟潁湖一條，見載於《宋名臣錄》及《二程全書》，而《性理大全·歷代》編載諸韓琦條，認韓維爲韓琦。朱子答陳器之書，【性是太極云云】直云“潛室陳氏曰云云”，好學論，卽伊川所作，而曰明道。其全不考校，混淪編入如此，其餘皆可推知。

梅山集

卷五十三

附錄

附錄

年譜

先生諱直弼，字伯應，姓洪氏，系出唐城。

丙申 皇明毅宗皇帝崇禎紀元後一百三十八年。【國朝正宗大王御極初年】

六月壬子【十三日】申時，先生生于漢城之鑄字洞第。

皇妣朴夫人懷妊，夢神龜入懷。○先生生有異質，不妄啼笑，儀形魁偉，闊顙長面，聲如洪鐘，自幼不好嬉戲，屹然有巨人度。先輩長德，撫頂稱賞，無不以人傑期之。

丁酉 先生二歲。

先生自孩提多就養于外王母鄭夫人，鄭夫人嘗言先生數歲已知愛敬父母，纔行步便隨長者行晨謁禮，禁之而不止。

戊戌 先生三歲。

皇考判書公手書類會字以教之，不煩誨責，而自能曉解。

己亥 先生四歲。

受《千字文》於季舅紫閣朴公【諱聲漢】。

朴公嘗謂先生曰"吾斅爾《千字》，未一月而畢，後能了然無礙塞處"云。

冬，經痘。

庚子 **先生五歲。**

受《十九史略》於季舅。

辛丑 **先生六歲。**

壬寅 **先生七歲。**

先生幼時，人予錢，則不受，長者令予人錢，則承之以器而不以手。 ○外氏家奉光海君祀，先生以光海斁敗倫常，不食其餕餘。【不知的在何年，姑附于此。】

癸卯 **先生八歲。**

自外氏第始歸家。

先生自幼疾惡過人。嘗見廊下有磨碑役，知其爲順朋墓所竪，告判書公曰"小人之碑，胡爲乎吾家之廊"，請逐之。判書公雖責其過峻，心益奇之。又有權倖家在比隣，先生往後園高處，呼其名而數罪。其人大恚，誣告以判書公指使，禍幾不測，賴正廟聖明，得以無事云。

【不知的在何年，姑附于此。】

有詠日詩。

詩云“羿射落九烏，一烏獨颺彩”，人皆稱有遠到氣象。自是課業益專，書籍不暫離手。○先生幼時，有時標揭先聖先賢位號而祭之云。【不知的在何年，姑附于此。】

甲辰先生九歲。

受史於王考參判公。

時參判公以貞陵令出直，先生每陪往讀書，兼賞泉石之勝。

乙巳先生十歲。

受史於判書公。

丙午先生十一歲。

五月，經紅疹。

時文孝世子疹候平復，後數日薨逝，藥院醫官不愼試劑，竟至於此。先生痛惡之，草疏數百言。

七月，遭伯舅毅窩 朴公【諱鳴漢】喪。

受《書》於金公【履重】。

時祖妣李夫人在參判公宜寧任所，病患沈重，判書公聞報發行，書托先生於金公。金公卽密菴【砥行】之姪也。先生逐日往學。後又受學於立菴朴公【俊欽】，朴公，屛溪高弟而於先生爲外戚也。先生嘗言“吾一簣之初，開發於二公者爲多”云。

九月，遭祖妣李夫人喪。

先生承訃號泣，悲不自勝。

十一月，葬李夫人于漣川玄溪。

丁未 先生十二歲。

戊申 先生十三歲。

祇受內賜錦囊子。

孝懿王后於先生曾祖考贊成公爲外孫女，嘗愛重先生，故有是賜。先生祇受訖，詩以識之，有"丹心一片貯玆囊"之句。

己酉 先生十四歲。

讀《書傳》。

庚戌 先生十五歲。

三月【辛巳】癸未，冠。

辛亥 先生十六歲。

五月【乙亥】丙子，聘全州李氏。

判書溎女。○先生雜錄曰："余年十三，岳翁李尙書來見余于日涉亭中，撫愛甚重，期以明年己酉行親事矣。公遽以己酉正月二日下世。人之來見者皆謂'重侍之下，不可待年'，時亦有請昏者。而余固請待年，家大人許遂其志。"

聞三山齋金公【履安】訃。

先生雜錄曰:"余髫齔時, 欲進拜三山齋, 以爲請益之地, 乾沒學業莫之遂。庚戌春, 與族祖晚圃公約爲束脩之行, 又以世故多端不能焉。辛亥五月委禽後, 方欲圖進, 忽承訃, 因不得遂計, 竟爲沒世之恨。"參判公亦嘗詔先生曰:"金贊善若不下世, 則當送汝受學, 而今焉已矣。"

壬子 先生十七歲。

九月, 往拜近齋朴先生于貞洞。

先生自成童文辭大進, 而已有求仁爲己之志, 讀書必要體究, 發言動稱聖賢。至是以書爲贄, 往拜近齋先生, 近齋先生一見心許, 謂"吾道有托"。○先生嘗曰:"余年十七, 始志于學。"○先生自是刻苦下工, 冬不處溫室, 飢則餐松葉, 危坐一榻, 學業日修, 聲聞日達。正廟聞而嘉尙, 屢詢於先生所知曰:"洪某近日猶着道袍, 終日危坐讀書乎?"

冬, 往拜近齋先生。

時近齋先生拜監役, 朝野皆欲其出。先生獨擧栗谷語牛溪事, 勸其不出, 近齋先生從之。○先生初諱兢弼, 字伯臨, 近齋先生爲改今諱與字, 遂引《尙書》"其弼直, 惟動丕應徯志"之文、朱子"天地生萬物, 聖人應萬事, 直而已"之語, 作字說以期勉焉。【不知的在何年, 姑附于此。】

癸丑先生十八歲。

二月，往長谷，拜立菴朴公。

時朴公來留紫閣朴公家，先生往拜，受《大學》、《中庸》序文。

六月，聞掌令閔公【彛顯】訃。

先生不勝嗟惜，書送殄瘁詩於淸修金城甫宗善。南山下訪味道尹有成。

尹有成，中人也，出入陶菴、櫟泉之門，有學行，故先生往見之。

七月【壬辰】己亥，丁朴夫人憂。

先生哀毁過度，幾至失明。

八月，葬朴夫人于高陽省湖。

先生旣葬亦啜粥，久而羸憊，家人以肉汁進，牢拒不飮。參判公勸之，亦不從，乃走人於判書公任所，使歸而譬之。判書公還家大責曰"汝知母而不知父祖"，仍命出之，先生惶恐泣謝，略食少許。

奉几筵往留判書公任實任所。

哭泣之暇，讀《大學》、《中庸》。○時邑隸有摘柿而墜死者，其婦痛冤，卽日自裁。先生聞之心惻，爲之立傳，終歲屛柿。

甲寅先生十九歲。

二月【己未】丙戌，遷朴夫人墓于同山。

九月，行禫事。

乙卯 先生二十歲。

冬，隨往判書公大邱任所。

歷拜達川忠烈祠。○先生在衙中，有一少妓入先生寢房，先生命之退，妓愈益近，先生命衙奴曳出之。自此處聲色之場數十年，而謹嚴如一日。

丙辰 先生二十一歲。

二月，遊達城。

三月，遊八公山。

五月，自大邱還京第。

歷拜檜淵書院，遊海印寺，訪商山拜雲湖任公【靖周】，轉至懷德，性潭宋公【煥箕】有患候，不得拜。

六月，與文山李汝弘載毅遊道峯拜書院。

歷訪淸節祠。從弟龍弼從往。

聞立菴朴公訃，爲位而哭。

後有祭文，又撰墓誌。

八月，往玄溪修歲事。

歷拜臨漳書院。○玄溪卽先生八世先塋也。後建墳菴，取《詩》"維桑與梓，必恭敬止"之義，名之曰"敬止齋"。○歲事之行，煩不一一盡錄。

十一月，往拜石室書院。

陪季舅紫閣朴公往楊根道谷，省外祖知足堂公墓。

十二月，聞雲湖任公訃，爲位而哭。

後撰墓誌。

哭殤弟。

往拜近齋先生。

時近齋先生有患候，爲先生力疾論學問性理及出處之義。

丁巳 先生二十二歲。

正月，往拜近齋先生。

陪判書公發大邱行。

三月，還京第。

歷入懷德，拜性潭宋公，又歷弔雲湖任公。

四月，往銅雀江頭，祇迎尤菴宋先生祠版，又往貞洞宋咸陽煥章家，拜祠版及影幀。

時尤菴先生祠版，將奉往於其嗣孫欽書載寧任所。

閏六月，訪叉溪泉石。

十一月【丙寅】冬至日己巳，作《自警文》。

往拜近齋先生。

時淸修先來，與之終日侍話。

讀《書傳》。

十二月【丙申】，往省湖省墓。

是日卽朴夫人晬辰也。○展省之行，煩不一一盡錄。

往楊州拜外姑貞夫人南氏墓。

戊午 先生二十三歲。

判書公以官眚就理。

時日甚寒，先生夜處廳事以達曙，朝夕視饌，以匙箸多寡爲憂喜。

三月，往玄溪省墓。

轉往寶蓋山，訪石臺諸勝。從弟翼弼從往。

往東村，拜中洲李公【直輔】。

四月，往省湖省墓。

轉向杏湖，拜南塘韓公、庸齋金公影堂。

陪仲父縣監公【諱鼎簡】、季父通德郎公【諱濟簡】、季舅朴公賞蓮于盤松池。

撰朴夫人家狀。

往拜近齋先生，謁朴夫人墓誌。

七月，遭參判公喪。

九月，葬參判公于玄溪。

十一月，往留楊州氷巖讀《中庸》。

從弟翼弼從往。

己未先生二十四歲。

正月【庚申】丙子，哭近齋先生。

承訃奔哭，仍看襲斂參成服，心喪三月。

三月，往省湖省墓。

手種橡實，歸路歷尋大德山竹下金公【熤】墓。

往慕華館，祇迎尤菴先生祠版，仍陪到銅雀江頭，拜辭而還。

時尤翁嗣孫欽書以載寧郡守，避虜使支接差員，海伯曺允大以是置中考。欽書圖遞，奉祠版將向蘇堤本第。

往哭近齋先生靈筵。

有祭文，後撰行狀、墓誌。

五月，往果川雲滿山，觀近齋先生葬。

葬畢，與李文階升淵、朴惠吉和喆聯轡而還。

與文山李公遊華陽洞及仙遊洞。

歷拜青川尤菴先生墓。

遷參判公墓于同縣仁聖洞。

庚申 先生二十五歲。

正月，著菴兪公【漢雋】來訪。

兪公見先生，詡與綦重，仍要一訪。後十餘日，先生往長洞拜之，應待尤款款，陪話竟日而還。○時一隊長老無不期待先生。李公【宜耆】嘗語參判公曰"此子，兄家之顏子"，對石李公【宰鎭】亦謂參判公曰"伯應，今之瑞物"云。

往華城，拜性潭宋公於店次。

時性潭承召上來，先生往拜，仍先到果川邑店，又乘夜入見。

二月，往崇禮門外，拜性潭宋公。

四月，遭季父通德郎公喪。

後撰墓誌。

六月【壬子】己卯，正宗大王昇遐，進敦化門外擧哀。

八月，往楊州陶山，拜渼湖、三山齋兩先生墓。

十月，往壺洞，拜中洲李公。

訪襟溪李子岡鳳秀。

先生與襟溪自弱冠結爲神交，擬以生同志死同傳，平生往還最多，而煩不一一盡錄。

十一月，進洞門外，哭送㢠衛。

又進宣仁門外，參下玄宮哭班，又進鷺江，哭迎返虞。

往拜著菴兪公。

潁西任公【魯】來訪。

辛酉【純祖大王元年】**先生二十六歲。**

正月，往哭近齋先生靈筵。

有祭文。

二月，中進士初試。

及屈會圍，遂廢擧業。○先生雜錄曰："余自童子時，斷念進取，三赴司馬試，亦黽勉承親命也。至若大科，未嘗一赴也。"

六月【丙午】辛未，進敦化門外，參正宗大王小祥哭班。

十一月，往拜潁西任公。

此後源源往還，而煩不一一盡錄。

壬戌先生二十七歲。

正月，校近齋先生遺稿。

三月，遷朴夫人墓于永平金柱山。

四月，往觀外舅李公葬。

有祭文。

七月【己巳】甲申，與文山李公舟遊氷湖。

八月，遊金剛山。

轉訪海金剛、三日浦、叢右亭諸勝而還。

讀《孟子》。

癸亥 先生二十八歲。

往拜性潭宋公。

秋，往拜玉屛書院。

往拜石室書院。

十二月，第四女生。

先是先生生三女，皆不育。【不知的在何年，姑附于此。】

甲子 先生二十九歲。

四月，舟遊鷺湖。

與李子田龍秀、李子岡、李子埜驥秀、李元裕宲、宋日章文絅同遊，仍拜六臣、定齋、四忠三書院。從弟翼弼從往。○又與李舜卿民祜講《近思錄》于四忠祠。

八月，會潁上講《小學》。

與疇巖李公【義秉】及襟溪李公同會。

九月，往長洞著菴兪公家參文會。

與潁西任公及徐公【簡修】、申公【在仁】、兪公【星柱】同會。

乙丑 先生三十歲。

正月，往覲判書公安城任所。

陪祠宇率內行而往。

貞純[8]王后昇遐，擧哀。

六月，遭第二妹尹氏婦喪。

前後四爲文祭之，又撰墓誌。

八月，往拜花谷書院。

白沙李文忠公主享之所，先生於公爲彌甥。

十月，往拜道基書院，仍登詠歸亭。

時從弟龍弼，以司馬新恩，到安城衙中，從往。

丙寅先生三十一歲。

四月，自安衙往永春。

時先生仲父縣監公宰是邑。

遊順興浮石寺。

遊丹陽。

至舍人巖，尋禹祭酒【倬】、李處士【胤永】遺躅，仍遊上仙巖，巖卽遂菴先生藏修之所也。

六月，自安衙還京第。

九月，遊瑞雲山。

山在安城。先是先生來覲留衙。

十一月，自安衙還京第。

十二月，往覲安衙。

丁卯先生三十二歲。

8 純：底本에는 "淑".《璿源世系》및《純祖實錄》·《承政院日記》관련 기사에 근거하여 수정.

正月，往永春。

未久返安衙，仍還京第。

八月，遷朴夫人墓于陽城天德山。

自是自稱天德山人。 ○是歲判書公自安城移全州府判官，先生往覲。【未詳的在何月，姑附于此。】

十月，第四女夭。

撰壙誌。

十一月，遭仲父縣監公喪。

後撰墓誌。

戊辰 **先生三十三歲。**

往懷德哭酹性潭宋公靈筵。

後又再祭幷有文。

五月，子一漢生。

八月，往天德山修歲事。

每年春秋，往修歲事，煩不一一盡錄。

九月，遊清漪亭。

訪石室書院。

與邱隅金正宅基敍期會。

己巳 **先生三十四歲。**

正月，一漢夭。

後撰壙誌。

五月，舟遊龍湖。

九月，遷參判公墓于玄溪。

十月，第五女閔氏婦生。

庚午 先生三十五歲。

七月，埋朴夫人墓誌。

戊午近齋先生撰誌，至是先生述追記幷埋之。

遊叉溪泉雨閣。

從弟翼弼從往。

九月，往觀判書公密陽任所。

遊嶺南樓。

有記商[9]。

往拜禮林書院。

十二月【辛巳】丁未，除敦寧參奉，不就。

辛未 先生三十六歲。

正月，還京第。

是月三日，爲觀淸修葬，自密陽發行，至淸道始承新除之命。

往哭淸修金公靈筵。

有祭文。仍往淸修洞，觀葬禮而歸。後又撰墓誌。

二月【庚辰】丙戌，往觀密府。

9 商 : 문맥상 오자인 듯함. 《梅山集》 卷27에 〈記嶺南樓事〉라는 제목의 글이 실려 있는 것으로 볼 때 "事"의 오자인 듯함.

前月晦日，自京發向陽城省親山，仍作密行。

閏三月，陪判書公上嶺南樓。

舟遊三浪。

七月，遊月淵。

八月，發觀海行。

歷賞通道寺、梵魚寺、東萊府溫井、釜山萬公壇，轉尋永嘉墓、沒雲臺而還。

九月，聞中洲李公訃。

後撰墓誌。

十二月，訪潁西任公於新寧任所。

共遊環碧亭、銀海寺。

壬申 先生三十七歲。

正月【乙亥】壬子，承外王母鄭夫人訃。

時先生在密府，望哭于將廳。

四月，陪判書公還京第。

七月【辛未】，往哭外王母鄭夫人靈筵。

有祭文，十月遷窆時，又有祭文。後撰墓誌。

癸酉 先生三十八歲。

隨判書公移居于尚洞。

往樓院，拜淸修金公墓。

撰外祖父母墓碣追記。

九月，往覲判書公慶州任所。

陪祠宇而往。○將行，操文哭辭于外王母鄭夫人靈筵。

遊佛國寺。

往拜玉山書院。

甲戌 先生三十九歲。

二月，除翊衛司洗馬。

閏二月，上京肅謝。

歷登金角干庾信墓。○時東宮書筵日開，宮官皆極一代之選。先生感激恩命，遂出肅，八日持被，五度登筵而呈遞。○登筵時，賓僚仰請桂坊文義，指先生云有學識。先生以學識之目，非所敢當，且以不能宿齋預戒，卒乍取辦於口吻之間，亦欠誠敬，不爲仰對。

三月，往觀慶府。

十月，訪金鰲山梅月祠。

乙亥 先生四十歲。

二月，作覽德齋記。

時先生處慶州子舍，舍在鳳凰臺之傍，先生取賈生賦語扁之曰"覽德"，仍爲記，以戒處子舍而貽累父兄干國之紀者云。

三月，遊臥龍菴。

五月，尋風詠亭。

慶州司馬所也。

八月，還京第。

時判書公棄官歸，先生隨還。歷大邱，操文哭仁村禹公【載岳】靈筵。

哭內弟朴穉五來五靈筵。

有祭文。

丙子 先生四十一歲。

二月，哭疇巖李公靈筵。

有祭文。

三月，哭朴元得宗輿靈筵。

有祭文。

八月，與襟溪李公遊木覔山。

遊洗劍亭。

九月，上南漢西將臺，仍拜顯節祠。

丁丑 先生四十二歲。

四月，舟遊滓湖。

歷賞伏波亭。金弟鏞、從弟翼弼·允弼從往。

往貞山觀水。

潁西及老洲吳公【熙常】不期而會。

八月，往酹淸修金公墓。

有祭文。

往見山酹守愚李在邦承達墓。

有祭文。

九月，與竹里金公【基豐】、沈公【能定】、老洲、邱隅、潁西諸公共遊貞陵山寺，仍尋淸修洞之在澗亭。

陪季舅紫閣朴公、潁西任公共上木覓山。

戊寅 先生四十三歲。

三月，老洲吳公來訪，偕登南麓賞花。

六月，往貞陵，訪閔寧仲致文。

時閔公以寢郎出直。

取族弟禹弼第二子一純爲後。

一純年十五。

撰《尤菴先生畫像贊》。

先是先生得尤菴先生畫像，竹泉金公所草、畫師李命基所傳寫者。櫃奉精舍，每月朔望及晬諱兩辰，揭于中堂，行再拜禮，用寓羹墻之慕。後又請得近齋先生宅所藏孔、朱兩夫子小像，同奉焉。

己卯 先生四十四歲。

四月，往鐘巖，拜老洲吳公。

先生於老洲眞誠愛慕，嘗曰："造道之深，見理之精，可與栗谷、農巖相上下。"前後遊從，不啻源源，而煩不一一盡錄。

作《續寫照銘》。

朱子年四十四，作《寫照銘》，先生是歲亦四十四，故續之。

九月，與老洲吳公遊道峯。

是年卽靜菴先生殉道之歲也，感甲子之復回，爲是行。夜登藏書閣，先生誦伊川《易傳序》，老洲誦《孟子》牛山熊魚章。翌日轉訪水落山淸節祠而還。

竝有記。

庚辰先生四十五歲。

三月，往覲判書公寧越任所。

陪祠宇而往。

陪判書公遊賞於羅淵、玉筍屛、紫煙巖、錦江亭諸勝。

羅淵，先生改名爲月羅。

四月，與潁西任公、老洲吳公遊賞丹陽、淸風、寧越諸勝。

時潁西爲忠原倅，先生自寧衙發向忠原，留待老洲，訪黃江拜尤菴、遂菴影幀于寒水齋中，仍往丹陽，舟遊島潭、龜潭、降仙臺、船潭，尋風穴、水穴。下舟復與老洲上錦江亭，訪紫煙巖，審彰節祠及莊寢，又尋立石、淸泠浦、彰烈巖，送別老洲。○淸泠、彰烈特有記。

陪判書公遊錦江亭。

莊寢郎沈仲賢獻永來會。

往原州萬宗，拜十一世祖考妣墓。

六月【乙酉】辛卯，行子一純冠禮。

時一純亦隨來寧越衙中。

七月，聞妹金氏婦訃。

八月，往哭亡妹靈筵。

有祭文。

十一月，往拜老洲吳公，共遊鳳川。

十二月，行子一純昏禮。

一純爲沈公獻永女婿。

往廣州廣峴，拜先祖莊襄公墓。

辛巳 先生四十六歲。

二月，隨判書公還京第。

時判書公賦歸，先生隨還。

三月【辛亥】己未，孝懿王后昇遐，進弘化門外擧哀。

五月，往小波亭，拜老洲吳公，仍共舟溯流，尋黎湖朴先生遺墟。

九月，進弘化門外，參健陵出玄宮哭班。

進崇禮門外，哭送孝懿王后廞衛。

進弘化門外，參下玄宮哭班。

十月，往拜老洲吳公，共訪紫霞洞水石。

十一月，哭內從妹尹氏婦靈筵。

有祭文。

壬午 先生四十七歲。

正月，隨往季舅紫閣朴公靷行于開谷。

哭庶從母任氏婦靈筵。

有祭文。

行第五女閔氏婦昏禮。

參判致文第二子。

閏三月【丙子】甲辰，除長興庫奉事，不就。

秋，餞潁西任公謫行。

　　與老洲相會于石隅，轉至氷湖，送別潁西。

九月，與老洲吳公、竹里金公、襟溪李公會於鐘巖水閣。

　　時竹里書請期會于金判書基厚別業，先生以爲"吾輩一步不可枉，何必會於戚宰之墅乎"，遂會于鍾巖。○先生雖久要，在通顯，則絶無往還。雅言"吾平生不枉一步，庶無愧古人"云。

十月，與老洲吳公會于狎鷗亭。

　　入夜賞月，仍宿亭中，翌日歷選古心、夙夢亭諸勝。

讀《中庸》。

　　時與一純共讀，一純讀《論語》。

癸未 先生四十八歲。

三月【庚午】戊寅，進弘化門外，參孝懿王后大祥哭班，遊奉恩寺。

　　時先生往拜潁西，少焉老洲至，因與之同遊。

四月，往間谷，祭季舅紫閣朴公墓。

與潁西任公、老洲吳公講《大學》于鷺江祠。

六月，與襟溪李公賞蓮于壯勇營之感恩堂。

與老洲吳公、襟溪李公、竹里金公遊挹淸樓。

八月，哭庶從兄營將奭弼墓。

　　有祭文，後撰墓誌。

陪判書公登南麓賞秋。

穎西、老洲、竹里、襟溪諸公亦來會。

九月，與穎西任公、襟溪李公遊道峯。

夜登霽月樓誦書，穎西誦《禹貢》，先生誦《東西銘》，襟溪誦《太極圖說》。

甲申 先生四十九歲。

正月，致書剛齋宋公【穉圭】，論華陽院儒事。

時院儒憑藉廟院，侵漁下民，故先生禁之。

上元夜，與穎西任公、襟溪李公，賞月于第一、第二橋。

二月，赴吳弘善冠筵。

弘善，老洲之孫也。戒先生爲賓，先生作字說。

三月，往東郭，拜穎西任公，仍與之瞻旄。

時上行幸徽慶園，小朝陪扈。

陪判書公上南麓。

穎西、竹里、襟溪諸公亦來會，竟夕而還。

作毅宗皇帝遺詔跋。

是月十九日卽毅宗皇帝殉社之三周甲也。先生不堪於戲之思，作是文。

四月，與老洲吳公遊松京。

歷登花石亭，拜聽松、牛溪墓，入松京登南門樓、慶德宮，仍設講會于崧陽書院，訪滿月臺、善竹橋、掛冠峴、花谷書院，宿靈通寺。歷賞朴淵，登逝斯亭，宿大興寺。入彩霞洞，拜豐溪祠。○善竹、掛冠特有記。

六月，陪判書公登挹淸樓。

老洲、潁西、竹里、襟溪諸公亦來會，　泝江到露梁，下舟而還。

率子一純往拜老洲吳公，留一純受學。

先生於一純有父子間知己之樂。嘗告于老洲曰："兒子精約詳密，非愚所及，但欠淸弱。"老洲笑曰："剛大之餘，繼以淸弱，亦理也，何害爲法門佳子？"他日謂門人曰："洪友如刱業，其胤如守成，洪氏之福，蓋未艾矣。"

與襟溪李公賞蓮于東營之湛雲堂。

七月，與襟溪李公遊在澗亭，仍賞貞山泉石。

拜芝谷李公【敏朝】墓。

次李白《紫極宮》詩。

冬，讀《易》。

乙酉 先生五十歲。

正月，往東郭，與潁西任公、邱隅金公、襟溪李公賞月于第一、第二橋。

三月，迎候判書公於弘濟院。

先是判書公爲賞朴淵作松京行，至是返次。

四月，與老洲吳公率諸生講會于鷺江祠。

陪判書公往賞洗劍亭。

八月，隨往從弟翼弼靷行于楊州。

有祭文，後撰墓誌。

十月，與潁西任公、襟溪李公訪東關王廟，轉遊淸涼寺。

竟夜討論而還。

丙戌 **先生五十一歲。**

五月，與潁西任公、襟溪李公舟遊鷺梁觀漲。

歷拜老洲于敦艮齋，仍登龍驤鳳翥亭。

與邱隅金公登紫閣峯。

六月，與襟溪李公賞蓮于湛雲堂。

九月，與老洲吳公遊介石亭。

往鷄山，祭仲父縣監公墓。

丁亥 **先生五十二歲。**

正月【十五日夜】，往東郭，與潁西任公、襟溪李公賞月于第一、第二橋。

二月【丁未】庚戌，丁判書公憂。

先生事判書公至孝，及判書公年彌高，先生往往不解衣而寢，寢必首判書公居室，戶有開閉聲，輒蹶起往探，知無恙始退寢。丁憂哀不欲生，羸瘁成疾，左眼受病，竟失明。蓋先生時已老矣，而持制愈嚴，雖極熱，不脫絰帶，三年不入中門，非謁廟省墓，一步不下堂。○時有邦慶，洛下士大夫有喪之家，多廢哭而行饋奠。先生以爲"以邦慶禁私哭，三代以後所未聞"，獨哭行如禮。

四月【丙午】壬申，葬判書公于天德山，與朴夫人同穴。

戊子 **先生五十三歲。**

八月【戊辰】庚辰，遷判書公、朴夫人墓，合窆于始興梅山。

自是自稱梅山老夫。

聞潁西任公訃。

潁西臨沒，要先生以生前面訣，先生以禮防有拘不敢往。

己丑 先生五十四歲。

四月，行禫事。

自初終至禫、吉，少有疑晦，無一不書質于老洲吳公。

五月，往漣川，埋安五代祖考妣祧主。

六月【癸亥】乙亥，往梅山省墓。

先生每於生朝往留墳菴，不許設酌，而煩不一一盡錄。

遊淸修洞。

林象鉉及外弟金鏤、從弟允弼、庶弟若弼從往。

哭竹里金公靈筵。

有祭文，後撰墓誌。

庚寅 先生五十五歲。

五月【丁巳】壬戌，孝明世子【翼宗大王】薨，進弘化門外擧哀。

六月，哭潁西任公靈筵。

有祭文。

八月【丙戌】戊子，往鐘巖洞口，哭迎孝明世子廞衛。

前一日會老洲、襟溪於鍾巖止宿，曉往洞口，哭迎廞衛。夕至延慶墓洞口，參下玄室哭班于內作門外，又會于鐘巖，哭迎返虞。○先是魂殿有火變，先生欲依“新宮火，三日哭”之例，進哭闕門，而終以獨往有涉突兀，不克自遂。

十月，承伯姑母金公【載象】夫人訃。

十一月，哭伯姑母靈筵。

　　有祭文。

隨往伯姑母靷行于高陽。

十二月，訪花田陶菴別業，拜影堂。

辛卯 先生五十六歲。

四月，遊寶蓋山。

移居于會賢坊。

五月【壬子】丁巳，進宣仁門外，參孝明世子小祥哭班。

六月【辛巳】戊子，遊賞淸修洞及貞陵水石。

　　門人趙秉憙從往。

九月，哭從弟允弼靈筵。

　　後又再祭，竝有文，又撰墓誌。

壬辰 先生五十七歲。

三月，登琵琶亭賞春。

　　任翼常從往。

五月【丁未】壬子，進弘化門外，參孝明世子大祥哭班。

與申寗世常顯遊賞淸修洞及貞陵水石。

七月，進弘化門外，參孝明世子禫祭哭班。

九月，遷贊成公墓于漣川。

撰判書公家狀。

謁判書公墓碣於老洲吳公。

閏九月，往大隱亭，謁判書公墓誌於襟溪李公。

十月，與諸生講《中庸》首章、《玉山講義》。

癸巳 先生五十八歲。

二月，遭季母鄭夫人喪。

四月，隨往季母鄭夫人靷行于楊州松山。

五月，祭季母鄭夫人靈筵。

　　有祭文。

八月，哭外弟金鏽靈筵。

　　後又再祭，竝有文。

與文山李公尋冠岳水石。

　　午炊紫雲菴，夕宿三藐寺。朝發歷賞望月、佛惺兩菴，登暎炷臺。翌日舟下露梁，登龍驤鳳翥亭，轉拜老洲，歷尋金幼善逑鉉于潤雨堂而還。

十月，往哭老洲吳公喪。

　　時先生聞老洲病報急往，中路聞訃。趨哭，留子一純而還。及成服又往參，加痲三月。

十二月，哭老洲吳公靈筵。

　　有祭文，後撰行狀、墓誌追記。

往廣州梨湖，觀老洲吳公葬。

　　子一純亦往。

甲午 先生五十九歲。

四月，託人酹朴季立命壁墓。

有祭文，後撰墓誌。

十月【壬辰】庚子，作後重陽會于岳麓之七松亭。

任翼常、門人趙秉悳從往。

十一月【壬戌】甲戌，純祖大王昇遐，擧哀。

乙未【憲宗大王元年】**先生六十歲。**

四月，哭李子善在慶靈筵。

有祭文。

五月，移居于玄江小東樓。

樓南臨梅山，先生日夕瞻望，扁以望雲樓。襟溪李公記之。

丙申先生六十一歲。

六月【癸丑】乙丑，往梅山省墓。

先生以回甲，彌不堪孺慕有詩，曰："歲月無端又丙申，惟吾以降在斯辰。風吹宰樹仍明發，厚夜冥冥不復晨。"

八月，與襟溪李公、吳瑞五致成遊冠岳山三藐寺。

丁酉先生六十二歲。

二月，哭舅母鄭氏靈筵。

有祭文，後撰墓誌。

四月，與吳瑞五同舟，賞濯纓亭，仍登蠶嶺。

吳弘善、吳敬善、子一純從往。

九月，會襟溪李公于水落山內院山房。

任翼常亦來。

十月，往哭次妹尹氏婦改葬。

有祭文。

戊戌先生六十三歲。

三月，與襟溪李公遊淨土寺。

任翼常從往。

四月，舟遊玄湖。

門人韓運聖·沈宜德·權翌、女婿閔述鏞從往。

閏四月，與襟溪李公遊道峯。

任翼常、門人蘇輝冕從往。

八月，哭外從妹鄭氏靈筵。

有祭文，後撰墓誌。

操文祭高麗忠臣徐先生甄之墓。

墓在果川。

登臥牛山。

門人李庚周、沈宜德從往。

十二月，往梅山省墓，仍守歲于丙舍。

庶弟若弼從往。

是歲被吏曹才學薦。

時大臣白上選士，令銓府、方岳各擧所知，吏曹薦先生。大臣筵請六品職調用，後又以不卽備擬，請推銓官，令隨窠擬望。

己亥先生六十四歲。

與文山李公成四老會。

除掌樂院主簿，不就。

除黃海都事，不就。

三月【丁酉】己亥，會襟溪李公于石室書院。

四月，哭文山李公靈筵。

有祭文，後撰墓誌。

五月，會襟溪李公于道峯書院。

九月，與襟溪李公遊涬州賞月，仍訪南塘、庸齋影堂。

庚子先生六十五歲。

二月，託李遠重致酹于剛齋宋公靈筵。

有祭文，後撰墓誌。

三月，除軍資監正，不就。

臺山金公邁淳來訪。

七月，與襟溪李公訪沈宜德于涵碧亭。

十月，乘舟溯往石室，會襟溪李公于書院。

辛丑先生六十六歲。

四月，會襟溪李公于清涼寺。

七月【癸丑】丁卯，被選經筵官。

十五日賓對時，領相趙寅永筵奏，當日單付經筵官。

八月【壬午】丁亥，除司憲府持平，下別諭敦召，上疏辭。

先生祇受敦諭後，不敢備例附奏，略將惶悚之情錄授史官，俾納喉院詮達，繼陳疏辭。○諭曰：“士之讀聖人書、學聖人道者，豈但爲高尙其志、獨善其身而已哉？蓋將以所讀所學，致君澤民，兼濟斯世，而亦吾儒家不易之法門也。爾以宿儒碩學，菴德丘園，師友之講劘，士林之依歸，厥惟久矣。今玆筵官之選，實循輿論。況予學未通方，治不徯志，側席求賢，如渴如飢。爾豈不以平日所蘊抱者，幡然而起，丕贊我緝熙之工、隆平之化乎？玆遣近侍，敷示至意。爾勿固辭，用副延佇。”○批曰：“省疏具悉爾懇。向者近臣敦諭之後，并與按例之附奏而不爲之，心竊訝惑。今此辭巽，去益邁邁，凝佇之餘，尤覺悵歎。予之選爾以啓沃之列，縻爾以風憲之任，豈止爲賁飾儀文而然哉？蓋欲致之筵席，輔我不逮也。如爾宿學，不爲之幡然，則予將何賴？更勿固讓，以慰渴想。”

遣子一純，致酹于沈穉彦能容靈筵。

有祭文。

十二月，遣子一純，致酹于朴景龍雲壽靈筵。

有祭文。

除司憲府執義。

壬寅 先生六十七歲。

正月，聞女閔氏婦訃。

二月，哭亡女靈筵。

有祭文。

三月，往砥平觀亡女葬，隨返虞至于驪州三田。

八月，遣子一純，致酹于亡女柩前。

時閔氏婦之柩啓自砥平，永窆于茂谷。有祭文，後撰墓誌。

九月，移居于鷺湖。

名所居屋曰"蘆漪精舍"，室曰"博厚"，樓曰"高明"。又設一書齋于高明樓之東，名之曰"悅樂"，使來學者肄業其中。○先生常有遺世獨往之志，至是猶以市闤不遠，擬卜林壑一區，爲晚年藏修之所，而未及就。

癸卯先生六十八歲。

正月【甲辰】丁卯，特下別諭敦召，上疏辭。

諭曰："夫士之讀書窮理，不惟高尙其志，康濟一身而已，將以贊治道而賁斯世也。向來經筵之選，予意有在，謂當幡然而起，無孤凝佇之望，豈料歲已再周，而一向邁邁哉？賁園之玉帛靡擧，在郊之干旄愈邈，顧予誠淺禮薄，內省慚恧。然而惟爾宿德邃學，牢着脚跟，蘊抱經術，洞見性命之源，深究禮義之奧，自少至老，造詣精微，蔚然爲士林之宗匠，朝野倚望，爭欲先覩。粤予沖人方當進學修業待賢弘功之日，捨爾劬經成德之士，而更何望其開發啓沃之益哉？見今三陽回泰，萬化方升，正宜晝日頻接，孜孜靡懈之時也。講對之席方虛，嚮德之誠冞切，斷斷苦心，惟在必致。玆將十行，庸敷心腹。亟回遐心，無矢薖軸之詠；夾贊治猷，寔闡杞瓜之章。勿復以固守東岡爲高致，庸副予渴望焉。”○批曰：“省疏具悉爾懇。爾之又爲辭巽，良由寡昧之誠淺禮薄，無以招徠賢德。而爾以林下讀書之士，亦豈無君民之願乎？爾疏中堯、舜自期之說，可謂要而不煩，而愧不能得其要耳。矧今春晷漸和，郊坰無遠，如得爾幡然起造，出入經席，則豈不有資於朝夕啓沃？而感服民心，亶在於是，是予所望於爾也。承宣事，纔因堂疏而聞之，爲之驚駭，已有處分，而爾何有所引乎？”○先是疏入政院，承旨李公翼、徐元淳以爲不書僞號，還出給。先生引朱子貼黃故事，幷論前輩已例，仍舊無改而上之。疏未及徹，副應教金穰根上疏，略曰：“伏聞日前經筵官洪直弼封章到院，而政院諉以不書年號，卽爲退却云。設令儒賢疏本，或違格例，其在朝家禮待之義，固當微稟呈徹。而況此事自是儒家故規，原不可以違格言者乎？揆以事體，疏忽莫甚。臣謂伊日在院承旨，竝施譴罷之典，仍以此意下別諭，期於敦召事。”批曰：“政院事極爲驚駭，請罷輕矣。施以譴削，敦召事，亦好矣。”

三月【甲辰】丁巳，史官來宣召見之意，上書啓辭。

時上將爲健陵幸行，傳曰：“從前敦召屢矣，聞其家在於鷺梁云。龍驤鳳翥亭少駐時，欲爲召見，遣史官先諭此意。”

戊午，閣臣來宣別諭，上書啓辭。

諭曰：“昨下傳諭，意謂幡然，及見附奏，大失所圖。君臣之間，尙阻一面，常所悒悒想望，適値輦路之過門，欲遂願見之誠，卽亦夙宵側席者，則雖以東岡固守之志，豈不息踰垣閉門之非儒者中道乎？玆遣近臣偕來，卽爲隨詣登對。”

承旨又來傳諭，上書啓。

諭曰：“爾之如是邁邁，誠意慮之外也。雖以列聖朝故事言之，前後儒賢之行宮入對亦多矣。況爾所居，與駐蹕之處不過百步之間，則如是牢執，亦豈義分乎？予方立俟，卽爲登對，以副予切至之願。爾若不入，予當不發，爾須諒之，爾須諒之。”○先生迫於屢度促召，因書啓言進詣行宮門外請罪之意，且請先收偕來之命。

登對于龍驤鳳翥亭。

先生詣行宮門外，史官引接晉對。未及就座，上命進前，曰：“聞盛名久矣，無由相見，今始見之，喜幸何諭？”先生對曰：“臣空疏滅裂，萬不猶人，靡足以備顧問而資啓沃。且犬馬之齒，已迫七旬，疲癃殘疾，待盡朝暮。殿下何所取於臣，而過加恩禮，至於斯極乎？臣萬萬不敢冒當，而迫於嚴命，冒沒進身矣。”上曰：“年數幾何？”對曰：“臣今年爲六十八矣。”上曰：“學問之道，願聞其要。”對曰：“臣素無學術，專昧學問之要，無可仰對。而竊嘗聞往哲緖論，學問之要，秖是居敬以立其本、窮理以致其知、反躬以踐其實三者而已。朱子亦云‘學問之道，莫先乎讀書窮理，讀書窮理，莫貴乎循序而致精，致精之本，又在於居敬而持志’，是爲爲學之節度也。臣跧伏畎畝，竊聞殿下頻開經筵，則喜而不寐；閱月停講，則憂歎忘食。不惟臣心乃爾，群黎百姓，莫不皆然。蓋目下悠悠萬事，莫急於典學，聖德之成就、國家之安危，咸係於典學之勤慢也。殿下一身，上有五百年宗社付托之重，下有億萬世子孫垂裕之艱，固宜夙夜兢兢，惟恐荒墜厥緖。而其所以承先啓後之道，專在於勉强學問，必須慥慥孜孜，如飢欲食，如渴欲飮，方可以緝熙光明。若悠悠泛泛，遷延玩愒，則何望其日月就將乎？閭巷匹庶勉學自修者，猶當惜取分陰，況帝王之學乎？一日萬幾之餘，若不及時進修，彌勉誠勤，則將何以成就允德哉？即今國勢岌嶪，有累卵之危；生民困悴，有倒懸之急。天怒於上而災異荐疊，人怨於下而騷訛胥興。然殿下誠能恐懼修省，則人力可以斡造化，其轉移之幾，惟在殿下之方寸也。凡災異不生於將亡之國，而必生於有爲之世。故宋景公一言，熒惑退舍。近日上天示警，乃所以仁愛我殿下，殿下信能應天以實，則是可以回災爲祥。回災爲祥，其要只在愼獨，愼獨只在敬天畏天。以故唐虞、三代聖主賢臣，交相勉戒者，動必稱天。朝夕只見天長在眼前，以至動靜語默，常若有赫然下臨，非僻之心，自不敢萌；敬畏之心，自不敢息。《書》所云'顧諟天之明命'，《詩》所云'天維顯思'，皆此意也。夫人君，天也。殿下，東方之天也。法天行之健，自强不息，亶在於講學明理，惟殿下懋哉懋哉！程子陳戒於時君，曰：'接賢士大夫之時多，親宦官宮妾之時少，則可以變化氣質，薰陶德性。’賢士大夫易疏，宦官宮妾易親，寡不能勝衆，正不能勝邪，是爲古今之所通患也。殿下終始典學，專心致志，不廢三晝之講、雙日之對，則自不遑於親昵近習，豈非朱子所謂‘遠耳目之細娛，親國家之大計’者乎？維持此心，莫如學問，學問之功，貴不間斷，間斷則幷與前功而棄之，豈不可惜哉？此所以聖人之心，純亦不已也。昔召公進誥於成王，以諴小民爲祈天永命之本，以疾敬德爲諴小民之本。而臣謂勉聖學當爲疾敬德之本，伏願留神體認焉。且列聖，我東之堯、舜也。欲法堯、舜，當法祖宗，祖宗朝謨訓，尤爲親切。講筵之暇、燕閑之中，時取《國朝寶鑑》、《羹墻錄》二書，常常閱覽，則必多警發。蓋觀法近，則收功易，非歷代史乘之比也。卽所云‘詳文祖者，耳目之所逮也’。傳授祖宗心法，亦允在玆，不可以不先講明也。”上曰：“祖宗謨訓之云，尤好當服膺矣。”先生曰：“必有服膺之實，千萬仰祝。伏願殿下實心實行，實德實政，懋厥終始焉。”上曰：“今玆引見太悤卒。當待還宮，更爲敦召，必出入講筵可也。”對曰：“癃病垂死，不能蠢動，前後附奏，卽是實狀，靡敢矯飾。以若危喘，無計呈身，聖教雖極鄭重，萬無承命之望矣。”命就座，先生曰：“强策盲瞽，扶曳跛躄，冒昧登筵，固已爲盛世之羞恥。而一覲耿光，粗伸義分，雖卽日退塡溝壑，更無餘恨矣。臣退伏窮廬，若聞聖學日隆，聖德日新，卓然爲千古帝王之標準，則當與鄕里父老贊頌太平萬歲，鼓舞於田野之間矣。乘輿已駕，日晷向晚，臣請退去。”命司謁扶腋下階。

丙寅，下別諭敦召，上書啓辭。

諭曰：“《詩》不云乎？‘未見君子，憂心忡忡。既見君子，我心則降’。行殿暫接，亦可慰也。但百官軍兵無以許久停駐，草草酬酢，尤用悵然。而多少陳勉之辭，于予心實有感發，歷屢日不能忘也。筵退時亦有申申諭告，而見今春序已晏，講筵當開，此時緬懷之切，實有倍於前日未見者。爾須强起，頻入經席，以補寡躬之不逮。”

四月【甲戌】壬午，又上疏辭，兼陳前席未畢之懷。

批曰：“省疏具悉爾懇。所陳諸條，無非先聖先賢格言至論，而至於災咎修省之說，尤爲痛切著明，予用感歎，當作箴戒。所可愧者，不能致爾於經席之上，日聞啓沃耳。”

六月，會襟溪李公于廣州之松石亭。

亭卽淵泉洪相公奭周故宅也。不勝江山文藻之感，有詩。

八月【辛丑】乙丑，孝顯王后昇遐，進行宮門外擧哀。

九月，差輓章製述官，上疏辭，兼陳慰。

批曰：“省疏具悉爾懇。國運不幸，坤殿禮陟，兩慈殿止慈之衷，無以慰譬，而爾疏適至，備陳此時講筵之尤急。良庸嘉嘆，當爲之留念。至如輓章製述，在昔儒賢，皆無必辭之擧，則爾何爲如是爲辭乎？”

十一月【乙巳】辛巳，禮官以孝顯王后卒哭後大殿燕居服笠制黑白當否來詢，獻議。

甲辰 先生六十九歲。

正月【戊辰】丁酉，特下別諭敦召，上書啓辭。

諭曰："予自嗣服以來，寤寐宿德，必欲咸致左右者，豈曰徒循三徵之故事，以要一時之觀美而已哉？誠以艱大擔躬，學問昧方，朝象漸靡，士趨日下，政須研經懷道之士，以培端本出治之基也。前春行殿，爾乃賁然登對，予之得覩宿儒之容儀，親訪典學之要務者，蓋權輿于是矣。不我遐棄，尤切既見之幸；勉爾遁思，庶有相孚之效。第其誠意之未積，而遽以敦迫爲事，則竊恐有慊於待賢之義。故未敢後車之載，而空谷翹想，居然歲一周矣。爾反邁邁然不一更篴於前席，則予於是實有所慨恨焉。爾之前後章奏，輒以講學爲勉，今日急務，誠莫先於此也。若其講學之方，則不爲資益於如爾之邃學碩儒，而能有所進就者乎？予於數月頤攝之餘，值兹新春漸愆之候，日講將開，時敏是期，此時啓沃之責，尤不能無厚望焉。雖以爾之高蹈遐想，亦豈無戀戀欲見之情耶？方以此意遍告林樊之諸賢，想多幡然而起者矣。德既老成，居又莽蒼，爾不待予言之畢，必倡諸賢而篴朝，以副側席凝竚之誠也。"

八月【乙未】己酉，特陞通政大夫，翌日拜工曹參議，上疏辭。

八月戊申，領相趙寅永筵白曰："臣竊以爲今番諸逆之敢生凶計者，非他也，卽有以攄得我殿下厭倦聖學也。苟非然者，此輩雖極凶獰，安敢萌此心發此計乎？爲今之道，蔽一言曰'勤聖學'而已，勤聖學之要，莫如招延儒賢，左右啓沃。經筵官洪某，年今七十，經學純茂，已爲殿下所延接矣。特加通政階品，幷與他儒賢一體招徠，俾有輔導之益幸甚。"上曰："依爲之。"○批曰："省疏具悉爾懇。自爾登對之後，于今不忘，一資陞授，亦云晚矣。方有別諭之特降者，爾其勿辭，從速簉朝，以副予延佇之想。"

戊午，特下別諭敦召，上書啓辭。

諭曰："尊德禮賢，有國之盛事，予惟寡昧，亦何嘗不寤寐於此？前春蹕路，爾旣惠然，充粹之儀、懇款之悃，尙有所未諼于中者。誠禮未盡，遐遯莫回，東岡一葦之地，邈若川原之敻。此予反躬慙恧之不暇，而爾試思之。顧今上天示警，星祲告異，倫彝將斁，逆變滋興，靜言思之，咎實在予。以言乎學問，則寒曝無常；以言乎政令，則悠泛是事，以至於國計民生無一可恃而可賴者。此政上下交修惕然奮勵之時，而啓沃輔導之任，苟非如爾宿德之士，則將何以致典學之工、成從欲之治乎？夫《緇衣》、《白駒》之詠，豈亶爲好賢而已，嘉客而已？其有待乎執業之問矣。爾以劬經績學之篤，抱德蘊道於衡泌林樊之下者，決知其非爲獨善而嘐嘐，則古所云君臣莫逃之義，寧不耿耿於心乎？一資陞授，無足輕重於爾身，而顧予嚮往之切，則尙可諒之矣。茲敷心腹之諭，顒待羽儀之賁。爾須剋日幡然，出入經帷，朝夕予左右予，思所以挽回匡輔。是予如渴之望也。”

拜承政院同副承旨。

以在外旋遞。

九月【乙丑】己巳，吏郎以故執義宋能相復逸當否來詢，獻議。

祭仲母李夫人靈筵。

有祭文。

乙巳 先生七十歲。

正月，往江頭，哭送吳瑞五靷行。

有祭文，後撰墓碣。

三月，會襟溪李公于沙湖。

七月，特拜成均館祭酒，上疏辭，因陳戒。

批曰：“省疏具悉爾懇。成均之任，非爾伊誰？方擬因此而稍俟涼生，以爲敦召之地，爾不宜辭巽。至如滿幅陳勉，字字切實，一則感嘆，一則愧恧。予雖否德，亦豈無好學好賢之願？而只緣志不固誠不篤，以致悠泛如此，當益加勉。而爾以先王宮僚，養德林樊，亦多年所，則此時幡然，輔予不逮，實予日夜所想望者也。爾其諒之。”

取族姪一胤第二子寅秀爲孫。

寅秀時年十一歲。

十月，往江頭，迎哭吳穉輔致翼返虞。

有祭文。

會襟溪李公于沙湖。

門人任憲晦、子一純從往。

丙午 **先生七十一歲。**

二月【丁亥】丙午，健陵幸行時，至鷺梁遣史官存問，上書啓。

五月【乙卯】壬戌，禮郎以綏陵遷奉時大王大妃殿服緦當否來詢，獻議。

差遷陵輓章製述官，上疏辭，兼辭本兼諸職，因陳所懷。

批曰："省疏具悉爾懇。綏寢遷奉，諏吉載邇，愴慟之私，無以爲喩。輓辭製述，曾無儒賢必辭之例，今何如是爲辭乎？至於此時講對之請，認出勤摯，極庸感歎，當體念矣。"

進行宮門外受緦服。

閏五月【乙酉】丁未，綏陵出玄宮時，進行宮門外擧哀。

甲辰，往新陵洞口外，參下玄宮哭班。

門人崔敬休、李漉、李烋、金正洙從往。

六月，有患候。

患證以小便不利，跨朔危重，襟溪李公冒熱跋涉來問曰"某病，吾豈安坐"云。

丁未 **先生七十二歲。**

正月【辛巳】，有告祠堂文。

以老傳告廟，屬子一純攝祀，而告祝不用攝祀孫屬稱，只用使子某之文。

近齋先生諱辰【十七日】，有詩。

先生每於近齋忌日食素，至是以癃病不克食素，誦松江"湛老、栗翁同日逝，從前食素老難能"之詩，仍作詩，曰："一哭山頹四紀餘，諱辰不肉若喪初。八旬垂死無餘氣，却自今年未食蔬。"

二月，聞襟溪李公訃，爲位而哭。

先生大慟曰："吾身喪矣。"

遣子一純，致酹于襟溪李公靈筵。

有祭文，後撰墓誌。○先生曰："吾不以身親酹者，非但病不可强，若將一慟遂絶，故不爲也。"

四月，遣人致酹于老洲吳公改葬。

有祭文。

戊申 先生七十三歲。

正月，作敬敍文。

是月四日卽皇明太祖高皇帝開國八回甲日也。先生不勝風泉之感，作此文。

秋，率子一純往梅山省墓告榮。

時自上爲榮養先生，特除一純果川縣監。

己酉 先生七十四歲。

二月，遣子一純，致酹于襟溪李公靈筵。

有祭文。

遣庶從姪一誠，致酹于沈宜德靈筵。

有祭文。

三月，行孫宬秀冠禮。

趙秉悳爲賓。

閏四月，行宬秀昏禮。

宬秀爲李果川麟秀孫女壻。

六月【丁卯】壬申，憲宗大王昇遐，擧哀。

甲戌，禮郎以當宁嗣位後東朝位號加上當否來詢，獻議。

辛卯，禮郎以孝定殿、徽定殿祝式來詢，獻議。

八月【丙寅】壬申，禮郎以全溪大院君墓所改封築告文中屬稱來詢，獻議。

差輓章製述官，上疏辭，兼辭本兼諸職，因陳所懷。

批曰："省疏具悉爾懇。輓章製述，曾無儒賢必辭之例，今何爲言乎？陳勉之辭，良用欽佩，從當一諭矣。爾其勉回遐心，出入講席，以副予承敎之願。"

丁亥，特下別諭敦召，上書啓辭。

諭曰："日前疏批，已略示予意，側席之念，曷嘗少弛？而姑徐敦迫之音者，蓋亦有待焉耳。嗚呼！求賢如渴，何時不然，而在嗣服之初爲尤甚。予小子叨承丕基，煢然在疚，雖仰承慈聖之指敎，俯賴宰輔之協贊，而慄慄危懼，若涉無津。況幼而失學，謏陋寡聞。若殷宗之舊勞于外而初無甘盤之舊學，其於典學之工，尙昧方向。苟得山林宿德之士，朝夕左右，啓沃予薰陶予，嘉謨嘉猷，以引以翼，則予雖不足有爲，尙庶幾多賴裨益，漸至成就，以鞏我祖宗洪業。耿耿一念，寔在於此。惟爾以世祿之家，膺旌招之禮，養德林樊，飭經服禮，器量之宏偉，踐履之篤實，蔚爲諸大夫國人所想望而矜式，厥惟久矣。今於亮陰恭默之中，方日開講對，誠以學問不可失時，思有以奉承慈聖誨勉之至意，居喪廢業，有不可以常禮論故也。邇列橫經，非曰無人，而嘉邸勸學，願得天下之名儒；崇政進講，必須河南之宿德。當今之世，捨爾伊誰？茲布十行之諭，庸寓三徵之義。爾須幡然，卽起造朝，以副予懇款之誠。”

庚戌【哲宗大王元年】**先生七十五歲。**

三月，遣子一純，致酹于朴穉升宗塾靈筵。

有祭文。

六月【辛酉】丙寅，憲宗大王小祥，進行宮門外擧哀。

十月【己未】庚申，筵臣以經筵繼講冊子來詢，獻議。

十一月【己丑】乙卯，筵臣以經筵繼講冊子來詢，獻議。

辛亥先生七十六歲。

正月【戊子】辛卯，遣史官存問，賜衣資食物，上書啓辭。

昨年十二月賓對時，右相權敦仁奏曰：“祭酒臣洪某，來年當回巹云。若自朝家有示意之擧，則似好，故敢此仰達矣。”上曰：“山林年歲今幾何？”權曰：“明年當爲七十六歲，禮待之地，不可無示意之擧矣。臣不敢以某事仰請，而旣有聞知，故茲敢提稟矣。”上曰：“於前亦有可據之例乎?”權曰:“年前故重臣金箕殷回巹時,有其子外任甄復, 衣資食物及宴需, 自戶曹輸送之處分矣。”大王大妃殿曰:“回巹在於何時乎?”權曰:“臣未及詳聞,而近來人家回巹,皆以正月爲之。”大王大妃殿曰: “誠稀貴之事矣。” 正月庚寅, 以司謁口傳下敎曰:“向來大臣奏以洪山林回巹在邇云, 其日子知入。”同日戶曹書吏奉聖敎來問回巹日子, 以國恤中不敢循俗設宴之意仰對矣。同日傳曰:“頃因右相所奏,聞洪祭酒回巹在邇云,事甚稀貴。朝家禮遇之地,且有從前已施之典,衣資食物,從優輸送事,分付戶曹,遣史官存問以來。”

壬辰,遣史官宣諭,上書啓辭。

諭曰:“回巹之義,古無所稱。然入鄕循俗,古人攸訓。菲薄之物, 非直爲今日飾喜之資而寄與也。 以表予耿念之意耳,何必牢辭?安心領受。”

同日,特拜司憲府大司憲,上疏辭,兼陳所懷。

批曰:“省疏具悉卿懇。都憲特簡,予意有在。砥行立名,需用當世,惟士爲能。況卿之經術風範,世所推詡,而昌言又若是惓惓,不覺聳然莊誦矣。方今歲籥載新,三晝之講將開,夤緣晉接,得聞大道之要,以資爲治之方,則豈不休哉?卿其勿辭,亟回遐心,犂然膺命。”

四月【丁巳】癸酉,特下別諭敦召,上書啓辭。

諭曰:“予自嗣服以來,欲見卿德儀者久矣。以諭以批,屢勤側席之念,而卿之一向邁邁,不思賁然者,必以予誠意淺薄，未能挽回遐心也。常切愧歎于中。予小子叨承丕基，慄慄危懼，義方之敎，仰成於簾帷；辰告之謨，實賴於宰輔。而惟其自治之道，講學爲急，旣無殷宗之舊學，何論漢宣之通經？日月云邁，政務人一己百之工，而雖有志學之誠，實昧爲學之方。惟思左右宿德，朝夕啓沃，竊庶幾補旣往之謏陋，立方來之根基。耿耿一念，只在於此。惟卿養德山林，劬躬讀書，踐履之誠篤，學術之淵博，素爲三朝之所禮遇，一世之所矜式。況年益卲德益崇，而又値予小子憤悱自强，虛心求助之時，豈不欲展其所蘊，以引以翼，俾予得聞學問之要，克底成就之地乎？卿每以老病爲辭，而志氣不衰，頤養有素，見今日候暄暢，榮衛益當康復。庸敷十行之諭，以蘄三接之幸。惟卿亟圖幡然，指日簉朝，出入筵席，以副予凝佇之望。”

五月【丁亥】甲辰，禮郎以憲宗大王祔廟後眞宗大王祧遷當否來詢，獻議。

六月【丙辰】辛酉，憲宗大王大祥，進行宮門外擧哀。

戊寅，上疏陳慰，兼辭本兼諸職，仍陳所懷。

批曰：“省疏具悉卿懇。此是莫重莫大之典禮也，奉以行之，旣閱三載，今此釐正，實涉悚然。而卿言若是纖悉，更當博議而裁處之矣。至於當初議定之過自爲引，誠過矣過矣。禮論之多岐，非特此事，則以若其時之倉皇，設或有未及援證處，此豈卿之所失耶？卿其安心，勿復以此煩提。”

閏八月，往梅山省墓。

先生有詩曰：“梅谷、寒泉自古名，晦翁於此占親塋。吾鄉亦自同雙號，惟願先靈永世寧。”先生自註曰“朱子葬韋齋于上梅谷，葬祝夫人于寒泉，吾家親墓亦有梅山、閑川之名”云。

九月，復拜大司憲，上疏辭，兼陳所懷。

批曰：“省疏具悉卿懇。由予誠淺禮薄，尚不得致卿於朝端，滿心愧恧，常所耿耿。今接來章，所以憂愛而期勉之者如此，予雖寡昧，可不服膺？至於祈永、誠小、敬德之要與夫造端出治之會，卿言卽經訓遺旨也。非敢不惟日慥慥，而提撕警發，全在於講究討論，則雙隻之筵，數數之儀，捨卿伊誰？雖以君臣之義言之，以卿惓惓之念，宜體予必欲致卿之苦心矣。適因奉復，有此敷告，卿其諒之焉。都憲之任，纔已勉遞矣。”

十月【癸未】丙午，特下別諭敦召，上書啓辭。

諭曰：“予必欲致卿乃已之苦心，已悉於前者奉復。而況時相懇懇之奏，亶出於得賢共理之至意乎？間緣國家事會之多端，尚未有敷心之諭，此亦予誠意淺薄之致也。卿以六十年守道讀書之人，其於經傳稽古之力，卿雖欲退而不居，不可誣者，闇然日章之理也。顧今國勢之岌嶪何如？民憂之痌㾾何如？雖以目下事言之，亂逆層生，鞫訊方張，此豈有他而然哉？只是國勢不尊，民生莫支而然耳。民憂之莫支，固不難知，國勢之不尊，抑又何故？當此時，如卿衛國向上之人，竟欲固守初志，不揆所以被髮纓冠，則是豈天地莫逃之義也哉？予言之至此，卿宜有惕然而自厲者。望卿卽日幡然簉朝，思所以講底平之道，而究弭亂之方，則此豈非一生服勤聖訓之功歟？復音之來，予方側席而俟之。”

十一月【壬子】庚辰，筵臣以經筵繼講冊子來詢，獻議。

壬子 先生七十七歲。

正月，陞拜資憲大夫、知敦寧府事，上疏辭，仍陳所懷。

批曰：“省疏具悉卿懇。予自嗣服之初，願一承教於經席間，嘗再三敦召，遐心莫回。予雖誠淺禮薄，日夕企待，不翅如渴。今予親總庶務，夙夜祇栗，切欲致卿之心，尤倍前日矣。以卿追先報今之誠、致君澤民之志，其必惓惓於輔導寡躬成就典學之方，而日昨晉擢，寔副望實，何用辭巽？招賢求助，今其時也，則卿非其人乎？尾附事，敢不書紳而服膺？當孜孜銘念矣。卿須剋日簉朝，朝夕啓沃，俾予有緝熙之功，是所望也。”

龍仁儒生請忠烈祠院長，許之。【不知的在何年，姑附于此。】

前後各處請院長者多，或許或辭，不能一一盡錄。

二月【壬午】，有告祠堂文。

先生以名位亢極晩節易虧爲懼，有告。

丙午，健陵幸行時，駐蹕于鷺梁行宮，遣史官存問，上書啓。

六月【庚辰】庚寅，史官以山林抄選來詢，上書啓辭。

辛卯，又遣史官宣諭問疾，仍詢抄選事，回啓。

諭曰：“覽卿附奏，知有愼節，可勝慮念？然神明所相，當有勿藥之效，卿其安心調理，以副朝野之望焉。至於抄選事，有國之大政也。此事之詢及儒賢，旣有列聖朝故事，故予所以遵而行之者也。卿之以年前邦禮事爲引，豈非萬萬過當之擧乎？以卿宿德，思所以壽吾國脈者，薦賢擧賢以外，更有他何事乎？卿欲酬報先朝禮遇之盛，則予小子今日所詢，豈忍無一言可否乎？卿其厚諒，有以復之。”

有痢患。

先生自辛丑冬，進食稍減，厥後屢經重患，榮衛已竭。是年春疾益篤，戒子以喪祭必從薄略。至是月晦間，又添痢患，日以危欿，藥物且不能進，而門人進見，則隨其氣質，諄諄警策如平時。

七月【己酉】癸丑，拜刑曹判書。

以曹中有事旋遞。

乙丑酉時，考終于蘆漪精舍之博厚室。

是日屛婦女，不許請見，謂子一純曰：“殀壽不貳，修身以俟之，所以立命。”命侍者撤去氈褥，鋪置床席，整頓書籍，手自正冠而臥，語音已低微矣。時趙秉悳之從子龍熙、女壻閔逑鏞來謁，先生謂龍熙曰：“歸語君仲父益勉德業。”問逑鏞曰：“嶺南賊就捕否？”蓋嶺人有告變者，方事譏捕故也。自是子孫面目，亦不能辨，而喉間諄諄，惟是憂念國事也。自先生病欿，遠近士子，鄉里親知，盈門問候，及喪哀痛，如哭親戚，門人加麻心喪者一百餘人。○先是子一純欲探吉凶，拈得

"王"字，準于謝石解字訣，其文有"汪漾其波，黃生何去？灑落荷珠，朱子已隱。玉色金聲，終閟影響"之語，又有"屋樑振響之異，哲人之萎，豈小變哉"。

丙寅，訃聞。

上教曰："卽聞丈席之長逝，曷勝愴慟？此儒賢以先朝旌招之人，逮予寡躬，年彌高而德彌卲。予所以特擢正卿，屢宣敦召，期欲一致經席，獲覩典型，今焉已矣。卒洪祭酒家助喪葬之節，令該曹照例擧行，造墓軍亦令本道題給。"

八月【己卯】癸卯，館學儒生爲文致祭。

九月【戊申】，遣禮官致祭。

祭文曰："列聖崇道，鴻儒世作。潭、華眞正，農、淵精博。訖于渼、近，津筏後先。卿得其傳，間氣百年。洪河之量，喬嶽之儀。皐鶴早聞，正廟曰咨。遵晦彌堅，俛焉孜孜。博約互進，明健爲質。心衡今古，詞華黼黻。紹述徽言，提挈宏綱。擔夯至重，硬着脊梁。一登胄筵，旋賦遂初。若顔巷處，如邵洛居。誰其同德？有吳文元。樂在育英，衿佩塡門。《春秋》尊攘，形氣神理。發爲宗旨，叮嚀擧似。玉韞輝溢，晩膺旌招。志介于石，匪潔身逃。棲遲郊垌，麟藪鳳梧。行殿幄對，侃侃訏謨。敬天法祖，克己裕民。憲考嘉乃，利見大人。逮予嗣服，冀或來賁。十行綸綍，屢宣郵置。我蓍我龜，有叩斯應。弘博條鬯，群疑喚醒。八座崇秩，三達具備。執爵乞言，耿耿寤寐。天胡不憖，凶音遽徹？蕙帳風凄，瑤琴絃絶。邦國殄瘁，士林銜痛。側席之餘，震悼予衷。伻官致侑，用寓尊賢。靈如不昧，歆此儐籩。"

甲寅，葬于廣州九壽洞壬坐之原。

門人來會者，五十餘人。

甲寅 **夏，家狀成。**

子一純撰。其總論曰："府君以間世英豪之姿，早師有道，淵源端的。謂聖人必可學，謂斯道必可聞，精思力踐，不知年數之不足。孝悌通乎神明，而猶恐分有未盡；名理貫乎天人，而猶恐見有未至。有華國之藻，而不以自多；蘊經世之才，而不要槪見。窮作陋巷之韋布，而不見其戚；位躋熙朝之賓師，而不見其泰。勇於衛道，嚴於闢邪，必欲擧一世，偕底大道，使天理明中國尊斯民淑，此其一生苦血所存也。嗚呼！當府君之時，四方人士，莫不宗仰，以至異趣者，亦無異辭，聞風而悅服，覿德而心醉。而其至誠惻怛底本領，尙有未盡知者，況乎百世之後耶？然讀其書而求其心，庶或知範圍之大，規模之密，有以紹前而牖來者耶？老洲先生，一世之宗師，而嘗云'有大心衆生意思者，吾見此友一人而已'，又嘗許之以儒宗，命及門學者，卒業于府君門下。襟翁，平生之知己，而嘗稱之爲當世第一流，又或曰'百年間氣'，或曰'爛用天理'。卽此數言而求之，亦可得其彷彿也耶？"

丙辰 价川諸生，幷享于景賢祠。

與屛溪尹先生、三山李公、常窩李公幷享。

辛酉 冬，年譜成。

癸亥 十一月，賜謚文敬。

道德博聞曰文，夙夜儆戒曰敬。

乙丑 夏，有嗣孫錄用之命。

左相金炳學筵奏。

丙寅 夏，文集印行。

嗚呼！我梅山老先生年譜成於山頹後十年，而先生胤子鰲谷公已歿，不無杞氏之病。以先生盛德大業，事實之疏略乃爾，可恨也已。至若奏議及言理言學文字，盡在原集，故不復採錄，第附此于原集之末，其於察言考迹，庶幾互相發云。

崇禎四甲子仲冬，門人西河任憲晦謹識。

著者 **洪直弼**

1776년(영조52) 6월 13일 申時에 한성의 鑄字洞에서 태어나 1852년(철종3) 7월 17일 酉時에 鷺湖의 蘆漪精舍에서 향년 77세로 세상을 떠났다. 초명은 兢弼, 字는 伯應·伯臨, 號는 梅山, 本貫은 南陽이며, 諡號는 文敬이다. 평생 출사하지 않고 학문 강학에 힘써 近齋 朴胤源 문하에서 그 학맥을 계승하고 이를 후대에 전한 老論 洛論의 핵심 사상가이자 문인 교육자이다. 학문은 박윤원 외에도 老洲 吳熙常의 영향을 많이 받았으며 문하의 제자로 全齋 任憲晦, 重菴 金平默 등이 있다.

校勘標點

李貞恩

1983年 京畿道 抱川에서 태어났다. 誠信女子大學校 漢文教育科를 卒業하고 同 大學院 漢文學科 碩士課程을 卒業하였다. 韓國古典飜譯院 附設 古典飜譯教育院의 研修課程과 專門課程을 마쳤다. 現在 誠信女子大學校 古典研究所 先任研究員으로 在職하고 있다. 飜譯書로는《陶谷集》(共譯)이 있다.

金成恩

1986年 서울에서 태어났다. 延世大學校 國語國文學科를 卒業하고 同 大學院 國語國文學科에서 博士課程을 修了하였다. 韓國古典飜譯院 附設 古典飜譯教育院의 研修課程과 專門課程을 마쳤다. 現在 誠信女子大學校 古典研究所 研究員으로 在職하고 있다.

※ 각 권별 校點者는 卷48·52·53 **李貞恩**, 卷49·50·51 **金成恩**이다.

圈域別據點研究所協同飜譯事業 研究陣

研究責任者 **辛泳周**(誠信女子大學校 漢文教育科 教授)
共同研究員 **金呂珠**(誠信女子大學校 漢文教育科 教授)
金容載(誠信女子大學校 漢文教育科 教授)
柳浚景(誠信女子大學校 漢文教育科 教授)
李鍾德(韓國古典飜譯院 附設 古典飜譯教育院 講師)
責任研究員 **成百曉**
研 究 員 **金昌孝** **金炯奭**
延錫煥 **史京華**
申相厚 **李泳俊**
李貞恩 **金成恩**
朴喜淨
潤 文 **尹銀淑**

校勘標點
梅山集9

洪直弼 著 | 李貞恩·金成恩 校點
初版 1刷 發行 2019年 12月 31日
編輯·發行 학자원 | 登錄 2011.4.6. 第2011-14號
住所 (05355) 서울市 江東區 千戶大路 1121
電話 02-6403-1000 | 팩스 02-6338-1001 | 이메일 hakjaone@daum.net
ⓒ韓國古典飜譯院·誠信女子大學校 古典研究所·(社)海東經史研究所, 2019
Institute for the Translation of Korean Classics · Classics Research Institute · Haedong-Gyeongsa Research Institute
값 30,000원
ISBN 979-11-6247-160-9 94810
979-11-87806-01-1 (세트)